JN440326

바람의 전설

바람의 전설

초판 1쇄 인쇄 2011년 8월 26일
초판 1쇄 발행 2011년 9월 2일

지은이 성필주
펴낸이 심재경

펴낸곳 도서출판 유앤아이
등록번호 110-12-85920
주소 서울시 은평구 갈현동 450-24호 1층
전화 (02)362-1511 **팩스** (02)362-1510

값12,000원

ISBN 978-89-959885-7-2 03810

바람의 전설

■

성필주 지음

머리말

우리는 원초적으로 내면에 바람을 가지고 태어난다. 이는 욕망과 욕구가 열정이 되어 일으키는 바람이다. 이 바람은 각자 인생 목표를 향해 달리는 삶의 추진력이 되며, 따라서 삶을 행복하게 하는 원동력이다. 목표와 희망을 향해 밀어주는 바람은 성취감과 희열 속에 가속화될 수 있고 그 결과는 더욱 커다란 만족과 행복을 안겨준다.

우리는 부모로부터 전래받은 유산, 즉 독특한 개성과 신체적인 특성을 이어받은 각자의 운명으로 태어난다. 그리고 우리의 열정이 살아가는 과정에서 부닥치는 여러 여건과 부단히 교호하면서 독특한 자기 삶의 패턴을 만들어간다.

우리의 열정의 바람은 자기 자신이 다스려야 하는 자신의 몫이다. 자신감과 희망이 순풍이 되는가 하면, 살아가면서 부닥치는 역경 속에서도 보여주는 헌신적인 열정은 불안과 걱정을 동반하고 이것이 안타깝게도 병으로 발전할 수도 있다. 순풍을 만나 쉬운 길을 가기를 모두 바라고 있지만, 인간사회 삶의 역경과 경쟁 속에서 즐거움과 슬픔은 교차하여 일어나고, 우리는 희망과 좌절을 맛보며 살아가기 마련이다. 열정의 바람이 장애물을 만나서도 좌절하지 않고 극복하며 활로를 찾아낼 때 이는 더 큰 추진력을 발휘할 수도 있다.

이 책은 자식을 위해 남다른 열정과 헌신으로 살아온 한 여인과 그 가족 이야기를 실화를 바탕으로 썼다. 1900년 초에 태어나서 그 이후 숨 가쁘게 변하는 우리 사회의 각종 변혁을 당면하며, 네 명의 자식을 위해 고통과 좌절을 헤치고 보람과 희망을 찾아 꿋꿋하게 나아가는 한 어머니의 위대한 희생의 역정을 생동감 있게 묘사했다.

성필주

차 례

제4부
보금자리를 떠나 비상하는 아들

제5부
바람아 멈추어라

제1부

소쩍새 우는 산골

부용꽃 필 때

동학란, 임오군란, 갑신정변과 같은 변란의 와중에서 일본이 조선왕국을 침탈하던 1900년 초, 왜구들의 만행은 일부 식자들의 우려일 뿐 무지한 산청군 장실 마을(장위리) 촌부들은 여전히 농촌 삶의 애환에만 골몰하였다.

경상남도 합천군 서쪽 끝자락에는 황매산이 우뚝 솟아 있다. 정상에 삼봉(三峯)을 가운데 두고 병풍처럼 펼쳐져 있는 1000미터가 넘는 높은 산이다. 황매산 서편에는 덕유산이 손에 잡힐 듯 솟아 있고, 동쪽에는 가야산 봉우리가 웅장한 자태를 뽐낸다. 황매산으로 이어진 산등성이는 북동쪽으로 활처럼 뻗어 있는데 그 산맥을 경계로 서쪽은 산청군, 동쪽은 합천군, 북쪽은 거창군이다. 황매산 서쪽 자락에는 산청군 창황면(장실)이 아늑하게 자리 잡고, 동쪽에는 산 준령이 포근히 감싼 평야가 있는데 여기가 합천군 대병면 유전리(병목 고을)다. 황매산과 북쪽으로 연이은 산맥에서 각기 발원하여 흐르는 두 개의 하천은 평야를 감싸고 농토를 적셔 풍요로운 삶의 터전을 마련해 주었다.

황매산은 우람한 자태를 뽐내며 병목 고을과 정면으로 마주해 있다. 황매산 정상에서 북쪽으로 뻗은 덕갈재를 넘어 가면 산청군 장실 고을에 닿을 수 있다. 병목과 장실 고을은 예로부터 교류가 잦았다. 병목 고을에 비해 밭농사가 많은 장실 마을은 병목에서 나는 쌀 등 논농사 곡식을 사들이고, 병목 고을은 장실 마을의 밭작물 곡식과 거래를 했다. 돼지새끼와 송아지, 가금 등 가축도 가격 차이가 나 장사꾼들이 돈벌이를 위해 덕갈재를 넘나들었다. 따라서 양 고을 간에 왕래가 잦고 거래가 많아지면서 많은 사람이 사돈 관계를 맺었다.

산청군 장실 마을에는 이름난 유학자 도계(道溪) 선생 김학준이 살고 있다. 선비 집안의 후예로 유년시절부터 글공부를 좋아했고, 주자학에 심취하여 많은 서책을 즐겨 읽었다. 그는 인근 지역 학자들과도 교분을 쌓아 가끔 경성을 드나들며 교우하였다.

1905년 음력 10월 중순 어느 날, 도계 선생이 아침을 든 후 의관을 차려 입었다. 외출을 하려고 마루를 나서는데 부인 강씨가 안방 문을 열고 나왔다.

"나 지금 안의골(함양군) 죽산 선생을 만나러 가는 길인데 아마도 하루 묵고 올 것 같소."

죽산 이시경 선생은 도계 선생과 지기지우(知己之友)로서 수시로 왕래하며 교우하였다.

안의골은 산청 차황면의 서북편에 위치해 있고 걸어서 족히 두 시간도 더 걸린다. 도계 선생은 청명한 하늘 아래 따스한 햇살을 받으며 산을 넘고 들길을 건너, 정오가 조금 지나 죽산 선생 댁에 도착했다. 대문을 열자 하인이 황급히 달려와 정중하게 사랑방으로 안내했다. 방 안에서 담배를 피며 상념에 사로잡혀 있던 죽산은 웃으며 다가서는 그를 반갑게 맞았다.

"오랜만에 멀리서 친구가 찾아왔으니 반갑기 그지없구먼, 어서 오시게나."

만면에 희색을 띤 그는 도계 선생이 좌정을 하자 정색을 하며 쳐다보았다. 이번에는 인사치레의 말이 아니라 진심으로 반갑게 맞으면서 꼭 하고 싶은 긴한 이야기가 있는 듯한 눈치였다.

점심 겸 술상이 들어왔다. 어느덧 술이 거나해지고 대화가 무르익자 죽산 선생이 은근한 눈길로 도계 선생을 바라보며 말을 꺼냈다.

"지난번 부인께서 득남하신 후 편찮으시다는 소식은 들어 알고 있는데, 요즘은 우환이 그만 하신가?"

"글쎄, 자식을 낳고 난 후의 속병이라 드러나지 않으니 매양 그렇고 큰 차도는 없지. 그런데 무슨 곡절이나 할 말이 있나?"

"그야 궁금하기도 하고, 아직 한창인 자네 처지가 좀 안되어 보이기도 해서 그런 것이지."

도계 선생의 부인은 결혼 후 수년간 임신이 안 되다가 지난해에 남자 아이를 낳았다. 그런데 그 이후 건강이 나빠져 시름이 많았다. 지난번엔가 만나 이야기하던 중에 도계 선생이 이 이야기를 비추어 알게 된 사실이었다.

"걱정은 고맙네만, 사람 살다 보면 우환이란 있기 마련이고 뜻대로 안 되는 것이 인생사 아니겠는가?"

그는 술이나 마시려는 듯 술잔을 들이켰다.

죽산 선생은 술잔을 비운 후 도계 선생의 눈을 은근히 주시하면서 눈치를 살피다 이야기하기 시작했다.

"달포 전에 우리 내자가 무주(전라북도 무주군) 쪽에 나들이를 갔다 왔다네. 돌아오는 길에 산중턱에서 좀 쉬면서 땀을 식히고 있었다고 하네. 그런데 아래쪽을 무심코 보니 보따리를 들고 애써 산을 올라오던 젊은 여자가 내자 일행이 쉬고 있는 곳 주변으로 오더니 숨을 고르며 자리를 잡고 앉더라네. 우연히 얼굴을 돌리다 서로 마주 보았는데, 예쁜 얼굴에 양반 기품이 있어 보였다고 하네. 젊은 여인이 무슨 가정 풍파를 겪었기에 집을 떠나 정처 없이 떠도는 것인지, 저러다가는 낯선 사내가 '보쌈'해서 데려갈 터인데, 하는 생각과 그 여인이 너무 불쌍하고 아까워 내자는 잠시 후 동행한 여식 하인을 시켜 그 여인을 불러오게 하였다네. 여식 하인이 가까이 접근하니 여인은 당황했는지 일어나 그곳을 떠나려고 했다네. 내자가 그 여인에게 급히 손짓해 가지 말라고 만류하고 서둘러 가까이 다가가 설득을 해서 그 여인을 우리 집으로 데리고 왔다네. 내자가 어떻게 하여 그런 처지에 내쳐졌는지 궁금해서 물어보았는데, 처음에는 쉽게 입을 열지 않다가 숙식을 같이하고 서로 통정하는 사이가 되자 드디어 우리 내자에게 전말을 이야기하였다네.

그 여인은 무주의 어느 양반집 규수였다고 하네. 같은 고을에서 부모들이 친하게 지내는 가문 자제와 서로 혼사를 약속하고 있었다는구먼. 그런데 동학운동이 일어나고, 이 사상을 따르는 무리들이 여명의 불꽃처럼 번져나가자 그 총각도 친구들과 함께 동학운동에 휩쓸려 가담하였고, 어쩌다 보니 앞장을 섰다는 거지.

동학의 불길이 거세게 일어나고 그 반동세력이 전라도에 이어 경상도로 걷잡을 수 없이 확대되어 진압하기 힘든 나라 변란으로 발전하자 조정은 부득이 청조의 도움을 얻어 관군이 진압에 나섰던 것은 우리 모두 다 아는 사실이지. 관군이 소탕했다는 소식과 동학군이 쫓기는 처지가 되었다는 소식을 전해들은 그 남자의 집안에서는 사태의 심각성을 알고 어떻게든 아들을 가정에 붙들어두고 아들의 행적을 은폐하기 위해 혼사를 약속한 처녀와 급히 결혼을 시켰고, 그들은 이후 시골에서 조용한 신접살림을 시작했다는 것이여.

그리고 난을 평정한 관군은 각 지역에서 동학란에 앞장선 젊은이들을 잡으러 다녔고, 그 소문을 들은 이들 부부는 어린 딸을 시어머니에게 맡기고 은밀히 외딴 산골로 피신해서 살았다는구먼.

그런데 얼마가 지난 후 누가 밀고를 했는지 관군이 들이닥쳐 남편을 잡아갔다는 것이야. 다행히 여인은 용케도 홀로 인근으로 도피하여 살았는데, 잡혀간 남편은 죄상이 들어나 불행히도 처형되고 말았다네. 부지불식(不知不識)간에 난을 당한 여인은 대역 죄인의 가족으로 잡혀 관노로 전락하기 전에 멀리 떠나야겠다는 생각으로 보따리만 들고 야반도주를 했고, 끔찍한 고향 근처를 떠나 남모르는 곳에서 살길을 찾기 위해 무작정 안의골로 오던 중이었다는 거지."

이야기를 마친 죽산은 담뱃대에 잰 담배에 불을 붙이더니 몇 모금 빨고 나서 이어 말했다.

"참으로 불쌍하고 아까운 젊은 여인이네. 양반 집안에서 거두어주었으면 좋으련만, 사실 나는 이미 소실을 두고 있는 형편이라 언감생심 다른 여인을 넘볼 수 없는 일일세. 우리와 무슨 인연이 닿았는지 우리 내자가 그 여인을 만나 집으로 불러들였으니 가능한 한 그 여인에게 앞길을 열어주는 것도 나의 도리가 아닐까 하네. 그래서 하는 이야기네만, 그 여인을 거둘 생각이 없는가? 자네 부인의 건강도 그렇다고 하니 말일세."

안 그래도 그녀에 관한 이야기를 다 듣고 매우 애틋하게 여기던 차라 여인을 만나 보기로 했다. 도계 선생은 죽산 선생의 사랑채에서 그 여인을 대면했다. 다소곳한 자세로 들어서는 자태도, 부끄럽고 계면쩍어 머리를 수그린 채 방바닥을 보며 간혹 묻는 말에 답을 하는 모습도 정말 아름다웠다. 도계 선생은 그 여인을 만나자마자 첫눈에 반했다.

집에 돌아온 도계 선생은 여인을 소실로 맞아들이기 위해 부인 강씨를 설득하기 시작했다. 부인 강씨는 불만이 있어도 내어놓고 반발할 수 없었다. 당시에는 형편만 되면 양반 집 남자가 소실을 두는 것이 큰 흉이 아니었기 때문이다. 부인 강씨는 남의 말만 믿고 근본이 확실하지도 않은 젊은 과수댁을 소실로 맞이한다는 게 좀 그렇다고 이의를 달 뿐이었다.

도계 선생의 가옥은 마당을 중심으로 안쪽에 남쪽을 향해 앉아 있는 본채가 있고 부엌에 이은 안방과 대청마루를 경계로 방이 하나 더 있다. 이 방은 도계 선생이 사랑방 겸 거실로 쓴다. 본채 왼쪽 골목길을 따라 행랑채를 두었는데 여기에는 고방(창고)과 소 마구간 그리고 돼지우리가 연이어 있다. 돼지우리에는 낮은 사다리를 설치하여 그 위로 여인들이 자주 사용하는 칙간(변소)을 만들었다. 안채의 오른쪽에는 부엌과 장독대, 수왕(변소)이 있고 그 옆쪽으로 사랑방이 있어 외부 손님을 맞이하거나 머슴들이 기거했다.

도계 선생은 소 마구간 옆에 있는 고방을 개조해서 아담한 침실을 꾸미고 소실(안의댁)을 살게 했다. 소실을 맞이하는 것이 남들을 불러 크게 잔치를 벌일 만한 일이 아니었으므로 가족만 모여 조촐하게 맞아들였다.

안의댁은 소실로 들어온 이후 곧 첫 아들 병기를 낳았다. 아들을 얻자 도계 선생은 현재 머물고 있는 방이 비좁다 여겨 안채 왼쪽 길 건너 자기 소유의 조그만 밭에 별채를 하나 지어 모자를 살게 했다. 부엌과 방 두 칸이 있는 아담한 초가집이었다. 당시 양반집에서는 재취를 들이면 별채에 살게 했는데 도계 선생도 이를 따른 것이다. 도계 선생은 대부분 안채에 기거하며 긴한 손님을 맞아들여 교우하거나 『사서삼경』, 『논어』, 『맹자』 등을 공부하였다.

안의댁은 새집으로 옮긴 후 곧 딸을 낳았다. 도계 선생은 삼십대 중반 느지막한 나이에 딸이 태어나자 각별히 좋아했다. 또렷또렷한 눈매에 꼭 다문 입술, 어느 한 군데 못난 구석이 없이 예쁘게 생긴 막내딸에게 좋은 이름을 지어주어야겠다고 생각하다가 '부용'이란 이름이 떠올랐다. 중국 고사에 나오는 아름다운 여인이 연상되기도 하고 입술을 꼭 다문 채 이지적인 눈매로 쳐다보는 모습이 부용꽃을 연상시키기도 했다. 하지만 인척들과 지인들이 부용꽃은 청초하면서 고고하지만 반면 외롭게 피는 꽃이라 평범한 가정집 여인으로 살 팔자가 아니라고들 하여 그만 부영(芙英)으로 고쳤다.

도계 선생은 부영을 가끔 불러 무르팍에 앉혀놓고 어르곤 했다. 부영은 부끄러움이 많고 영리했다. 도계 선생은 자신 앞에서 재롱을 부리는 예쁜 딸의 모습을 볼 때면 왜 하필 소실한테서 태어났나 하는 안타까운 생각이 들어 한숨을 짓기도 했다.

한편 부인 강씨는 도계 선생이 안의댁에게 사랑을 쏟자 점점 더 속병이 깊어졌다. 강씨는 아예 집안 살림을 안의댁에게 맡기고 모처럼 얻은 아들 병찬이를 돌보며 편안한 삶을 자청했다.

부영이 걸어 다닐 나이가 되자 아침을 먹고 어머니가 부엌일을 끝내면 안채 아버지한테 가자고 졸라댔다. 어머니는 조심을 하면서 큰 집에 건너갔는데 거기에서도 일이 바빠 부영이를 내려놓고 집안일에만 매달렸다. 부영은 어른들의 심부름꾼이 되어 안채에 자주 들락날락했고 자기보다 세 살 많은 큰 집 오빠 병찬이와 대청마루에서 혹은 마당에서 놀곤 했다. 둘이 숨바꼭질을 하거나 공기놀이를 하고 놀다가 수가 틀려 싸우면 큰 집 오빠 병찬은 부영이에게 “니네 집에 가.” 하면서 부영이를 무시했다. 부영은 이 말을 들으면 오빠가 미워지고 그만 슬퍼졌다. 부영은 이 집에 자기 아버지가 살고 있는데 왜 나에게는 남의 집인가 하는 생각이 들어 분해했다.

병찬이보다 두 살 아래인 부영의 친오빠 병기는 이미 눈치를 챈 듯 큰 집 병찬이와 놀 때에도 조심을 하고 혹시나 병찬이가 유세를 하면 피해 버렸다. 그러나 부영은 병찬 오빠가 자기에게 무시하는 말을 하거나 못되게 굴면 그냥 물러나지 않고 대꾸를 하거나 이를 나름대로 따지고 들었다. 부영이 어머니도 병기에게 형제지간에 싸울까 신경을 곤두세우고 병찬이와 사이좋게 지내라고 당부를 잊지 않았다.

병찬이와 놀다 싸워 화가 나면 부영은 어머니에게, “아버지가 저 집에 살면 저 집도 우리 집인데 병찬이 오빠는 왜 화나면 매번 너희 집으로 가라고 그래? 난 그 말이 너무 듣기 싫어.” 하고 불평을 늘어놓았다. 안의댁은, “우리가 여기 사니까 그냥 그러는 거지.” 하면서 간단히 대답해 줄 수밖에 없었다. 그저 부영이 나이 들면 천천히 이야기해 주어야지 생각했다.

부영이네 집 앞쪽으로 몇 집 건너에 부영이 친구 갑순이가 살았다.

면 인척벌이 되는 동년배 여식이었다. 조금 나이가 들자 병찬이 오빠 같은 남자와 소꿉장난을 계속 할 수도 없고 또 부영은 병찬을 점점 경계하면서 갑순이와 가까운 친구 사이가 되었다. 안의댁도 갑순이 어머니와 친해 길쌈도 하며 자주 만났다.

갑순이 어머니는 예쁘고 조용하면서도 별로 웃음을 보이지 않는 부영이를 보고, "재는 어릴 때부터 웃음이 별로 없었지. 눈치도 곧잘 보고."라고 가끔 말했다. 그런데 어느 날 부영이의 토라진 얼굴을 보고, "너는 왜 환하게 웃는 모습을 볼 수 없냐? 무슨 걱정이라도 있느냐?" 하고 물었다.

부영은 머리만 숙인 채 아무 대답도 하지 않았다. 갑순이 어머니는 이 영악한 아이를 내려다보며 "부영이 너는 너의 아버지가 금이야 옥이야 하고 귀여워해 주는데 무슨 걱정이 있어. 애가 좀 웃으면서 살아야지." 하고 타이르고는 갑순이와 둘이 놀게 내버려두고 일어났다.

도계 선생은 부영이가 글을 배울 나이로 자라자 갑순이와 함께 사랑방에 불러 언문을 가르쳤다. 천자문도 가르쳐야겠다고 생각하다가 여자 애들은 가사를 익히고 여자로서 정절의 중요성과 양가집 아녀자로서 도리를 일깨워주는 것이 보다 바람직하다고 생각했다. 그래서 도계 선생은 부영이에게 「숙영낭자전」, 「심청전」, 「장화홍련전」 같은 책을 구해서 부지런히 읽도록 지도했다.

부영은 나이가 들면서 왜 자신은 큰 오라버니가 사는 안채에 살지 못하고 따로 사는지 알게 되었고 어머니 안의댁이 왜 안방을 자유자재로 드나들지 못하고 저자세로 이 눈치 저 눈치 보며 살아가는지 어렴풋이 이해하게 되었다. 그와 동시에 이와 같은 그늘이 앞으로 자신의 삶에 약점이 될 것이란 생각이 들어 마음이 우울했다. 그러다가도 부영은 이내 아버지 같은 훌륭한 분이 계시니까 큰 도움이 되겠지 하고 스스로 위로하기도 했다.

부영은 어느새 또래에 비해 키도 크고, 자세도 반듯한 건강한 규수로 자랐다. 품성이 곱고 맡은 일은 꼭 해내는 성격이라 사람들한테 칭찬도 많이 받았다. 물론 고집이 보통이 아니라는 평판도 있었다. 열 살이 넘으면서 부영은 곧잘 어머니 안의댁을 따라 남새밭에 나가 일도 도와주고 산나물 캐러 깊은 산에도 따라갔다. 장실 고을 여인들은 철 따라 좋은 산나물과 약초를 캐러 황매산을 자주 다녔다. 장실 마을에서 황매산까지는 십 리 남짓한 거리였다.

부영이 열네 살 되던 해의 초여름, 안의댁과 동네 여인들은 여느 해와 마찬가지로 산나물을 캐기 위해 아침을 일찍 먹고 동네를 출발하여 황매산으로 갔다. 덕갈재에 도착하여 황매산 삼봉(三峰) 정상에서 이어지는 등성이를 타고 더 올라갔다. 사람 키보다 높이 자란 갈대와 싸리, 도토리 등 잡목들이 빼곡히 자라고 있는 이 등성이에는 수년 된 도라지와 더덕이 있었다. 잡목을 제치며 올라가다가 동쪽의 물통 골을 향해 내려가면 경사진 양지바른 곳에 폐가가 된 절터가 있었다. 높이 자라지 못한 채 서 있는 몇 그루 소나무 밑에서는 샘이 솟고 그 옆으로 절이 아래위 두 채 있었다. 사람이 살지 않고 방치해 두어선지 무성한 잡초가 절터를 뒤덮었다.

일행은 이 절터 샘에서 물을 마신 후 잠시 폐허가 된 집을 둘러보고 하산했다. 내려가는 중에 한 여인이 그 절의 내력을 이야기했다.

"창황면 옥계 고을 진사댁에 과년이 되어가는 여식이 있었는데 그 처녀는 그 집에서 일하는 머슴 총각과 남몰래 사랑에 빠졌대. 왠지 이상한 느낌이 들었던 딸의 어머니는 나중에 그 둘 사이가 예사가 아니라는 것을 알았고, 종래에는 아버지까지 이 사실을 알게 되었지.

낭패를 당한 진사댁 집안은 진노한 끝에 그 머슴을 더 이상 집에 둘 수 없다며 쫓아버렸어. 그리고 급히 그 여식의 혼사를 서둘러 인근 고을의 양반집으로 시집을 보냈지. 그런데 어느 날 그 여식이 시집에서 야반도주하여 잠적해 버렸다는 거야. 낭패를 당한 양가는 백방으로 수소문해 보았지만 어디로 갔는지 알 수 없었다는군.

그런데 얼마 후 저 절터에 조그만 움막이 생기고 젊은 여인이 사는 것을 보았다는 소문이 나돌기 시작했대. 아마도 황매산에 나물 캐러 나갔던 여인들이 떠들어대면서 난 소문이겠지. 그런데 정작 진사댁 부인은 세월이 한참 흘러서야 그 소문을 들은 거지. 어쨌든 나중에 이 소식을 전해들은 진사댁 부인은 혹시 잠적해 버린 자기 딸이 아닌가 하여 그곳을 찾아갔어. 하지만 매번 힘들게 찾아갔으나 좀처럼 만나기가 쉽지 않았다는군. 한낮이 되면 여인은 철마다 나는 산나물과 산과일을 따러 떠나고 없었고, 남자는 말린 땔감을 장실 마을로 내려가 파는 관계로 집을 비웠던 거지.

어쨌든 진사댁 부인이 다시 찾아가 겨우 만났는데 보니 그 젊은 여인이 바로 자기 딸이었던 거야. 눈물겨운 해후였지. 여인은 이미 딸을 하나 낳아 기르고 있었어. 진사댁 부인은 딸을 보니 반갑기도 하고 또 불쌍해서 눈물을 흘리며 원망도 하였으나 이미 애까지 낳은 딸을 무작정 집으로 데려갈 수는 없었어.

한편 창황면 진성사 절의 한 스님이 덕갈재를 넘어 병목골을 드나들었는데 항상 황매산의 우람한 산세를 탐하며 저곳에 절을 짓고 싶어 했다는군. 하지만 삼봉 능선이 길게 뻗은 것이 좋아 한번 올라가 보고 싶은 마음이 간절했으나 덕갈재에서 남쪽으로 올려다 보이는 능선은 숲이 깊어 감히 들어갈 엄두를 내지 못하는 곳이지. 그런데 수년이 지난 후 그 능선 안쪽으로 사람이 다닌 듯한 길이 나 있고, 움막이 들어서 사람이 살고 있다는 소식을 들은 거야.

그곳을 찾아가 본 스님은 "여기가 과연 좋은 절터로구나." 하고 탄성을 질렀다고 해. 스님은 움막집 앞에 가서 기침을 하여 사람이 있는지 불러보니, 어떤 여인이 어린 딸을 데리고 나오는 거야. 관상을 보아하니 귀태는 있는데 복을 타고나지를 못해 고생할 팔자처럼 보였대.

그 여인과 대화를 하고 사정을 대략 알게 된 스님은 그 장소를 샅샅이 돌아본 후 여기에다 절을 짓겠다고 결심을 했고 그 여인의 승낙을 받아냈어.

스님은 꽤 많은 전답을 가진 양반집안의 막내로 태어났는데, 어릴 때 어머니가 불공을 드리러 절에 갈 때 자주 동행하여 다녔다는군. 그런데 나이가 들고 총각이 되자 그만 중이 되겠다고 하더니 어머니의 간곡한 만류에도 불구하고 출가하여 스님이 되었대.

막내의 결심에 항시 마음 아파한 어머니는 남편이 별세한 후 출가한 막내를 생각하며 그의 몫으로 논 몇 마지기를 따로 떼어 놓았대. 스님이 된 막내가 가끔 집에 오면 어머니는 그애에게 자기 몫으로 논 몇 마지기를 예비해 놓았음을 알려주고 필요할 때 팔아서 쓰라고 했대.

스님은 이제 자기가 바라던 대로 절을 지을 터를 찾았고, 어머니에게 도움을 요청했지. 어머니의 도움으로 돈을 마련한 스님은 황매산 정상이 지척에 보이는 등성이의 움막이 들어선 곳에 절을 지었어. 이곳은 좋은 약수터가 있을 뿐 아니라 크게 자라지는 못했으나 가지가 옆으로 벌어진 소나무 몇 그루가 서 있어 아주 근사한 곳이었지.

절이 완성될 즈음 나무나 약초를 캐다 팔며 살던 여인의 남편은 시름시름 앓더니 어느새 눈썹이 빠져 없어지고 문둥병이 걸린 거야. 그러더니 집을 떠나 소식을 끊었다고 해. 절이 완성되고 주지승이 된 스님은 탁발을 하기 위해 혹은 다른 보시를 위해 출타하면 모녀에게 절을 맡겼고, 스님을 모시며 불교에 심취한 이 여인도 차츰 보살이 되어 얼마 후 적극적으로 절 일을 돌보며 지냈지.

세월이 흐르고 그 여인의 딸도 어머니를 따라 열심히 불공을 드리고 설법을 듣더니 자라면서 처녀 보살이 되었고, 수년 후 갑자기 시름시름 앓던 어머니마저 문둥병에 걸려 고생을 하며 어려운 삶을 이어가더니 죽고 말았다고 해. 또 얼마 후에는 병목골을 거쳐 해인사에 간다던 스님이 오랜 세월이 흘러도 돌아오지 않더니 타관에서 죽었다는 소식이 들려왔대. 그러니 어쩔 수 없이 젊은 보살이 절의 주인이 되어 혼자 절을 지키게 된 것이지.

깊은 산에 여인이 혼자 절을 지키며 살다 보니 이상한 소문이 떠돌았지. 심지어는 그 절에 묘령의 처녀 귀신이 살고 있다는 소문도 돌았어. 산과일과 산나물을 찾아 왕래하다가 가끔 그 절을 들르면 그 보살은 외부사람들과 접촉을 피해 방 안에 칩거하고 있어 괴이한 소문은 꼬리를 물고 퍼져나간 것이지. 가끔 신도들이 그 불쌍한 여인을 위해 음식물을 가져다주었는데 이를 전해 주기 위해 불러도 나오지 않아 음식을 부엌에 두고 갔지.

1912년 중순, 시골 마을 주재소(경찰서)에 배치된 일본 경찰이 마을의 호구 조사를 실시하는 과정에서 황매산 정상 능선에 절이 있고, 이곳 절에 여인이 혼자 살고 있음을 알게 된 거야. 또 이 절이 괴이한 소문의 진원지가 되고 있다는 사실을 알아차린 후 경찰 앞잡이를 시켜 그

절을 폐쇄하고 여인을 마을로 돌아오도록 명령했지.

하지만 명령에도 불구하고 계속 그 여인이 불응하자 얼마 후 일본 경찰이 사람을 보내 그 여인을 강제로 끌어오게 했어. 하지만 이를 집행하기 위해 사람들이 갔을 때에는 이미 그 여인은 죽은 시체로 발견되었다고 해. 기이한 소문과 연결된 그 절의 보살을 두고 아직도 별별 괴담이 떠돌았는데 벌써 한 5년이 훨씬 지난 일이군."

이야기를 다 들은 어린 부영은 갑자기 절 어느 구석에서 처녀귀신이 튀어나올 것 같아 무서운 생각이 들어 재빨리 어머니를 앞장서서 걸었다.

동네 어귀에 다다랐을 때 저 멀리 문둥이가 휘청거리며 걷고 있는 모습이 눈에 들어왔다. 당시에는 문둥이가 많아 수시로 동네에 나타나 흉한 몰골로 돌아다니며 동냥질을 했다. 시골 어른들은 보통 문둥이가 동냥질을 하면 불쌍하여 동냥그릇에 밥과 국을 주었다. 부영은 산길이나 들길을 걷다가도 문둥이를 만날까 겁이 나 뒤를 살피곤 했다. 어쩌다 맞은편에서 문둥이가 오는 것을 보면 기겁을 하고 길을 피해 저 멀리 우회해서 가곤 했다. 문둥이는 어린아이를 잡아 간을 내어먹는다는 이야기를 자주 들은 터라 어린애들에게는 공포의 대상이었다.

부영은 어느새 열여섯 살의 성숙한 처녀가 되었다. 가을 추수가 끝나갈 무렵인 음력 10월 어느 날, 부영이 방에서 「숙영낭자전」을 읽고 있는데 친구 갑순이 놀러왔다. 둘은 방 안에 앉아 이야기꽃을 피웠다. 그런데 갑순이가 갑자기 좋은 생각이 떠올랐다며 눈을 동그랗게 뜨고 부영이를 쳐다보며 제안했다.

"부영아, 우리 동네 앞 논 중간에 웅덩이가 있제. 우리 거기 가서 미꾸라지 잡자. 요즘 살이 통통하게 올랐을 끼다."

부영이도 재미있겠다는 생각이 들어 밖으로 나가 양푼과 바가지를 준비해 논두렁으로 갔다. 웅덩이 근처 논에는 물이 빠지지 않아 아직 거둬들이지 못한 벼들이 남아 있었다. 부영과 갑순은 치마를 위로 올려 묶고, 소매를 걷어 올려 웅덩이 근처 진흙 고랑의 물길을 막고 물을 퍼내고는 두 손으로 흙을 파헤치면서 미꾸라지를 잡기 시작했다.

두 처녀는 잡은 미꾸라지가 손에서 빠져나가 이곳저곳에서 꿈틀거리다가 숨어버리는 미꾸라지를 잡는 재미에 빠져 시간 가는 줄도 몰랐다. 허연 종아리와 얼굴에 묻은 진흙이 어떤 꼴인지 알지 못하고 이리저리 재빠르게 움직이며 미꾸라지를 잡는 데만 온통 정신이 팔려 있었다.

벼가 서 있는 논을 살펴보려고 나온 두 어르신이 미꾸라지 잡는 데 혼이 팔린 이 처녀들의 모습과 행실을 보고 깜짝 놀랐다. 다 큰 처녀들이 종아리와 팔뚝을 함부로 내놓고 저런 짓을 하다니, 혀를 끌끌 찼다.

"저애들이 지금 무엇 하는 짓들이고."

부영이와 갑순은 꾸짖는 소리를 듣고서야 정신을 차리고 자신들을 둘러보았다. 걷어 올린 치마 아래로 드러난 종아리에는 온통 진흙투성이었다. 창피하기도 하고 겁도 난 둘은 밖으로 나와 대략 씻고 그릇을 챙겼다. 그때 부영이 어머니가 그들을 향해 급히 다가왔다.

"이게 웬일이고, 망측하게시리. 동네 창피다. 어서 나오지 않고 뭣하고 있노."

둘은 그릇과 잡은 미꾸라지를 급히 챙겨서 움직였다. 그들이 동네 입구에 도착하자 동네 여인들 몇이 나와서 그들을 향해서 수군댔고, 갑순이 어머니도 화난 얼굴로 그들을 노려보았다. 부영이 집에 들어서자 안의댁이 원망스러운 눈으로 쳐다보았다.

"니 어른이 알면 난리 날 끼다. 어서 옷부터 갈아입어라."

부영은 재빨리 방 안으로 들어갔다.

그때 불편한 몸을 이끌고 동구 앞에 바람을 쐬러 나왔던 부영이 큰어머니가 이 소식을 듣고 이런 망측한 짓을 그냥 둘 수 없다며, 사랑으로 가서 도계 선생에게 일러바쳤다. 도계 선생은 집안망신이라며 당장 부영이를 불러오라고 호령하였다.

부영이 걱정스레 앉아서 책장을 넘기고 있는데 밖에서 큰어머니 목소리가 들려왔다. 아버지가 부영이를 찾는다면서 어서 데리고 오라는 전갈이었다.

"니 아부지가 알게 된 모양이다. 어서 가자. 잘못했으니 벌을 받는 게 맞지."

부영이 어머니는 부영에게 어서 나오라고 하여 데리고 앞장서서 걸어갔다.

부영이 모녀가 문 앞에 도착하니 도계 선생은 밖에서 크게 들리도록 "에헴." 하고 기침을 하면서 화가 난 기척을 보였다.

"부영이 데리고 왔어요."

부영이 어머니가 문을 열고 부영이와 함께 들어서자 부영이 아버지는 손을 들어 가리키며 대청마루 구석에 있는 말(곡식 양을 재는 둥근 나무용기)을 가져오라고 했다. 말을 가져오자 엎어놓으라고 시키더니 부영을 향해 차분한 목소리로 말했다.

"치마를 걷어 올리고 말 위에 서거라."

부영이 시키는 대로 말 위에 서자 이미 비치해 둔 회초리로 종아리를 사정없이 때렸다. 부영은 아프기도 하고 창피하기도 했지만 이내 서러워 눈물이 났다. 어느새 눈물방울이 방바닥에 뚝뚝 떨어졌다. 그제야 도계 선생은 회초리를 멈추었다.

"다 큰 여자가 그런 망측한 짓거리를 하고 돌아다니다니, 네가 우리 집 망신을 시키려고 작정한 것이냐? 남들이 자식 교육을 어떻게 시켰다고 하겠느냐? 철들 나이도 지났거늘……."

"아버님, 잘못했습니더. 앞으로 다시는 그러지 않겠습니더. 용서해 주십시오."

부영이 눈물을 닦으며 말했다. 부영이 어머니도 옆에서 모두가 자기 잘못이라며 용서를 청했다. 도계 선생은 그때서야 부영이를 말에서 내려오게 했다.

"내가 이번에는 용서하마. 다시는 그런 짓 하지 말거라. 이제 그만 가보거라."

그로부터 2년 뒤, 부영이 과년인 18세(1917)가 되자 도계 선생은 부영에게 좋은 신랑감을 찾아 주어야겠다고 생각하고 아름아름 알아보기 시작했다. 도계 선생은 부영이 소실의 딸이라는 약점이 있어 과분한 욕심을 낼 수 없는 게 안타까웠고, 중신아비들에게 이를 숨길 수도 없었다.

그런데 뜻밖에도 그 해 새해 연초에 황매산 넘어 병목골에서 중신이 들어왔다. 합천 쪽이지만 산청군 창황면과는 황매산 재를 넘으면 도착할 수 있는 지역이고 가까워서 교류가 잦아 도계 선생도 그쪽 대성인 송씨 마을에 사는 송두선 학자와 친교를 맺고 가끔 왕래하고 있었다. 이 병목골의 성씨 집안 총각이라고 했다.

도계 선생은 딸을 꼭 양반 집안으로 시집보내고 싶어 했는데, 성씨 가문 총각이라고 하니 귀가 번쩍 띄었다. 성씨라면 성삼문 후예가 아닌가? 그는 그의 충절과 절개를 높이 평가하는 유학자여서 이 사실을 알고 우선 기뻤다. 그래서 특히 관심을 보이자 중신아비는 도령댁 사정을 대략 이야기했다.

성 도령은 3년 전에 가친을 여의고 비교적 젊은 홀어머니를 모신 장남이고, 그 아래로 남동생만 세 명이 있는데, 조상으로부터 물려받은 논도 변변찮아 살림이 가난했다. 그리고 시어머니는 인근 하금 마을에서 온 은진 송씨라고 했다. 성씨 집안은 할아버지 때 이곳에 정착했는데 그 사연인즉 동학란이 경남 진주 쪽으로 확대되자 고성에 터전을 잡고 대를 이어 살아온 당시 청년이던 할아버지 형제는 동학을 따르는 무리들이 진주 지역으로 세를 넓히자 겁을 먹고 산골을 찾아 북쪽으로 피신을 했는데 그곳이 바로 병목골의 외딴마을이었다. 얼마 후 관군이 동학란을 진압했다는 소식을 듣고 형님 되는 분은 고향으로 되돌아가고 동생 되는 분이 이곳에 정착해 살았는데 벌써 삼대째 이어 살고 있다고 한다.

중신아비가 다녀간 후 도계 선생은 안의댁을 불러 이 청혼에 대해 이야기해 주었다. 안의댁은 젊은 과부를 모시는 맏며느리라는 사실과 농토도 변변찮은 가난한 집안에 딸을 시집보낸다고 생각하니 걱정이 앞섰다. 그러나 함부로 반대할 수도 없는 일이어서 좀 더 두고 생각해 보자고 말하고 물러났다.

이런 중신 이야기가 오가던 이듬해 초봄 초순 화창한 봄볕이 따스하게 비치는 날이었다. 부영은 오전에 집 뒤 대밭 넘어 보리밭을 어머니와 함께 부지런히 김을 맨 후 집에 돌아와 간단한 점심을 먹고 마루에 무료하게 앉아 있다가 몰려드는 잠을 쫓을 요량으로 방 안으로 들어가 평소 읽기를 좋아하던 「숙영낭자전」을 소리 내어 읽었다.

잠시 후 갑순이가 찾아와 방 앞에서 “부영아.” 하고 불렀다. 부영은 화들짝 놀라며 일어나 책을 덮어 장롱 위에 올려놓고는 문을 열고 나갔다. 갑순이 웃으며 방문 앞으로 오더니 마루에 걸터앉았다.

“어디 가는 길이고?”

부영은 손에 든 광주리를 내려다보며 물었다. 갑순이 조그만 광주리를 들어 보였다.

“날씨도 좋고 한데 우리 황매산 자락에 가 쑥도 뜯고 참꽃도 따자. 거기 요즘 참꽃이 한창일 끼다. 어서 가자.”

부영은 무료하던 차에 마침 잘 되었다고 생각했다.

“그래, 가자.”

부영은 옷매무새를 고치고는 부엌으로 가서 조그만 광주리를 챙겨서 동구 밖을 향해 걸었다. 지난번 미꾸라지를 잡다가 혼이 난 일을 떠올리며 매사에 조심해야지 생각하며 동구를 빠져 나왔다. 두 처녀는 빠른 걸음으로 산기슭으로 향했다. 조금 가파른 등성이를 오르자 진달래가 여기저기 무리지어 피어 있었다. 아름답게 핀 진달래꽃을 보고 탄성을 질렀다. 꽃을 따먹기도 하고, 꽃송이를 꺾어 귀에 꼽고 서로 보며 활짝 웃기도 하면서 이리 뛰고 저리 뛰어 다녔다.

풋풋하고 달착지근한 진달래꽃을 따서 먹어 입술이 붉게 물들었다. 입술과 입 가장자리를 소매로 닦은 후 정신을 차리고 보니 시간이 꽤 흘러 있었다. 부영은 갑순과 낮은 골짜기로 내려와 지천으로 널려 있는 쑥을 열심히 뜯어 바구니를 채웠다. 해질 무렵이 되어 쑥으로 채운 광주리를 머리에 이고 서둘러 동네로 돌아왔다. 참으로 즐거운 시간을 보낸 듯 한껏 들뜬 기분이었다.

그날 저녁 식사 후 도계 선생이 안의댁을 안채로 들라고 하였다. 안의댁은 무슨 일인지 궁금해하며 안채로 갔다.

"무슨 일로 부르셨어요?"

안의댁이 도계 선생 옆으로 가 가까이 앉았다.

"다름이 아니라……."

도계 선생이 천천히 말을 꺼냈다.

"작년에 왔던 중신아비가 찾아와서 다시 만났는데, 아무래도 부영이를 병목 성씨 총각한테 시집보내야겠어. 성씨는 양반 집안이니 무엇보다 양반 가문과 연을 맺는 것이 중요한 것일세."

도계 선생의 말을 들은 안의댁은 전에 했던 말을 되풀이하듯 다시 대꾸하였다.

"양반 가문이 중요하고 좋은 것은 알지만, 삼십대 초반에 홀로 된 시어머니를 모셔야 하고, 가난한 집안인 데다 다 큰 시동생들이 우글거리는 집안의 맏며느리 노릇을 해야 하는데 우리 애의 고생이 오죽하겠어요. 나는 우리 애가 너무 불쌍하고 딱해서 죽겠어요."

"눈에 넣어도 아프지 않을 철부지 막내딸을 가문 좋고 먹고살 만한 집으로 시집보내고 싶은 마음이야 나도 마찬가질세. 허나 그게 어디 내 마음대로 되는가. 무조건 욕심만 부릴 수만은 없는 일, 그러니 이번 혼사를 정하기로 하세. 내 그렇게 할 의향을 비쳤네. 중신아비 말로는 성씨 집안에서는 내 딸이라고 하니 좋다는 눈치라네."

"영감님의 뜻이 그러시다면 안 여자가 어찌 여러 말을 하겠어요."

안의댁은 안타까움과 걱정에 한숨이 나왔지만 더 말하지 않고 물러나왔다.

그날 저녁 질삼할 도구를 챙기고 방으로 들어서는 부영에게 안의댁이 가까이 앉으라고 했다. 안의댁은 근심어린 얼굴로 한숨을 쉬다가 부영을 쳐다보며 말했다.

"작년에 다녀갔다는 중신아비를 너의 아버지가 다시 만나 혼사를 결정한 모양이더라. 네가 그런 자리에 시집가서 고생할 것을 생각하니 참으로 걱정이다."

"어무이, 아버지도 여러 사정을 생각한 끝에 결정한 것일 텐데 팔자려니 생각해야지."

부영이 한숨을 토해내며 슬픈 얼굴로 대응했다.

"하긴 총각은 좋다는구나. 키도 그만하면 큰 편이고, 남자답게 잘생긴 얼굴이라더라. 시어머니 될 사람은 은진 송씨이고, 바깥어른은 3년 전에 어금니를 빼고 나서 절주(節酒)를 해야 하는데도 계속 술을 드시다 보니 어금니 이틀에 크게 덧이 나 갑자기 세상을 떠나셨단다. 젊은 나이의 아내와 장성 같은 아들들을 두고 떠나다니 참 안되었지."

어머니와 같이 수심에 잠긴 부영은 아버지가 결정을 해서 하는 일인데 누가 감히 종을 달 수 있을까 생각하면서 운명이 이끄는 대로 따르기로 하였다.

그 해 여름이 지나고 초가을이 되자 사성이 오고, 혼인 날짜가 정해졌다. 음력 11월 가실 후였다. 안의댁은 막상 딸을 시집보내려니 서운한 것은 물론이고 딸이 불쌍해 마음을 쉬이 잡을 수 없었다. 이런 혼사가 있을 때면 시골 아낙들은 으레 용하다는 점쟁이를 찾았다. 안의댁도 생각 끝에 용하다는 점쟁이를 수소문해서 가 보기로 했다.

"당신 딸은 풍(風)이 세다. 남편 복은 있는 편인데, 인고(忍苦)의 세월을 살아야 해. 육십까지는 봐줄 것이 별로 없어. 한 육십이 넘어서 다시 오면 보아주지.”

부영의 사주팔자를 넘겨받은 점쟁이가 안의댁에게 한 답변이었다. 점괘를 들은 부영은 바람이 세다는 것이 무엇인지 궁금하기도 하고, 육십까지 별로 볼 것이 없다는 말이 결국엔 앞으로 고생할 팔자라는 생각이 들어 영 기분이 안 좋았다. 여자는 시집 잘 가고 못 가고에 따라 뒤웅박 팔자처럼 변한다는데 결혼을 앞두고 심란한 이야기만 들으니 수이 잠을 이룰 수가 없어 몸을 뒤척였다. 그날따라 집 뒷산에서 들려오는 소쩍새 울음소리가 왜 그렇게 처량하고 구슬픈지 부영도 어느새 서러워 눈물이 났다. 도대체 나는 앞으로 어떤 곡절을 겪으며 인생을 살 것인가?

안의댁은 여름부터 틈틈이 산청, 함안, 안의 장터를 다니며 옷감, 패물, 이개(장롱) 준비를 했다. 집안 살림이 넉넉한 것은 아니지만 하나밖에 없는 막내딸을 가난한 집안으로 시집보내려니 조금이라도 더 마련해 주고 싶었다.

안채에서 손님이 왔다고 하여 부영이 잠시 불려 나가 부엌일을 도우려는데 먼저 와 있던 어머니가 부엌에서 나오면서 손짓으로 부영이를 불렀다. 다가가 보니 사랑방 쪽을 손짓으로 가리켰다.

“병목골에서 손님들이 온 모양이다. 너를 한번 살펴보았으면 하는 속셈일 끼다. 모른 체하고 평시대로 행동하거라. 술상을 보아야겠으니 너는 부엌에서 손님들에게 나갈 술과 음식을 차려 나오너라.”

사랑방에서는 예를 차려 술을 주거니 받거니 하며 대화를 나누었는데 간혹 웃음이 흘러 나왔다. 부영은 그쪽을 호기심어린 눈으로 쳐다보았다. 마치 누군가가 자기를 훔쳐보는 것 같아 얼굴이 뜨거워지기도 했다.

손님들이 떠나고 나니 집안은 다시 조용해졌다. 부영은 부엌에서 그릇을 씻어 시렁에 올려놓고 방으로 돌아와 바느질을 했다. 하지만 자기 일생이 앞으로 어떻게 펼쳐질 것인지 알 수 없는 두려움과 여러 상념에 빠져 바느질이 손에 잡히지 않았다.

'여자의 일생에서 결혼만큼 중요한 것이 어디 있을까. 어머니를 보면 알 수 있어. 결혼을 하고 난 후 나의 일생은 살 만할까? 왜 점쟁이는 나에게 "육십 이전에는 봐줄 것이 별로 없다."고 했을까? 육십 살 먹고 살 때까지 인종하며 살아야 한단 말인가. 남편 복은 있다니 그걸로 만족하고 열심히 살면 좋은 날이 오겠지.'

부영은 그렇게 스스로 위로하면서 다시 바느질을 하기 시작했다.

1928년 음력 11월 중순 어느 화창한 초겨울날, 부영은 장실 부영의 집 마당에서 결혼식을 거행했다. 신랑이 사는 병목골에서 장실까지 오려면 서너 시간은 족히 걸린다. 신랑 성동욱은 아침 일찍 준비해서 일행과 함께 동네 뒷산을 돌고, 점마골을 거쳐 황매산의 물통골 입구에서 오르기 시작해서 가파른 덕갈재를 넘었다. 쌀쌀한 날씨인데도 재를 넘는 데 힘이 들어 땀을 흘렸다. 장실 동네 외각에 다다르자 중신아비가 예약해 둔 집에 들러 열기를 식히며 좀 쉰 후 새신랑 예복으로 단장을 한 후 중신아비의 안내를 받으며 동네 안으로 들어갔다.

예복을 입은 신랑이 동네 중심지를 거쳐 부영의 집 마당에 입장한 후 예식 절차에 따른 예의를 차리고 제자리에 서자 이어서 연지곤지 바르고 족두리를 쓴 부영이 안방에서 나와 식장으로 안내되면서 예식이 시작되었다.

부영은 신랑이 어떻게 생겼는지 보고 싶었으나 고개를 들 수 없었다.

이읏고 백년가약을 맺는 술잔을 받고 입에 대며 눈을 살짝 들어 신랑 얼굴을 잠시 보았다. 혹여나 남들에게 들켰을까봐 가슴이 콩닥콩닥 뛰었다. 신랑은 키도 꽤 크고 얼굴이 뚜렷한 게 잘생긴 모습이었다. 부영은 안도하며 마음속으로 행복하다는 생각이 바람처럼 스쳤다.

달콤한 첫날밤을 지내고 이어 잔치가 이틀 동안 계속되었는데 장가온 신랑에게 친척 젊은이들은 짓궂게 애를 먹이고 주리까지 틀었다. 신랑은 아픔을 잘 견뎌내고 항시 예의를 차리면서 흐트러지지 않는 자세를 유지해 호평을 받았다. 양반집 자제로 손색이 없는 신랑을 만났다는 안도감에 부영은 기쁘기만 했다. 갑순이도 사람들이 옆에 없을 때 부영에게 다가와 새신랑 칭찬을 했다.

혼인식과 잔치로 꿈결 같은 삼 일을 정신없이 보낸 후 신랑이 본가로 떠났다. 부영은 그립고 애틋한 마음이 되어 허전함을 달랬다. 예의 바르고 다정한 새신랑의 모습을 떠올리면 기분이 상기되는 한편 어머니를 떠나 생판 모르는 어른들을 가장 가까운 가족으로 모시며 시집살이를 해야 하는 여자의 숙명을 애달프게 생각했다.

안의댁은 부영을 조용히 불러 앉혀 당부를 했다.

"이제 한 달 후면 날짜를 잡아 시집으로 들어갈 것이다. 둥지를 떠나는 새의 신세와 같으니, 좋아도 네 팔자 나빠도 네 팔자려니 하고 살아라."

12월 중순 어느 날, 도계 선생이 이제 성 서방의 아내가 된 막내딸 부영이를 안방으로 들라고 일렀다. 부영이 아버지 앞에 다소곳이 앉자 딸의 얼굴을 쳐다보면서 말을 꺼냈다.

"성 서방은 그만하면 훌륭하다. 외모도 그렇고 행실도 좋은 게 양반 자제로서 손색이 없더구나. 이제 네가 시집으로 떠나야 할 날이 가까워

가는데 준비는 잘되고 있지?"

부영은 이 말을 듣자 왈칵 눈물이 솟아올랐다. 간신히 눈물을 삼키며 "네, 아버님." 하고 짧게 대답했다. 부영의 심정을 충분히 이해하고 있는 도계 선생은 좀 뜸을 들이다 다시 말을 이었다.

"그래, 마음의 준비도 잘하거라. 이제 시집가면 너는 시집 식구인 기라. 뼈를 그 집 가문에 묻어야 하는 것이다. 항시 명심하거라."

도계 선생은 부영이를 은근히 바라보다 자세를 고쳐 앉으며 읽고 있던 책으로 눈길을 돌렸다.

약 20여 일이 지나 부영이 출가하는 날이 되었다. 20리가 넘는 거리에다 험한 덕갈재가 있어 아침 일찍부터 부산했다. 가마를 타고 덕갈재를 넘는 것은 거의 불가능한 일이어서 재를 넘어 하금 마을에서 가마를 임대해서 타고 신행 집으로 가기로 하고 하금의 송 학자와 연락하여 협조를 구해 놓았다.

인솔하는 중신아비와 가족 대표로 병기 오빠가 동행하고 그리고 뒤따라가는 상두군과 함께 부영은 부모님 품을 떠나 발걸음을 옮겼다. 집 앞까지 나와 딸을 마중하는 도계 선생은 눈물을 감추려고 애를 쓰며 붉어진 눈을 들어 말을 잃고 딸을 쳐다보았다.

"불효여식 떠나겠습니다."

부영이 하직인사를 하자 도계 선생이 손을 들어 저었다.

"그래, 어여 가거라."

도계 선생은 부영 일행이 걸음을 옮기자 가만히 서서 한참을 보았다.

안의댁은 동구 밖 황매산 모퉁이까지 시집가는 부영 일행을 마중했다. 갑순이 모녀도 그 뒤를 따랐다.

"시집 식구 잘 모시고, 남편 공경하며 행복하게 살아야 한다. 이제 너의 새로운 일생이 시작되는 거다. 어려움도 있겠지만 잘 견뎌내면 그게 복이 되는 것이다."

안의댁이 딸의 손을 잡고 걸으면서 말했다.

"어무이 말씀 명심하고 잘할 게요."

부영이 말하자 안의댁은 아들 병기에게도 당부했다.

"애야, 너무 서둘지 말고 길을 잘 안내하거라. 덕갈재에서 내려가는 산길이 험하다는 말을 들었다."

부영은 이제 손을 놓고 어서 떠나기를 재촉하는 어머니에게 눈물을 보이지 않으려고 돌아서서 걸음을 옮기기 시작했다.

부영을 태운 가마와 그 일행은 오후가 되어서야 시가에 당도했다. 입구를 들어서자 가마가 내려지고 부영이 나와 마당에 펴놓은 멍석에서 간단한 예식을 치른 후 방으로 안내되었다. 방 안에서 옷과 얼굴 매무새를 추스른 후 마루를 걸어 큰 방 앞으로 갔다. 문을 열어놓고 가까운 친척들에 둘러싸여 한가운데 좌정하고 있는 시어머니를 향해 공손히 큰절로 인사부터 하고 차례로 소개를 받는 가족들에게 인사를 했다.

시어머니는 이목구비가 뚜렷하고 근엄한 얼굴로 감정표현 없이 "오냐." 하면서 인사를 받았고 이어 친척어른들이 소개되었다. 그리고 밖에서 서성이는 시동생들이 차례로 들어와 인사를 했다. 동옥이 밑으로 두 살 차이 나는 큰 시동생 경옥, 일곱 살 차이 나는 태옥이, 열 살 차이 나는 병옥이 있었다. 태옥이 위로 동생이 하나 있었는데 아이를 갖지 못한 큰집으로 양자로 갔다고 했다. 시어머니를 닮아 모두 이목구비가 뚜렷하고 잘생겼다. 다만 눈매가 부리부리해 성격이 강해 보였다.

고추 당초 맵다 한들

부영은 큰 방과 마루로 연결되어 있는 안채의 작은 방에 신방을 차렸다. 하룻밤을 보낸 첫날 아침 부영은 일찍 일어나 세수를 하고 머리를 만진 후 아침 문안인사를 드리기 위해 이미 불이 켜진 시어머니 방 앞으로 가서 기침을 한 후 살며시 문을 열고 마루에서 인사를 드렸다. 당시 시집온 새색시는 약 한 달 동안 매일 아침 일찍 일어나 시어머니에게 큰 절로 문안인사를 드리는 것이 양반 집의 법도였다. 시어머니는 벌써 일어나 외모를 청결하게 한 후 좌정하고 앉아서 새 며느리를 맞을 준비를 했다.

"편히 주무셨습니까?"

"오냐, 잘 쉬었느냐? 우리 집 가난한 살림살이가 어렵고 해서 고생이 많이 될 테지만 마음을 다져먹고 잘해 보거라. 살림살이는 내가 차차 알려주마."

시어머니는 곰방대에 담배를 재어 화롯불에 넣어 한 모금 빤 후 이어 말했다.

"그래, 오늘 시작부터 빨리 움직여 보거라. 우선 동네 샘에 가서 물부터 길러 오도록 해라. 동네 샘은 집 앞 논길을 따라가면 보일 끼다."

부영은 옷매무새를 차리고, 알려준 대로 걸어가 보니 논 가운데 바위 틈 깊은 곳에 맑은 물이 가득 고인 동네 샘이 있었다. 부영은 조심스럽게 찬물을 떠서 한 모금 마신 후 물을 길러서 동이에 부었다. 그때 건너편 마주 보이는 집 쪽에서 한 여인이 샘으로 와서 가져온 야채 그릇을 내려놓으며 조용히 말을 걸었다.

"아, 어제 시집온 하금 형님 며느리구나. 가까이 보니 참 곱고 키도 크네."

그러면서 맞은편 집 쪽을 가리켰다.

"나는 '감으실'에서 시집온 아지매 뻘 되는 사람이다. 좀 먼 인척인데, 8촌인가 그렇다지 아마. 이 도구터는 30호도 안 되는 조그만 동네인데, 우리 성씨 친척들이 10호나 모여 사니 우리가 대성인 기라. 차차 우리 집에도 한번 놀러 오너라."

그러고는 가져온 야채를 바쁘게 헹구었다.

부영은 물통에 물을 가득 채운 다음 "차차 인사드리러 가겠심더." 하고 인사하고는 물통을 이고 집으로 돌아왔다.

시어머니는 널따란 부엌으로 나와 무엇 무엇은 어디 있고 하면서 알려주더니 방으로 들어가 그릇에 쌀을 퍼와 건네주었다. 그러고는 밥과 반찬은 얼마만큼 어떻게 하라고 당부한 후 밖으로 나갔다.

밖에서는 벌써 시동생들이 일어나 시어머니의 지시를 따라 움직였고,

동옥은 마당에 있다가 시어머니를 따라 안방으로 들어갔다.

부영의 시가는 동네에서 좀 외딴 곳의 넓은 부지 위에 네 채의 초가집으로 구성되어 있었다. 본채는 안방과 부영 내외가 기거하는 작은 방이 마루로 연결되어 있고, 안방 옆에는 부엌이 있었다. 오른쪽 초가집에는 시동생들이 자는 사랑방과 고방(창고)이 붙어 있었다. 안채와 각을 지고 서 있는 초가집은 소 마구간, 디딜방앗간, 방으로 개조할 수 있는 헛간, 그리고 소왕(변소)이 있었다.

시동생들은 건장한 체격에다 성격도 거세어 보였다. 그러나 시어머니는 자식들을 엄하게 다루었다. 큰아들 동옥은 어머니에게 효성이 지극하였고, 시어머니도 장자인 동옥을 각별히 대하는 듯하였다.

시어머니는 아침 일찍 일어나면 집 뒤 샘에 가서 얼굴을 깨끗이 씻고, 머리를 빗고 오는데 아들들이 일찍 일어나 있지 않으면 벌써 언성을 높여 꾸짖었다.

"경옥아, 태옥아, 아침 해가 중천인데 아직 안 일어나고 무엇들 하나. 어서 일어나거라, 얘들아."

그러면 대개 태옥이 먼저 문을 열고 나온다. 한번은 아침에 일찍 쇠죽을 끓이는 일이 늦었다 해서 애들을 불러 심하게 꾸짖는 것을 보았다.

부영은 아침이 되면 시어머니로부터 아침 끼니 쌀을 받아 보리쌀을 섞고 감자를 넣어 아침밥을 지어 시어머니, 남편, 시동생들 밥을 차례로 떠서 안방으로 들여놓고 솥 밑바닥에 남는 보리밥을 걷어 대개 부엌에서 조금 먹었다.

아침 일찍 일어나 시어머니에게 문안인사를 드리고 바쁜 살림살이를 익히느라 정신없이 한 달이 훌쩍 지나갔다. 이제 정신을 좀 차릴 때가 되었는가 하는데 청결하지 않거나 재빠르지 못한 것을 못 참는 시어머니는 이때까지 참아왔다는 듯이 꾸짖거나 핀잔을 주기 시작했다. 아침밥이 조금 늦으면, "움직임이 굼떠서 큰일이다." 하고, 부엌에 들어와서 청결상태가 안 좋으면 "더러워서 되겠느냐?" 하면서 핀잔을 주기 일쑤였다. 그리고 추운 겨울에는 아침에 꼭 세수할 물을 데워서 방으로 들이도록 요구했다.

시집온 지 두어 달이 지났을 무렵 대병면 장터에 5일장이 섰다. 그날 집에서 키워온 돼지 새끼 몇 마리를 시장에 내다 팔아 돈을 손에 쥔 동옥은 돌아올 때 시집온 이후 집에서 눈 코 뜰 새 없이 일하며 고생하는 사랑하는 새색씨 부영에게 고무신을 한 켤레 사다 주었다. 새색씨는 시어머니 신발도 같이 사오지 않아 도저히 신고 다닐 수 없다고 하며 좋아하는 신발이지만 가끔 눈치껏 신어 볼 뿐 방에 보관해 두었다.

얼마 후에 돼지 새끼 판 돈의 용처를 이야기하다가 동옥이 그만 고무신을 산 사실을 발설하였고 이 사실을 안 시어머니는 "저 녀석은 지 색시 생각만 하는구먼." 하며 빈정대기 시작했다. 동옥도 자기가 돈 아까운 것만 생각했지 생각이 짧았음을 통감하고 후회하였으나 이미 일은 벌어진 뒤였다. 이를 눈치 챈 부영은 고무신을 깨끗이 씻어 어머니에게 가져다 드리도록 했다. 그런데 이것이 또 말썽이었다.

"나를 빌어먹는 거지로 아느냐?" 하며 고무신을 동옥이 앞에 던져버리더니 "너는 어른 모실 줄도 모르냐? 학자 집안에서 많이 배운 줄 알았더니 별수없구먼. 없는 살림에 호사하고 싶더냐?" 하면서 부영에게 핀잔을 퍼부었다. 이 일 이후 시어머니는 며느리를 냉대하며 부영의 마음을 상하게 하였다.

동옥은 자기의 생각이 짧아 아내가 곤란함을 겪는 것을 보고 부영에게 미안하다며 어려운 살림살이에 고생이 많을 터이나 훗날을 생각하고 잘 참아 달라고 당부했다. 부영은 시어머니 때문에 마음고생은 심했지만 항시 다정하고 마음을 써주는 신랑이 있어 좋고 믿음직스러웠다.

부영은 원래 사려가 깊고 예의범절은 잘 챙기나 천성이 애교를 떨거나 고분고분한 편은 아니었다. 그러다 보니 시어머니가 잘못 알고 꾸중을 하거나 사실을 왜곡해서 핀잔을 하면 그냥 지나치기보다는 선은 이렇고 후는 이러하다며 대꾸를 했다. 이런 성격이 또 시어머니의 마음에 들지 않아 "여자가 고분고분하지 못한 것은 차치하고 지지도 않고 꼬박꼬박 대꾸를 하는 저 버릇." 하면서 화를 냈다.

어느덧 새해가 되고 설을 지나고 나니 식량이 동이 났다. 시어머니는 처음부터 쌀을 마치 보물처럼 생각하며 아주 조금씩 퍼주었다. 곱쌀미 보리쌀을 퍼서 삶아 시렁에 올려놓고 이것을 많이 퍼서 건네준 쌀과 함께 밥을 만들어 우선 어머니 밥부터 쌀을 많이 섞어 그릇에 푸고 그 다음 남편 그리고 시동생들을 차례로 그릇에 담아 상을 차렸다. 그러고 나면 솥 밑바닥에 눌어붙은 꽁보리밥이 남는데 장실댁은 이를 퍼서 먹는 것이 일상이었다. 그나마 이것도 동이 날까 걱정이어서 곱쌀미 보리밥에 감자를 넣어서 끼니를 때우고, 그 먹을거리마저 떨어지면 말려둔 콩잎을 다져서 물에 넣어 끓이고 그 위에 쌀알을 띄워 죽을 끓여먹는 일도 흔한 일이 되었다.

부영은 소시 적에 시골 어려운 집의 살림살이를 이야기로 들어 알고는 있었으나 자기가 이런 처지를 당할 줄은 몰랐다. 그러나 부영은 이 살림살이의 어려움은 마음의 고생보다는 낫겠지 생각하며 열심히 살았다. 건장한 시동생들이 보리밥에 감자가 가득한 밥상이나 멀건

죽을 주면 원망하는 눈초리를 보내와 마음이 아팠다.

대부분 봄이 되어 식량이 떨어지면 식량을 꾸어서 끼니를 때웠다. 그러다 보니 새 곡식이 나올 때까지 어려움은 이만저만이 아니었다. 심한 흉년이 들면 어떤 사람들은 벼를 베고 남은 그루터기를 밑동까지 잘라 방아나 절구에 찧어 죽을 끓여 끼니를 때운다는 이야기도 들었다.

이렇게 지내다 3월이 되면 산으로 들로 다니며 쑥을 뜯어 쑥밥, 혹은 죽을 끓여 끼니를 때웠다. 봄이 익으면 애들은 산으로 가 소나무 껍질을 얇게 베껴내고 피질을 네모로 잘라 송구(소나무 가죽)를 만들어 왔다. 배가 고픈 아이들은 이 달착지근한 송구를 이빨로 긁으며 혀로 핥아서 먹었다. 이 송구를 물에 담가 붉은 물이 우러나면 이것을 떡메로 결을 연하게 하여 덩어리로 만들어 밥과 함께 넣어 끼니를 만든다. 그리고 밥 대용으로 같이 먹는다. 이 송구 밥은 일부 소화가 되고 나머지는 소화가 덜 된 뭉치가 되어 변으로 나온다.

그리고 봄에 남자들은 논과 밭에서 씨를 뿌리고 모종을 심고 농번기를 맞이하면 아낙네들은 나무새밭의 일에 매달린다. 이 파종일이 끝나기 바쁘게 아낙네들은 황매산으로 산나물을 캐러 갔다.

부영은 이듬해 11월에 남자 아이를 출산했고 이름을 홍구(鴻求)라고 지었다. 아이를 낳고 키우다 보니 일은 더 많아지고 몸은 더욱 바빴다. 그러다 보니 부엌일이 굼떠 시어머니의 잔소리 또한 심해졌다. 게다가 어쩌다 동옥이 낮에 부영과 함께 방에 있는 것을 보면 “큰애 어디 있느냐? 이리 좀 나와 봐라.” 하면서 일을 만들어서라도 불러냈다.

이듬해 가실이 끝나갈 즈음 장실댁(부영이 엄마가 된 이후 불린 호칭) 오라버니 김병기가 여동생 집을 방문했다. 오라버니는 시집오는 날에 여동생을 호위하며 왔고, 그 이후에도 각별한 정을 가진 남매라 여동생이 잘사는지 보고 싶어 했다. 걱정했던 대로 여동생이 아기를 낳았으면서도 끼니를 제대로 먹지도 못하는 것 같고, 가난 때문에 고생하는 것이 너무 불쌍해 보였다. "어린애를 낳고도 몸 추스를 사이 없이 고생이 심하구나. 이제 신행온 지 이년이 넘었고, 무엇보다 아버님 해소병이 도져 동생을 많이 보고 싶어 한다. 새로 태어난 외손자도 보여줄 겸 성 서방과 한번 다녀가렴. 성 서방에게는 내가 따로 이야기할 테니 그리 알거라."

부영의 오라버니에게 첫 신행을 요청받은 동옥은 어머니에게 말씀드렸다. 시어머니는 못마땅한 표정이었지만 며느리 아버지가 편치 않다는 소식을 듣고 박절하게 거절할 수도 없어 마지못해 승낙하였다. 이렇게 하여 음력설이 지난 후 장실댁은 남편과 함께 덕갈재를 넘어 첫 번째 친정 나들이를 했다.

첫돌이 지난 아들을 안고 사위와 함께 들어오는 딸을 보자 도계 선생은 기뻐서 눈시울을 붉혔다. 사위와 함께 인사를 한 후 안으로 들어서는 이들을 맞은 도계 선생은, "어서 오너라. 사돈마님이 쉽게 승낙을 하셨구나. 참으로 기쁘고, 고마운 일이다. 그래, 어디 우리 외손자 한번 보자."

도계 선생은 애기를 안아 무릎 위에 앉힌 후 한동안 내려다보았다.

"아이가 참 잘생기고 튼튼해 보이는구나. 너희 복에는 아무래도 과한 것 같다, 과하다 말고."

그러면서 애기를 다시 눈여겨보다가는 넘겨주었다.

당초 보름(십오일) 정도 머물기로 했는데 막상 남편하고 같이 친정에 오니 우선 먹고살 걱정을 할 필요가 없고, 마음이 편해서 한 달여나 머문 후 시집으로 돌아왔다. 시어머니는 몹시 화가 나 있었다.

"신랑까지 끼고 가 있었으니 돌아오기가 싫던 모양이지?"

이 일이 있은 후부터 시어머니는 며느리에 대한 불만을 더 노골적으로 드러내기 시작했다. 동옥은 어머니 말이라면 무조건 순종하는 효자인데다 시어머니는 직설적이어서 장실댁은 의아할 때가 한두 번이 아니었지만 어려움을 참아내야 했다.

2년 뒤 장실댁은 딸을 낳았다. 무술년에 태어났다고 하여 이름을 무순이라고 지었다. 시어머니는 딸을 낳아 본 적이 없어서인지 "그깟 가시내." 하면서 아예 무시하면서 안아보기는커녕 장실댁이 바쁠 때에도 돌보아 주려 하지 않았다.

장실댁의 큰 시동생 경옥은 집안에서 말썽꾸러기였다. 건장하고 불같은 성격에다 일보다는 친구들과 어울려 다니며 싸움질을 하는 사람으로 이웃 큰 동네까지 알려져 있다. 형제들과 다정히 이야기하는 법도 별로 없고, 시골 농사일에도 관심을 두지 않아 이리저리 밖으로만 쏘다녔다. 그래서 어머니한테 꾸중도 많이 들었다. 쌀과 보리가 동이 나서 밥에 감자를 많이 넣으면 얼굴을 찡그리며 밥상을 받고, 쑥 밥 송구 밥이 나오면 "이런 것을 언제까지 먹고 살아야 해." 하면서 불평을 했다. 저녁에 쌀알이 둥둥 뜨는 콩잎 죽을 내어놓으면 "내사 이것 먹고 못살겠다." 하고 불평하기가 일쑤였다.

경옥이 스물이 넘어 장가갈 나이가 되자 시어머니에게 자기 처지에 대해 불평을 하는 한편 도와달라고 애원을 했다. 그럴 때마다 시어머니는 어려운 집안 형편을 들먹이며 구박만 했다.

"무슨 돈으로 장가를 갈 끼고. 니가 장빚을 내서라도 갈 수 있으면 모를까?"

경옥은 대꾸해 봤자 뾰족한 수도 없어 조용히 방 안에 드러누워 단식투쟁을 했다. 장실댁이 보기에도 딱하기 짝이 없었다. 시어머니도 대책이 없어 답답하겠지만 장성한 아들을 달래거나 동정의 말을 하기보다는 엄하게 대응하기만 했다. 시동생 경옥은 식사도 하는 둥 마는 둥 하며 며칠간 방에 꼼짝 않고 드러누워 있더니 어느 하루는 일어나 밖으로 휑하니 나가 버렸다. 그리고 그 길로 며칠째 외박을 했다. 그러던 경옥은 나갔을 때처럼 휑하니 집으로 돌아왔다. 경옥을 보자마자 시어머니는 잔소리를 늘어놓았다. 어쩐 일인지 경옥은 그저 꾸중을 묵묵히 듣고 있더니 자신의 심정을 절박한 자세로 이야기했다.

"농토도 없는 이 시골에서 계속 허송세월을 보내고 있을 수는 없습니더. 일본에 가서 돈을 좀 벌어 볼까 하여 지금 아름아름 그 길을 찾고 있습니더. 다만 일본으로 가기 전에 혼인을 해야 하지 않겠습니꺼."

시어머니는 골칫덩이 아들이 나름 진취적인 생각을 하고 있다는 것이 기특했다. 하지만 혼인이라니, 무슨 수로 장가를 보낸단 말인가.

경옥은 다시 집을 떠나 한동안 돌아오지 않았다. 그러던 어느 날 갑자기 희색이 만연한 얼굴로 돌아와 시어머니 앞에 무릎을 꿇고 정중하게 앉았다.

"저 결혼하고 싶은 여자를 만났습니더. 모든 게 마음에 들고 좋은데 그쪽도 가난한 집안이라…… 그래서 제가 나락 열 섬을 주기로 하고 데려 올까 합니더."

"니가 참 쉽게도 생각하는구나. 그래, 그 나락은 어떻게 구하고?"

"우선 이년 내로 갚기로 했습니더. 일본에 가서 돈을 벌어 그 빚을 모두 청산하기로 약속을 하고 언약을 받았습니다."

경옥의 설명에 따르면 신부 아버지가 젊었을 때 산에 나무하러 갔다가 발목을 크게 다쳐 적은 농토이지만 농사일마저 못하니 집안 사정이 더욱 어려워졌다고 한다. 경옥은 새색시를 처음 보는 순간 외모에 반했고, 색시 집에서 요청한 대로 양식을 갚는 조건으로 선뜻 혼사를 허락받은 것이라고 했다.

마음에 드는 새색시를 얻어 기분이 들뜬 가운데 경옥은 이듬해에 결혼식을 간단히 올렸다. 그리고 첫날밤을 지낸 후 곧 단신으로 일본으로 떠났다. 경옥은 기분이 좋아 싱글벙글 하면서 처가 식구에게 하직 인사를 하면서 조속히 빚을 갚고 색시를 일본으로 부르겠다고 약속했다.

경옥은 일본으로 떠난 후 수개월 만에 소식을 전해 왔는데, 일본 시마네현(島根県)의 철도 선로 공사장에서 일하고 있다고 했다.

일본으로 간 후 반년이 지난 후부터는 빚으로 낸 나락을 갚기 위해 돈을 조금씩 부쳐오기 시작했고, 그 후 2년 동안 착실히 돈을 보내와 빚을 대부분 갚은 모양이었다. 이때에 맞추어 경옥은 형님인 동옥에게 연락을 보냈는데 자기 색시를 일본으로 데리고 들어오라는 요청이었다.

동옥은 제수씨와 함께 가을걷이 이후 처음으로 일본 방문 길에 올랐다. 동옥이 시골을 떠나 부산에서 연락선을 타고 일본 시모노세키에 도착한 것은 그 다음 날 아침이었다. 일본 남부는 경상도보다 날씨가 온화했으나, 처음 일본 땅을 밟으니 긴장이 되어 한기를 느꼈고 배에서 내린 사람들에 밀려 말로만 듣던 일본 땅에 발을 디뎌놓고 일본 통관관리들의 매서운 눈총을 받아가며 통관수속을 밟고 나니 한기는 더하는 것 같았다.

짐을 다 챙기고 제수씨를 앞세워 대합실에 나왔지만 목적지까지 어떻게 가야 할지 아득했다. 동옥은 주소를 적어놓은 종이쪽지를 꺼내려고 주머니에 손을 넣었다. 그런데 어떻게 된 일인지 종이쪽지는 아무리 찾아도 없었다. 큰 낭패였다. 어디였는지 기억을 더듬어 보았지만 '시마' 만 생각날 뿐 도저히 알 수 없었다.

동옥은 일본 말을 좀 알아듣고, 한두 마디는 할 줄 알지만 설명할 만한 수준은 아니었다. 옆에 있던 한국 사람들은 "이 일본 땅에서 갈 곳을 모르니 누가 어떻게 데려다 주나." 하고 딱하다는 표정만 지을 뿐 모두 제 갈 길을 가버렸다. 제수씨 보기도 만망하고 또 미안해서 안절부절못한 채 이리저리 왔다갔다 했지만 무슨 뾰족한 수가 없었다.

딱한 사정을 보고 일본인이 경찰에 신고를 했는지 경찰 모자를 쓴 사람 둘이 대합실에 나타났다. 그들은 안 그래도 낯선 일본땅에 도착해서 어리둥절한데 시숙어른이 주소를 잃어버렸다니 기가 막혀 바닥에 주저앉아 낙망하고 있는 제수씨 모습을 보자 불쌍해 보였는지 무슨 일이냐고 물었다. 그러나 일본말을 모르는 제수씨는 그저 두려운 눈으로 바라보며 몸만 사렸다. 다행히 멀리서 경찰이 오는 것을 보고 돌아온 동옥이 손짓으로 경찰에게 설명하였다. 하지만 그들은 못 알아들었는지 "바가야로(바보)……." 하면서 동료 경찰에게 고갯짓을 했고, 그가 다른 곳으로 가더니 한국인 통역을 대동해 돌아왔다. '시마……'라는 곳이라는 것과 철도 부설 공사장이라고 이야기를 했더니 "아……시마네캔." 하고 그 통역은 반문을 했다. 통역이 일본경찰에게 설명을 하자 고개를 끄덕이며 손짓으로 갈 곳을 알려주었다. 동옥은 구원을 받은 사람처럼 마음이 놓여 연신 경찰에게 고개를 숙이며 인사를 했다. 그러자 경찰은 다시 한 번 "바가야로……." 했다.

동옥은 한국인이 알려준 대로 역으로 가서 마침 곧 출발하는 열차를 타고 그날 밤 늦게 목적지에 무사히 도착했다.

"도대체 무슨 일이 있어서 이렇게 늦었어요. 사람 애간장타게."

경옥은 도착할 시간을 훨씬 넘어 밤늦게 도착한 것을 보고 불만을 토로했다.

"내가 실수를 해서 그렇게 되었다. 제수씨 많이 피곤할 테니 어서 들어가자."

경옥은 합숙소에서 따로 방을 마련해 살고 있었다.

"형님도 일본에 와서 돈 좀 벌어 보겠소? 일이 좀 힘들긴 해도, 제가 있으니까 형님 고생 덜 되도록 도와줄 수 있을 거요. 지금 당장은 일자리가 쉽지 않지만 앞으로 철도사업을 더욱 크게 벌인다는 소문이 나돌고 있으니 기회가 오면 연락을 드릴 테니 오도록 하소."

동옥은 많지도 않은 농토에 매달려 양식 걱정을 해가면서 사는 것이 별로 재미없었지만 가족을 두고 떠나올 수는 없어 그저 건성으로 대답했다.

"그래, 연락을 주거라."

동옥은 동생이 공사장 합숙소에 마련해 준 곳에 머물면서 인부들의 일하는 모습과 공사장을 구경했다. 한쪽에서는 흙과 돌을 날라 둑을 만들고, 다른 한쪽에서는 돌을 깨고, 실어온 나무로 침목을 만들었다. 그리고 저 멀리 산 밑에서는 바위산을 다이너마이트를 이용해 터뜨리며 굴을 뚫고 있었다. 일은 상당히 고되어 보였다. 고함을 지르며 독려하는 일본인 대장 눈치를 보며 인부들은 열심히 일하고 있었다.

동생 경옥은 일본인 대장의 신임을 받았는지 일터에서 직접 일하기보다는 대장의 지시대로 일이 잘 진행되도록 감독을 하는 것 같았다. 동옥은 동생의 위치를 직접 보고 나니 이곳에 오면 동생의 도움을 받아 수월하게 지낼 수 있을 것 같은 생각이 들었다. 동옥은 반 달

남짓 일본에 머물다가 조선으로 돌아왔다.

그 해 여름 한국은 가뭄이 심하여 벼농사에 타격을 입었다. 동네에서 말발로나 주먹으로 당할 자 없는 동옥의 둘째 동생 태옥이 나서서 벼논에 물을 대는 등 애를 써주어 그나마 남들보다 소출이 다소 좋았으나 원체 농토가 적어 식량은 여전히 부족하여 벌써부터 큰 걱정이었다.

그 이듬해 양식을 털어 명절을 지내고 나니 이미 양식은 동이 났다. 해마다 거의 어김없이 오는 무서운 보릿고개였다. 이런 어려운 형편을 당하여 속수무책으로 애를 태우고 있는데, 하루는 산청 장실에서 장실댁 오라버니 병기가 다니러 왔다. 누이동생을 각별히 생각하는 오라버니는 동옥과 친구처럼 친한 사이가 되어 둘은 밤늦은 줄 모르고 막걸리 잔을 기울였다.

처남 병기는 예를 갖추어 자기 잔에 술을 따르는 동옥을 쳐다보며 장실에 계신 아버님 병세가 악화되어 가고 있다고 말하면서, 춘궁기를 넘길 겸 성 서방이 누이동생과 함께 장실에 와서 봄이라도 넘기고 갔으면 좋겠다고 제시했다.

그 다음 날 동옥은 이 문제를 장실댁과 의논했는데 장실댁은 우선 시어머니에게 조심스레 이야기해 보라고 했다. 장실댁으로서는 애기에게 젖을 먹이며 고된 집안일을 한다는 게 힘에 겨울 뿐 아니라 봄을 넘길 일이 걱정이니 그렇게 할 수만 있다면 좋았다. 하지만 문제는 시어머니의 승낙을 어떻게 받느냐는 것이었다. 이번에는 동옥이 큰마음 먹고 나섰다. 그러나 시어머니는 예상 외로 차분하게 대응했다.

"사돈어른이 위독하다니 가봐야 하는 것이 당연한 것 아니냐?"

늘 이야기하던 대로 부모에 대한 자식의 도리를 앞세우며 말했다.

"그리고 이왕 간 걸음에 봄을 지내고 오도록 해라. 아이 어미 고생도 그렇고, 우리 형편에 먹는 입이라도 줄여야지."

시어머니가 이렇게 유화적인 데에는 다 이유가 있었다. 일본을 다녀온 동옥이 지난 가실 후 농사에 흥미를 잃는 듯하더니 이웃동네 노름꾼들이 놀음하는 사랑방을 자주 들락거리기 시작했다. 돈도 없을 뿐 아니라 배포가 약해 노름꾼들처럼 놀음에 참여하지는 않았으나 구경하는 것을 좋아했고, 옆에서 따로 장난처럼 소액의 화투놀이에 참여했다.

그러던 중 하루는 아예 노름방에서 밤을 새고 왔다. 이상하게 여긴 시어머니는 장실댁을 닦달하여 아들이 노름방에 가끔 간다는 사실을 알게 되었다. 노발대발한 시어머니는 아침에 부스스한 얼굴로 집으로 들어서는 동옥을 안방으로 불러들이고는 장실댁에게 부엌에 있는 부지깽이를 가지고 오라고 했다.

"이 집안의 맏이라면 행실을 바로 해야지. 먹고 살기도 힘든 판에 노름을 해서 집안을 망치려 하느냐?"

시어머니는 동옥을 심하게 꾸짖으며 부지깽이로 사정없이 종아리를 내리쳤다. 장가를 가고 애기 아버지가 된 큰아들을 어린 아들 다루듯 사정없이 막대기로 후려쳐서 종아리에 멍이 들고 핏줄이 맺혀 며칠 동안 걷기가 불편할 정도였다. 장실댁은 그래도 집안의 기둥인 큰 자식인데 너무 혹독하게 체형하는 시어머니가 야속하고 미웠다. 장실댁은 성격이 거센 시동생들이 시어머니 앞에서는 행동거지를 조심하고 한번 지시하면 불평하지 않고 잘 따르는 이유를 이제야 알 것 같았다.

어쨌든 시어머니에게 허락을 쉽게 받아낸 동옥 부부는 홍구를 앞세워 가벼운 마음으로 장실 처갓집에 왔다. 도계 선생과 안의댁은 딸과 사위를 맞으니 좋았고, 춘궁기를 넘길 작정을 하고 왔다고 하니 더욱 안심이 되었다.

동옥 내외는 거의 반년 동안을 장실에서 호사하며 지냈다. 동옥은 처갓집 농사도 도와주고 품팔이도 좀 하면서 지냈고, 장실댁은 셋째 아이를 분만했다. 이 딸은 외가에서 났다고 하여 이름을 외순이라고 했다.

동옥은 장골이 되어 있는 동생들이 있으니 많지도 않은 농사일을 걱정할 필요도 없는 터라 느긋하게 처갓집에 머물다가 오월 모내기철에 맞추어 돌아왔다.

일본을 다녀오고 나서 농사일이 싫어진 동옥은 동생이 연락해 오기를 은근히 기다렸다. 자기도 일본에 가서 돈을 벌어보고 싶었다. 가족이 있으니 일본에 오래 살 수는 없어도 동생의 힘을 빌리면 한국에 가끔 들르면서 일을 할 수도 있을 것 같았다.

1934년 말, 동옥은 동생으로부터 일본으로 들어오라는 연락을 받았다. 동옥은 농사 수확이 모두 끝난 새해 양력 초에 일본으로 건너갔다. 정식 십장이 된 경옥은 합숙소에 형님을 위해 숙식할 곳을 하나 마련해 주었다. 동옥은 비록 공사 인부로서 적은 노임을 받고 일하지만 동생이 십장이어서 남보다 수월하게 일할 수 있어서 다행이라고 생각했다.

둘째 동생 태옥은 미남인 데다 언변도 뛰어나고 활동적이어서 술친구도 많았다. 그는 성격이 부드럽고 자상한 큰 형을 좋아했고, 큰형 동옥도 그와 어려운 일을 의논하는 사이였다. 그런데 둘째 태옥은 동네에서 바람둥이로 소문이 났다. 스무 살이 되자 시골동네 젊은 여인들과 염문을 퍼뜨리고 다녔다.

동옥이 떠나고 나서 동네에서는 태옥의 여자관계에 대한 이야기가 입방아에 올랐고 밤에 여자 혼자 있는 집에서 나오는 것을 목격했다는 말도 있었다. 심지어는 보리밭에 여자를 데리고 들어가는 것을 보았다는 소문까지 나돌았다. 장실댁은 모두 친척처럼 살아가는 조그마한 동네에서 이런 소문을 들으니 난처하기도 하고 저러다 큰일 나면 어쩌나 하는 걱정이 앞섰다. 시어머니에게 함부로 이야기할 수도 없고 누구를 잡고 의논할 수도 없었다. 어찌 보면 시어머니도 알고 있을 것 같았으나 남자의 바람을 관대하게 보아주던 동시대의 실정과 남존여비 사상이 꽉 박혀 있는 시어머니여서 모르는 체하고 있는지도 몰랐다. 자꾸만 난처한 이야기가 계속 들리자 장실댁은 무슨 조치를 취해야겠다고 생각했다.

장실댁은 친하게 지내는 시고모를 찾아가서 아무래도 시동생을 불러서 이런 소문이 퍼지고 있다고 알려 경고하는 것이 좋지 않겠느냐고 의논해 보았다. 시고모도 그렇게 하는 것이 좋겠다고 해서, 장실댁은 그 다음 날 해 떨어지기 전에 일을 마치고 집으로 들어오는 시동생을 고모 집으로 핑계를 대며 끌고 갔다. 태옥은 항시 "그래, 좋을 대로 해라." 하며 따뜻하게 대해 주는 큰형님을 따랐고, 학자 집 규수인데다 자세가 진중하고 항시 품위를 갖춘 형수를 존중해 왔다. 그런데 오늘은 엄격한 표정으로 자기와 같이 가자고 하며 앞서는 모습이 좀 이상하다는 생각이 들었다. 고모님 집에 들어서서 평상에 앉자 장실댁은 감정을 진정시키며 애써 말을 꺼냈다.

"도련님, 동네에 소문이 자자해요. 정말 이제 좀 자제하셔야겠어요. 그러다가 큰일 나면 어쩌려고 그래요."

그때서야 경계하듯 잠시 머리를 숙이고 있던 시동생이 말문을 열었다.

"누가 무슨 소문을 퍼뜨리고 있는데요? 모두 소문이니까 절대 믿지 마십시오."

장실댁은 별 일 아닌 듯 부정으로 일관하는 시동생 태도에 왠지 자신의 입장이 난처해져 조금 화가 났다.

그 사이 장실댁이 시동생과 황급히 가는 것을 본 이웃여인들이 무슨 일이기에 저리 바쁘게 가나 궁금해 따라와서 집 담 옆을 서성이며 엿들었다. 장실댁은 이런 사정을 모른 채 시동생에게 이런저런 소문이 사실이 아니냐면서 언성을 높였다.

"너무 괘념치 마십시오. 사실이 아니니까요."

시동생은 창피한 나머지 화가 난 얼굴로 형수를 못마땅하게 노려보더니 자리를 떠나 버렸다.

이후 태옥의 스캔들은 호기심 많은 여인들의 입방아에 올라 급속히 퍼졌다. 급기야 시어머니 귀에까지 들어갔다. 시어머니는 소문의 근원지가 며느리라는 이야기를 듣고 노발대발하며 며느리를 급히 호출했다.

마당에 들어서는 장실댁을 보자 시어머니는 마당으로 달려 내려가 눈을 부라렸다.

"네 이년, 잘 알지도 못하면서 함부로 주둥아리를 놀려?"

그러고는 달려들어 머리채를 잡고 흔들며 소 마구간 앞으로 끌고 갔다.

"몹쓸 말을 함부로 퍼뜨리는 네 년한테는 소똥을 먹여 입을 막아야 한다. 그래야 입을 안 벌릴 끼다."

시어머니는 머리채를 잡은 장실댁을 소 마구간 안으로 쓰러뜨렸다. 속수무책으로 끌려 가 내팽개쳐진 장실댁은 기가 막혀 대꾸 한마디 못한 채 눈물만 흘렸다. 학자 가문의 딸로서 인품이나 고운 자세로 동네에 알려져 있었는데 이런 창피를 당하다니, 장실댁은 도저히 이 상황을 받아들이기 힘들었다. 장실댁은 울화와 창피함으로 견딜 수가 없었다. 더욱이 이럴 때 곁에 있지 않는 남편이 원망스럽기까지 했다. 이후 장실댁은 불면증에 시달렸고 음식을 제대로 먹지 못해 몸져눕기까지 했다. 장실댁은 되도록이면 시어머니의 얼굴을 마주 대하지 않으려고 했다. 그러다 보니 고부간의 관계는 급속히 차가워졌다.

태옥은 평소 존중하던 형수가 자신 때문에 시어머니에게 심한 질책과 매질을 당했다는 자괴감에 빠져 행실을 조심하기 시작했고 이제는 어떡하든 색시를 구해서 장가를 들어야겠다고 마음을 고쳐먹었다. 그러나 자기 처지에 비추어 뾰족한 묘수도 없어 형님을 도와 농사일에 매달리기만 했다. 동옥 형제들의 농토는 집 앞에 계단식으로 널려 있었는데 태옥은 그 농토를 돌보느라 장가가는 일은 잊고 있었다.

2년 뒤 어느 날, 논 가장 아래쪽 논두렁 아래 커다란 논벰이의 논에 어느 젊은 여인이 농부 차림으로 나타나 논을 둘러보더니 가져온 농기구로 논의 물꼬를 일구었다. 그 논은 유전의 이씨 문중 어떤 이의 소유인데 팔렸다는 소문이 떠돌았다. 태옥은 신기한 생각이 들어 이 연인에게 접근하여 어떻게 이 농토에 손을 대며, 혹시 논의 새 주인인지 물었다. 여인은 쓰고 있던 수건을 머리에서 걷어 얼굴의 땀을 닦더니, 작년에 이 논을 구입했고 올해 첫 농사를 지었다면서 잘 부탁한다는 인사까지 했다. 농사가 처음은 아닌 모양인데 살결이 유달리 뽀얗고, 얼굴이 예뻐서 태옥은 무슨 귀신에 홀린 것처럼 정신이 아득했다. 잠시 후 정신을 가다듬은 태옥은 바로 위쪽 논농사를 짓고 있으며 저 큰 집이 자기가 사는 집이라고 말한 후 농사일이라면 성심을 다해 도와주겠다고 했다.

태옥은 능숙한 솜씨로 여인에게 예의와 호의를 한껏 베푼 후 집까지 안내하겠다며 유전까지 따라와 그 여인이 사는 집을 눈여겨 알아두었다. 그 후 그 여인이 나타나기를 기다리며 모심기를 도와주는 등 농사일을 적극 도와주었다. 서로가 대화를 나누고 친숙해지면서 태옥은 그녀의 과거 행적도 알게 되었다.

그 여인은 병목골 북편 산 넘어 거창군의 유구 사람인데 일찍 결혼했으나, 남편이 2년 전에 괴질로 사망했다고 한다. 남편은 논 몇 마지기의 농사를 거두며 근근이 살고 있었는데, 남편이 죽자 그 여인은 그곳에서 계속 사는 게 무섭고 싫어서 서둘러 농토와 집을 팔아 이모가 살고 있는 병목골로 이사를 하였다.

그 여인의 이모는 젊은 여자가 돈을 가지고 있으면 아무래도 위험하니 어서 논이라도 사두라며 마땅한 농토를 구하기 위해 수소문을 해서 이씨 문중의 부자가 놀음빚을 갚기 위해 내놓은 논을 흥정하여 사게 되었다.

이 논 이야기에 태옥은 눈이 번쩍 띄었고, 자기는 총각이니 같이 살자고 간곡히 요청하는 상황으로 발전했다. 언변 좋고 미남인 태옥을 마음에 두었던 여인은 이모의 허락을 받아 제의를 수락하였다.

이렇게 동거에 합의하자 태옥은 우선 형수를 불러내어 그 여인을 소개시켰다. 장실댁은 얼굴이 고우면서 순하게 생긴 그 여인이 마음에 들었고, 혈기 왕성한 시동생이 이제 안정을 찾게 되어 참으로 다행한 일이라고 생각했다. 그러나 시어머니가 이를 알면 벼락이 떨어질 게 뻔해서 이 고비를 어떻게 넘길 것인가가 걱정이었다.

수일이 지난 후 태옥이 어머니 앞에 무릎을 꿇고 그 여인을 맞이하게 된 전후 사정을 소상히 말한 다음 그 여인과 동거를 허락해 주십사 머리를 조아렸다. 시어머니는 마침 피우고 있던 담뱃대로 태옥의 이마를 세게 두드렸다.

"집안망신을 어떻게 하려고 네가 이러느냐? 이 고얀 놈."

분을 참지 못하는 시어머니 앞에서 태옥은 계속 머리를 조아리며 그 여인이 우리 집 가까운 곳에 논을 가지게 된 이야기와 이미 거처까지 마련해 두었으니 조심해서 처신하겠다고 하여 노여움은 다소 수그러들었다.

태옥과 동거하게 된 여인은 첫 결혼 때 여아를 출산했는데 조금 자라 걸음을 배울 나이가 되었을 때 등이 이상하게 굽어보이더니 곱사등이가 되었다고 한다. 창피스럽기도 하고 팔자 한탄을 하던 여인은 괴질에 걸린 자기 남편 때문에 곱사등이 딸을 낳은 게 아닌가 하는 생각이 들자 그 아이가 더욱 끔찍하게 여겨졌다. 나아가 무섭고 원통한 생각까지 들어 여자 아이를 동네에서 좀 떨어진 곳에 버리고, 혼자 짐을 챙겨 이모 집으로 도망을 왔다. 이 집 저 집을 다니며 밥을 얻어먹고 사는 그애를 불쌍하게 생각한 동네 여인들이 수소문하여 그애의 어머니가 간 곳을 알려주었는데 그애는 그 동네를 떠나 걸식을 하며 어머니를 찾아 헤매 다녔다.

태옥이가 새 여인을 맞아 살림을 차리고 얼마 지났을 무렵 장실댁 담벼락 아래 곱사등이 여자 아이가 나타났다. 남루한 옷을 걸치고 거지가 된 곱사등이는 자기 어머니를 찾아 이곳에 왔다고 했다. 애에게 물어보고 또 알아보니 그 아이가 태옥이 새색씨의 딸임이 밝혀졌다. 그 새색시에게 은밀히 물어보니 사실이 아니라고 잡아떼었는데 동네 여인들은 그 여인의 몰인정을 비난하면서도 당시 곱사등이에 대한 천대는 어쩔 수 없는 실정이어서 속으로는 욕을 하면서도 한편 이해를 했다.

동네 어귀에 외딴집에 살고 있는 장실댁은 자기 집 담 밑에서 기거하는 곱사등이를 불러 끼니때 밥을 주기도 하고 추운 날 양지바른 담벼락에 붙어 잠을 자는 애에게 거적을 덮어주기도 했다. 장실댁의 불쌍한 곱사등이에 대한 이런 자선은 시동생이 참한 색씨를 데려와 행복하게 사는 모습이 기특하여 동정심이 발동한 면도 있으리라.

어느 날 시어머니가 이 사실을 알고 장실댁을 불렀다.

"어째 그런 병신 애를 데려다가 밥을 먹이느냐? 당장 쫓아 버려라."

장실댁은 다음 날 밥을 준 후 그애에게 떠나라고 말했지만 너무 불쌍해서 눈물을 흘렸다.

시어머니는 태옥이 근본도 없는 여자를 데리고 사는 것을 도저히 두고 볼 수 없어 손수 나서 양반집 처녀에게 장가를 보내기로 작정했다. 결국 자기 친정 동네에서 짝이 될 만한 처녀를 구해 정식으로 결혼을 시켰다. 하지만 유구 여인이 애를 가진 바람에 정실부인과 함께 한 지붕 밑에서 살게 되었다.

1936년, 큰아들 홍구가 만 일곱 살이 되었다. 장실댁은 홍구를 학교에 보내 공부를 시켜야겠기에 시어머니에게 의논을 드렸다. 아직 시어머니에 대한 마음은 냉전 상태였지만 같은 집에 사는 한 싫어도 며느리로서 도리를 다해야 한다고 생각하며 애써 마음을 가다듬고 지내던 장실댁이었다.

"천자문이나 삼강오륜을 익혀 인간 도리를 훌륭히 배우면 되는 것이지, 왜놈 학교에는 뭣하러 보내. 먹고살기도 힘든데 공부를 어떻게 시키겠다는 거냐? 그건 안 된다."

시어머니는 즉각 반대 의사를 표시하고는 더 이상 상대하지 않겠다는 듯 돌아앉았다.

그러나 장실댁은 어떤 어려움이 있어도 자식 공부만은 꼭 시키겠다고 다짐했다. 미래가 어떻게 변할지 모르는데 살길은 오로지 공부밖에 없다고 생각했다.

그 해 연초, 동옥이 일본에서 잠시 귀국했다. 동옥도 큰아들을 면 소재지 초등학교에 입학시키고 싶기는 한데 학비가 걱정이어서 장실댁의 생각에 동의하지만 시어머니의 눈치를 보며 홍구의 공부에 적극성을 보이지 않았다. 학비를 구할 수 없는 형편임을 알게 된 장실댁은 홍구를 친정으로 데려가 그곳 창황초등학교에 입학시켜야겠다고 결정하고 일단 시어머니와 상의를 하기로 했다.

"아무리 형편이 어렵다고 해도 사가 집에 신세를 질 수는 없다. 너도 이 가문에 시집온 사람이니 자존심이 있을 텐데. 그러니 무리하지 말거라."

그러나 장실댁은 물러설 수 없었다.

"홍구와 동갑인 저의 오라버니 아들도 이번에 창황초등학교에 입학한다고 합니다. 같이 입학해서 학교를 다니면 좋을 것 같습니다. 그리고 우리 홍구 공부시키는 일이라면 친정에 신세를 지더라도 해야 할 일이고 친정에서도 그 정도는 크게 개의치 않을 것입니다."

"어허, 저 고집을 누가 꺾을꼬. 그렇다면 어디 네 뜻대로 해 보거라."

꼭 필요할 때 외에는 대화를 하지 않는 불편한 관계였지만 시어머니가 적극 반대하지 않자 장실댁은 홍구를 데리고 친정으로 갔다. 오라버니의 아들 정돌이와 홍구는 이렇게 하여 친정집에서 같이 학교를 다니게 되었다. 도계 선생은 사랑하는 딸이 고생하는 것을 항시 마음 아파하였는데 이렇게라도 외손자를 가까이 두고 도와주니 마음이 한결 가벼웠다.

그러나 2년 후 도계 선생이 해소병으로 별세하자 사정이 어려워졌다.

집안 살림이 이복 오빠에게 넘어가고 나니 올케 눈치 때문에 친정에 홍구를 계속 둘 수도 없었다. 그래서 2학년을 마치자 집으로 데려왔는데, 아이는 아이대로 학교를 계속 다니겠다며 떼를 썼다. 생각 끝에 장실댁은 일본에서 막 돌아온 동옥에게 홍구를 일본 삼촌댁에 보내 그곳에서 심부름 일이라도 하면서 소학교를 계속 시키자고 제의했다. 동옥도 어쩔 수없이 이 제의를 받아들이고 귀국한 후 한 달여 동안 시골에 머물다가 홍구를 데리고 일본으로 갔다.

동생 경옥은 형님의 딱한 사정을 이해하고 홍구를 데리고 있기로 했다. 이 시기에는 경옥이 일터에서 위치를 굳히고 저금도 하면서 살 수 있어 마음의 여유가 있었다. 동옥이 2년이나 1년 반 만에 한 차례씩 한국을 들락날락할 수 있는 것도 동생의 영향력 때문이었다.

홍구는 작은아버지의 주선으로 일본 소학교에 입학하여 공부도 열심히 하고 하학 후에는 작은아버지 심부름도 해가면서 일본에서 잘 지냈다. 이렇게 1년 반 정도 아무 탈 없이 지내던 중 어느 날 갑자기 불행한 일이 발생했다. 작은엄마가 용돈을 절약하여 장롱에 숨겨둔 돈이 없어진 것이다. 이상하다며 며칠을 뒤졌으나 돈을 찾지 못하자 작은엄마는 홍구를 의심했다.

"이 집에 다른 사람이 들어온 흔적이 없다."

홍구는 그 돈이 있는지 없는지도 모르고 훔진 일은 절대 없다고 항변하였지만 작은아버지 내외는 홍구를 계속 의심했다. 그리고 그때부터 미운 눈길을 보내며 박대하기 시작했다. 홍구는 누명을 쓰고 눈치를 받아가며 사는 것이 참으로 억울해 더 이상 작은아버지 댁에 있기가 어려웠다.

홍구가 도둑 누명을 쓰고 괴로워한다는 소식을 전해들은 장실댁은 동옥에게 다음에 나올 때 데리고 나오라고 했다. 이후 동옥은 억울한 누명을 쓰고 상심해하는 아들을 달래며 홍구를 데리고 조선으로 나왔다.

장실댁은 큰아들 홍구의 모습을 보고 놀라지 않을 수 없었다. 머리도 깎지 않아 더벅머리인 데다 옷은 때가 묻어 남루했다. 장실댁은 그만 분노가 치밀었다. 애를 얼마나 박대했으면 이런 몰골로 돌려보냈는가 생각하니 억울하고 괘씸했다.

장실댁은 큰아들 홍구의 공부 문제로 또다시 고민에 빠졌다. 동옥이 일본을 들락거리며 돈을 조금씩 벌어다 주어 홍구를 대병면 소재지에 있는 대병초등학교에 전학시킬 수는 있는데 문제는 시어머니였다. 예전에도 학교 문제로 안 좋았던 기억이 있었기 때문이다. 어쨌든 장실댁은 동의를 얻기 위해 시어머니에게 말을 꺼냈다.

"그래, 학비를 마련할 수 있으면 네 고집대로 한번 해봐라."

시어머니는 며느리의 자식 키우는 정성이 남다르다는 것을 아는 듯 의외로 반대하지 않았다.

홍구는 그 이듬해 봄에 대병초등학교에 다니기 시작했다. 학교는 마을 앞산을 넘어 가파른 고갯길을 내려가면 대병면 소재지가 있는데 여기에 위치해 있다. 학교를 왕복하려면 적잖이 힘이 드는 길이었으나 초등학교 4학년생이 된 홍구는 당시 만주까지 침략한 군국주의 일본 학교를 열심히 다녔다.

장실댁은 1936년 둘째 아들 봉구(鳳求)를 낳았다. 딸 둘에 이어 얻은 귀한 아들이었다. 첫째 아들 홍구는 공부시킨다면서 친정으로, 어디로 끼고 외지로 다니는 바람에 자연히 시어머니의 관심에서 멀어져 별로 정이 들지 않았다. 그래선지 시어머니는 둘째 손자는 손수 데리고 자며 관심과 애정을 쏟았다. 장실댁도 시어머니가 애를 정성 들여 돌보아주니 웬일인가 싶다가도 고마워서 기꺼이 할머니에게 맡겼다. 봉구는 자라면서 할머니 정을 듬뿍 받았다. 성격까지 할머니를 닮아 깔끔하고 새가 기틀을 다듬듯 외모도 잘 가꾸고 옷도 잘 갖추어 입었다.

장실댁은 3년 후 셋째 딸을 낳았고, 1941년 정초에 셋째 아들 진구를 얻었다. 진구는 태어날 때 온몸이 털로 뒤덮여 있어 너무 놀랐다. 원숭이같이 흉물스럽고 창피해서 이것을 어떻게 하면 없앨까 하고 방도를 생각하다가 조산해 준 동서들과 함께 아기의 피부를 물에 씻어보기로 했다. 아기를 따듯한 물에 담가 놓고 피부를 계속 닦으니 몸에 박힌 털이 차츰 빠지며 부드러운 피부가 드러나 한시름 놓았다.

그런데 얼마 지나지 않아 갑자기 아기가 아프기 시작했다. 원인도 모르는 열이 치솟더니 숨을 가쁘게 몰아쉬었다. 시골에서 구할 수 있는 약은 모두 구해 먹여도 열이 내리지 않고 혼수상태에 빠지곤 했다. 이러다 죽는 것은 아닌지 애를 태우던 장실댁은 너무 피곤한 나머지 아주 잠깐 잠이 들었는데 그때 꿈을 꾸었다.

갓 낳은 송아지 한 마리가 장독대에 아슬아슬하게 올라가 있는데 겁을 먹고 땅으로 내려오지 못한 채 두리번거리며 떨고 있는 것이 아닌가. 그 모습이 너무도 불쌍해서 마음을 졸이며 바라보고 있는데 어린 송아지가 갑자기 살포시 땅으로 내려왔다. 순간 너무나 기뻐 소리를 지르다 눈을 떴는데 꿈이었다. 불현듯 윗목에 있는 아기 생각이 나 살펴보니 가쁜 숨을 몰아쉬던 아기가 숨을 고르게 쉬면서 생기를 되찾은 듯해 젓을 물리니 서서히 빨기 시작하며 점차 원기를 회복했다.

장실댁은 태어날 때부터 좀 특이한 데다 병치레로 속을 썩인 진구에게 더욱 애착이 갔다. 진구 또한 그런 걸 아는지 어머니의 사랑을 독차지하며 항상 곁에서 떨어지지 않으려고 했다.

홍구가 초등학교를 졸업했다. 가난한 농촌 살림에 상급학교 진학은 꿈도 꿀 수 없는 일이어서 장실댁은 또 걱정이었다. 그래서 고심 끝에 취직자리를 알아보기로 했다. 홍구가 일할 수 있는 자리는 면사무소 소사(사환)나 초등학교 급사(사환)였다. 대병면에는 부탁할 만한 연줄도 없는 상황이라 고민 끝에 또다시 친정을 생각했다. 창황면에서는 아버지 도계 선생 하면 아직도 꽤 유명하여 그 은덕을 활용할 수 있을 것 같았다.

장실댁은 친정으로 가서 아는 인사들을 찾아다니며 도움을 청했다. 다행히 이들의 연줄로 홍구는 창황면사무소에서 소사로 일할 수 있게 되었다. 일을 시작한 지 얼마 되지 않은 1944년부터 일본 제국은 전쟁 수행 경비와 인력 사정을 이유로 관청 지출 경비를 축소해야 한다며 홍구를 1년도 안 되어 퇴직시켰다. 장실댁과 홍구는 실망이 이만저만이 아니었다.

그러나 장실댁은 시골에서 농사나 짓고 살 아이가 아닌 홍구를 집에 붙들어 두기 위해서라도 취직자리를 알아보아야 했다. 지인을 통해 합천 군청에 심부름하는 자리에라도 취직을 시켜보기 위해 알아보았지만 결국 일은 성사되지 않았다.

1939년, 도계 선생이 해소병으로 별세하자 산청 군청에서는 오래전부터 유학자 집안에 봉토로 제공해 오던 땅을 거두어갔다. 이 땅 덕분으로 그나마 지금까지 넉넉한 살림을 꾸려오던 가족들은 완전히 사정이 달라졌다.

탈상 때가 되자 유명을 달리한 도계 선생의 유산을 정리하기 위해 가족 대표들이 한자리에 모였다. 문제는 생계 수단인 농토를 도계 선생의 자식들인 병찬이와 병기에게 분배해 주는 것이었다. 안의댁은 도계 선생이 살아계실 때, "병기에게 섭섭하게 해서는 안 된다."고 당부한 사실을 알고 있어서 병기도 고려할 것이라고 믿었다. 그러나 집안 장손으로서 조상 제사도 모셔야 한다는 사정을 고려하여 농토 대부분을 병찬에게 물려주고 남은 농토 3할만 병기에게 돌아왔다. 6마지기도 채 안 되는 이 농토로는 가난을 면치 못할 형편이었다.

안의댁은 영감님이 살아계실 때는 든든한 기둥이 되어주어 본부인 별세 후 안 주인 노릇을 해왔는데 영감이 별세하자 갑자기 자신을 대하는 태도와 눈치가 달라져 꼼짝없이 소실의 처지로 전락해 버렸다. 거기에다 병기마저 자기처럼 차별을 당하니 몹시 한탄스러웠다.

자기를 작은 어머니 하며 따르던 병찬이는 집안 종손이 되어 처지가 당당해졌고, 농토 배분 후 안의댁의 불만을 의식한 듯 서서히 안의댁을 피하기 시작했다.

이후 안의댁은 우울병이 생겨 드디어는 방에서 누워 지냈다. 그러던 어느 날 머리가 아프고 가슴이 쿵쿵 뛴다더니 장실댁이 홍구 취직일로 장실에 나왔을 때는 그만 풍을 맞아 몸져눕고 말았다. 병기는 마음만 착하고 농사일도 열심히 하지 못하는 처지라 가난한 살림을 면치 못했다.

장실댁은 기를 펴보지도 못하고 고생만 하다가 만년에 병고에 시달리는 어머니를 보니 너무 불쌍하고 애처로웠다. 그러나 어머니 일로 상심만 하고 있을 수는 없었다. 자기 앞에 닥친 큰아들 홍구의 일만으로도 큰 걱정거리였던 것이다. 장실댁은 어머니를 병간호하면서 친정에 오래 있을 수도 없어 부랴부랴 집으로 돌아왔다.

다행히 남편 동옥이 일본을 왔다갔다하며 돈을 조금씩 벌어 와서 그나마 가난은 서서히 면해갔다.

1945년 해방이 선포되고 해방의 기쁨에 온 면민들이 면 소재지 장터로 몰려들어 대한독립 만세를 외치며 기쁨에 열광할 때 장실댁도 진구를 업고 홍구를 앞세워 장터로 나와 해방의 기쁨을 나누었다. 장실댁은 이제 새로운 세상을 맞이하였으니 홍구도 자기 앞길을 개척해 나갈 것이라고 믿었다.

다음 해 정초부터 홍구는 병옥이 삼촌과 어울리며 자주 외출을 했다. 나갔다가 들어오면 두 사람은 사랑방에 들어앉아 심각하게 이야기 하곤 했다. 어쩌다 혼자 있을 때는 집 뒤 공터에 운동기구를 만들어 놓고 운동도 열심히 했다. 이후부터 무슨 기분 좋은 일이 있는지 잘 웃어 그나마 홍구에 대한 걱정을 당분간 잊을 수 있었다.

그 해 여름 병기 오라버니가 커다란 숭어 두 마리를 걸머지고 장실댁을 찾아왔다. 오랜만에 오라버니를 보니 장실댁은 너무나 반가웠다. 병기는 여동생이 차려준 술상을 받고 따라주는 막걸리 잔을 기울였다. 그리고 우선 일본에 가 있는 동옥의 안부를 물은 후 우울한 표정으로 말을 이었다.

"어무이가 몸도 잘 가누지 못하고 누워 있은 지가 오래되었는데, 이제 상태가 아주 좋지 않은 것 같다. 사는 형편이 이러니 좋은 음식도 대접해 드리지 못해 참 내 마음이 아프네. 집에서는 어무이 병구완하느라 어미 고생이 말이 아니지. 벌써 몸져누운 지도 3년째가 되고 또 연세가 있으니 곧 돌아가실 것 같은 생각이 들어."

장실댁은 오라버니의 말을 듣고 마음이 아파 눈물을 글썽였다.

"우리 어무이 불쌍해 죽겠네. 어찌 팔자가 그러할까? 만년에 들어서까지. 한 번 가봐야 하는데……."

장실댁은 그 다음 해 정월 명절을 지낸 후에야 홍구와 큰딸 무순이를 데리고 장실을 방문했다. 홍구는 외할머니와 정이 많이 들어 데리고 갔고, 무순이는 오라버니 가정 형편을 생각해서 이번 방문 때 곡식을 이것저것 좀 가져다주기 위해 데리고 간 것이다. 어머니를 모시고 있는 병기의 살림이 어려운 데다 보릿고개를 넘기면서 양식이 벌써 떨어져 고생이 말이 아니라는 소식을 들었다.

딸을 본 안의댁은 무엇이 서러운지 닭똥 같은 눈물을 흘렸다.

"어무이, 고생이 참 많네. 조석은 제대로 드시고 있어요?"

장실댁은 어머니의 눈물을 닦아주며 손을 잡고 주물렀다.

"몸을 못 쓰니 병기 색시가 고생이 너무 많다. 병기가 마음씨만 곱고 성격이 착해서 적은 농토로 잘 살아갈 수 있을지 큰 걱정이다. 애는 벌써 크고 있는데……."

안의댁은 잠시 천장을 바라보며 한숨을 내쉬었다.

"수양산 그늘이 팔십 리를 뻗친다는데, 제발 너희들만은 나의 업보를 이어받지 말아야 할 터인데."

그러고는 이내 또 눈물을 흘렸다.

"어무이, 왜 또 그런 생각으로 마음을 끓여."

"부영이 너는 양반집에 제대로 시집을 갔고, 성 서방 같은 남편을 만났으니 가난한 살림에 고생이 되더라도 끝이 좋을 끼다."

"어무이, 팔자는 어쩔 수 없겠지만 사람이 살아가는 데는 무엇보다 희망이 있어야 당장 고생이 되더라도 열심히 살아가는 것 아닌가 해요. 나는 아무리 뼈가 부서지는 고생을 해도 나의 희망인 애들을 잘 키워 남부럽지 않게 발복하게 할 끼요. 온 정성을 바치면 하늘도 무심치 않겠지."

장실댁은 말하며 두 주먹을 불끈 쥐었다. 이럴 때는 장실댁의 마음에 자식에 대한 열정의 바람이 일어났다.

장실댁은 안타깝게도 죽어가는 어머니 병구완을 하며 오랫동안 친정에 머물 수가 없었다. 장실댁의 마음속에는 집에서 놀고 있는 홍구가 항시 걱정이었다. 농사에는 관심이 없는 큰아들이 이러다가 집을 뛰쳐나갈 것 같은 불안한 생각이 마음을 떠나지 않았다.

안의댁은 장실댁이 다녀간 이후 한 달도 안 되어 별세했다. 장실댁은 불쌍한 어머니가 비참하게 죽어간 모습을 보고 싶지 않은 데다 병문안차 다녀 온 지 얼마 되지 않아 장례식 때에는 친정에 가지 않았다.

1941년 11월 태평양전쟁이 터진 이후 일본은 미국과 태평양에서 전쟁을 벌이며 전쟁에 필요한 양식, 물자를 조선에서 공출해 갈 뿐만 아니라 쇠붙이 수거운동까지 벌이더니 1944년이 되자 시골 젊은이들까지 군대에 동원하고 이제는 어린 처녀들을 정신대라는 명목으로 차출해 가기 시작했다. 그 이듬해 봄, 동네 총각 한 사람이 일본 천황의 충성군대에 간다며 출정식을 동네에서 대대적으로 벌였다.

'헤이타이(충성군대)'가 되어간다고 동네 사람들이 왁자지껄하게 떠들면서 온 마을이 무훈을 비는 축제의 마당이 되었다.

그 전해부터 조선 처녀들을 일본군 정신대로 잡아간다는 소문이 떠돌아 장실댁도 무순이 때문에 잔뜩 긴장하고 있는데, 어느 날 오후 일본 순사 한 사람이 한국인 앞잡이를 대동하고 장실댁 집 안으로 들어섰다. 샘에서 물을 길어와 동이에 쏟고 있던 장실댁은 깜짝 놀라 나가 보았고, 이를 수상하게 본 옆집 여인들도 뒤따라와서 입구에서 서성였다.

그들은 집 안으로 들어서면서 이들을 맞이하는 장실댁을 마주하자 협박조로 말했다.

"이 집 딸이 올해 열다섯 살 되어가지요. 딸을 한번 봅시다. 정신대에 봉사 나갈 처녀들을 모집하고 있어요."

"……왜요…… 왜……?"

시어머니가 놀라 눈을 동그랗게 뜨고 물었다. 겁에 질린 장실댁은 애써 냉정을 찾은 후 대답을 했다.

"우리 딸 무순이는 나이가 아직 어리고……."

그러자 일본 경찰이 문서를 보았다.

"열다섯 살이 거의 다 되었는데."

일본 경찰의 반박에 낭패한 장실댁은 어쩔 줄 몰라 하다 급하게 대답했다.

"우리 딸애는 부득이한 가정사정으로 부모들끼리 정혼한 사람이 있습니다."

당시에는 집안 사정상 좀 일찍 정혼하기도 하고 조혼도 흔한 일이라 장실댁은 급한 상황에서 기지를 발휘한 것이다.

"천황군대를 위로하는 신성한 임무를 기피하려고 거짓을 꾸민 것 아닌가요? 거짓말하면 잡아가요. 그 정혼자가 어디 사는 누구요?"

일본 경찰은 거의 협박조로 물었다.

장실댁은 겁에 질려 후들거리는 다리를 진정한 후 거침없이 대답해 버렸다.

"저쪽 옆 대밭 집 권씨 총각입니다."

"어디 한번 알아봅시다."

일본 경찰은 쉽게 믿지 못하겠다며 겸연쩍은 표정을 짓더니 이내 떠나버렸다. 장실댁은 이들이 혹시 권씨 댁으로 가 확인하지나 않을까 걱정했는데 다행히 그런 일은 벌어지지 않았다. 무순이가 처녀로 성숙해 가자 장실댁은 옆집 권씨 댁 총각을 눈여겨 보아왔기 때문에 설사 혼사가 된대도 거리낄 것이 없었다.

수년의 세월이 흐른 후 장실댁은 무순이를 권씨 총각에게 시집보내기로 작정을 하고 동네 어른을 앞세워 청혼을 했다. 정신대 사건이 있은 이후 3년째 되던 해에 장실댁은 그 딸을 권씨 총각과 결혼시켰다.

형제간의 원한

1944년이 되자 일본은 미국과 힘겨운 전쟁으로 국가 전체가 전쟁 수행과 맞물려 돌아갔다. 태평양 도서들은 하나하나 미국에 빼앗기고 미군에 의한 유구열도의 탈환작전이 격렬하게 진행되고 있어 일본은 이미 언제 어떻게 패망할 것인가 하는 문제가 남아 있는 듯했다. 일본에 있던 경옥은 계속 이런 소문이 돌자 최악의 사태에 대비해야겠다고 생각하고 일본에 와 있는 형과 의논을 했다.

"멀지 않아 일본이 패망할 것 같으니 단도리(단단한 준비)를 해야겠어요. 이제 저도 조선으로 돌아가 살 궁리를 해야지요. 이번에 형님이 가실에 맞추어 가실 때 제가 저금한 돈을 다 드릴 테니 잘 가져가셔서 논을 좀 사주소. 우리 가족이 고향에 돌아가 농사를 지어먹고 살 터전을 마련하는 것이니 잘해주어야 해요."

얼마 후 동옥이 고향으로 떠나는 날 경옥은 은행에 예금해 둔 돈을 모두 인출해서 제수씨가 실하게 만든 복대에 돈을 넣어 넘겨주었다.

그 해 가을 동옥은 동생 경옥이 주는 돈을 허리에 차고 귀국했다. 동옥은 집에 오자마자 우선 동생 태옥을 불렀다. 동생에게 돈다발을 보여주고 경옥의 뜻에 따라 논을 사야 할 터이니 같이 잘 알아보자고 했다. 동옥은 겁이 많을 뿐 아니라 동생의 일 처리하는 능력이 뛰어나다는 것을 알고 있어서 무슨 어려운 일이 생기면 대개 태옥과 상의를 했다.

태옥은 일자무식이지만 언변과 수완이 좋고 사리분별을 잘하며 해결능력이 뛰어났다. 그들 형제는 좋은 논이 있으면 서로 알아보고 사기로 하였다.

그러나 이 논을 사려니 수로가 좋지 않고, 또 저 논을 사려니 너무 떨어져 있거나 계단식으로 나누어지고 하여 사야 할 농토를 쉽게 결정할 수가 없었다. 이러는 사이 마땅한 논을 구입하지 못한 채 차일피일 시일만 흘러갔다.

동옥이 일본에서 현금을 가지고 와서 동생 논을 사려고 한다는 소문이 이웃 큰 동네까지 퍼지자 노름꾼들이 동옥이 가지고 있는 돈 냄새를 맡았다. 시골에는 가실이 끝나고 겨울부터 봄 파종 때가 될 때까지 노름을 많이 했는데 이들 중에는 큰 노름꾼들이 있어서 노름으로 패가망신한 이들의 이야기도 심심찮게 들렸다. 이들 중 몇몇은 동옥과 구면이고 친분이 있었다. 이들이 동옥에게 접근하여 돈을 잠시 빌려 쓰자고 치근대기 시작했다.

돈을 잠시 빌려주면 곧 갚겠다, 혹은 논을 팔아서라도 갚겠다 하다가는 급기야는 논문서를 잡히고 돈을 빌려 달라고 사정하기도 했다. 동옥은 여린 마음에 동정이 가기도 했고, 또 친분이 있는 자가 논문서까지 잡히면서 돈을 잠시 빌려 달라고 하니 태옥에게 이런 사정을 이야기하고 의견을 구했다.

"아직은 마땅한 논이 없고 시세도 좋지 않아 좀 기다려야 할 것 같은데 어떡하면 좋겠노."

"형님, 작은 형님 논을 잘 사주어야지 후환이 없을 텐데 아직 마땅한 논이 없으니 좀 더 기다려 봅시다."

동옥은 이 기회다 싶었다.

"너도 잘 알 끼다, 이재순 말이다. 그 사람 노름하다 논을 잃었다며 돈을 잠깐 빌려주면 곧 갚겠다고 사정을 한다. 그 사람 재산도 있는 사람이고 논문서까지 집힌다고 하니 두어 달 정도만 빚을 내주면 어떻겠노?"

"형님, 그 사람 요즘 돈을 빌리려고 안달이 난 모양이던데 논문서를 잡힐 각오가 되어 있다고 하니까 형님이 잘 알아서 해요. 할 수 없이 빚을 주었다 해도 논문서를 잘 받아 챙기면 무슨 일이야 있겠어요."

동옥은 동생 태옥이 동의하자 이재순에게 논문서를 담보로 연말까지 갚는다는 약조를 단단히 받고 마지못한 심정으로 돈을 빌려주었다. 그러나 이씨는 노름에 미쳐 다니더니 그 돈도 잃어버렸는지 연말까지 갚겠다는 약속을 지키지 않았다. 동옥이 따져 묻자 사정이 그렇게 되었다며 잠시만 더 기다려 달라고 간청했다.

벌써 조선 시골에서도 일본이 미국과 싸움에서 패해 곧 망할 것이라는 소문이 퍼지고 있는 사정이어서 아직 논을 사놓지 못한 동옥으로서는 걱정이 태산이었다. 동생 태옥이 나서서 이씨에게 으름장을 놓았지만 돈을 쉬이 돌려받지 못했다. 동옥은 속마음이 타들어갔다.

또 한두 달이 자나자 태옥이 나서서 빚을 빨리 갚으라고 다그치며 협박하자 이씨는 달리 융통한 돈으로 빚의 일부를 갚으며 조금 더 기다려 달라고 하더니 결국 동옥이 사는 마을 가까이 있는 논 세 마지기를 넘겨주는 것으로 셈을 끝냈다.

살 만한 논을 어렵사리 물색했을 때는 이미 일본의 패망이 눈앞에 다가온 6월 초순이었고, 일본의 패망 소식이 이미 시골에까지 퍼지고 있어 일본 화폐가치가 급락하기 시작하였다. 급한 마음에 받은 현금으로 논을 사려고 했을 때는 이미 일본 돈의 가치는 바닥을 쳐 거래가 어려워 결국 그 돈으로 당초 살 수 있던 논 분량의 절반도 안 되는 논을 살 수밖에 없었다.

일본에서 들어오자마자 논을 샀더라면 12마지기 정도 살 수 있는 돈이었는데 지금은 겨우 5마지기를 조금 상회할 정도이니 동옥은 불같은 성격의 동생 경옥을 만날 생각을 하면 걱정이 태산이었다.

장실댁은 이런 일을 한 동옥이 원망스럽기 짝이 없었다. 동옥이 일본에서 동생 돈을 가져왔을 때 장실댁은 큰돈을 가지고 있는 것이 불안하여 일단 시어머니에게 맡기라고 했다. 그런데 그 말은 귀담아 듣지 않고 동생과 의논해서 잘 처리할 것이라며 거절하더니 결국 이런 일을 당하고 괴로워하고 있는 모습을 보니 동정이 가면서도 원망스러웠다. 그리고 형제간에 일어날 엄청난 불화와 남편이 당할 원한을 생각하면 걱정이 앞섰다.

1943년, 장실댁은 2년 터울로 막내아들 인구를 낳았다. 나이가 있어 더 이상 자식을 낳지 않기로 했는데 그만 덜컥 아이가 들어섰다. 낳지 않으려고 간장을 마시거나 복부를 심하게 주물렀건만 아이는 오히려 자궁에서 건강하게 자라 태어났다. 훗날 장실댁은 인구에게 무슨 일이라도 생기면 태아 때 자신이 지은 죄가 많아서 그렇다고 탄식하기도 했다.

장실댁은 집안 일, 특히 자식 키우는 일만은 시어머니의 간섭을 배제하고 혼자 처리했다. 이것이 시어머니의 비위를 거슬려 비난을 받는 단초가 되었다.

시어머니는 원체 정갈한 분이라 겨울 아침에는 방 안으로 세수할 물을 떠다 드려야 했다. 만약 물의 온도가 적당하지 않으면 너무 뜨겁네, 차네 하면서 잔소리를 했다. 또한 누룽지가 별로 눌지 않아 숭늉이 멀겋게 되면 "머리 감으라는 물이가." 하면서 비난을 했다. 그뿐 아니라 밥에서 머리카락이라도 발견되면 바로 밥그릇을 엎어버렸다. 그리고 며느리가 허리가 짧고 다리가 길다고 "곱사등이같이 키만 덜렁해 가지고." 하고 핀잔을 퍼붓기도 했다. 시어머니의 잔소리와 비난에 이골이 난 장실댁은 한 지붕 밑에서 같이 살아야 하는 시어머니에게 책잡히지 않기 위해 도리를 다하면서 가정의 불화를 피했다. 그런 인고의 삶 속에서 속은 자꾸만 타들어갔다.

1945년 해방이 되자 일본에 살던 경옥이 고향으로 돌아온다는 연락을 보내왔다. 그리고 그 해 10월 중순에 가족을 이끌고 부산에 귀국해서 자동차로 시골에 도착할 것이라고 연락을 했다. 친척들은 모두 오랜만에 만나는 경옥을 반가워하며 신작로로 마중을 나갔다. 십 년도 넘게 일본에서 살다 돌아온 경옥은 딸 둘과 아들 둘을 이룬 대가족이었다. 오랜만에 그리던 고향에 돌아오니 모두 기쁨이 만연했고, 헤어져 있던 세월을 애석해하며 서로들 반가운 인사를 나누었다. 경옥은 의젓한 일본 신사가 되어 가족들 앞에 당당히 나타났고 환영 나온 친척들의 인사를 받기에 바빴다.

동옥은 무리 중에서 먼저 나와 반긴 후 말없이 사람들 사이에 맥없이 서 있었다. 가족과 함께 인사를 나눈 경옥은 그제야 두리번거리며 형님을 찾았다.

"형님, 논은 잘 사두었지요?"

동옥은 이미 각오하고 있었지만 막상 동생에게 이 질문을 받으니 가슴이 뜨끔했다. 동옥은 우선 이 자리를 피하고 보자는 생각을 했다.

"그래, 우선 집에 가서 천천히 이야기하자."

경옥은 형님의 태도가 이상해 예감이 좋지 않고 마음이 꺼림칙하였으나 일단 꾹 참는 듯했다.

경옥 식구는 일단 들어가 살 집을 마련할 때까지 형 동옥의 헛간을 개조하여 당분간 기거하기로 했다.

어머니에게 인사를 드린 후 형제들이 모여 앉은 자리에서 경옥은 논 이야기를 꺼냈다. 동옥이 곤란한 표정으로 머뭇거리자 동생 태옥이 대신 나서서 말했다.

"형님, 실은 좀 좋은 위치에 있는 논을 사려고 많이 알아보았는데 쉽지가 않았어요. 그래서 돈을 가지고 있다가……."

경옥은 분위기도 그렇고 돌려서 말하는 것도 이상해서 말을 자르며 다그쳤다.

"그래서 샀느냐 안 샀느냐?"

동옥의 얼굴은 질려 파리했다.

"논을 사기는 했는데 그만 화폐가치가 많이 떨어져서 별로 못 사서 이렇게 걱정이지요."

경옥이 눈을 부라렸다.

"형님, 어떻게 된 것인지 말해 보소. 나는 형님에게 돈을 맡겼고,

그 돈으로 좋은 논 열 마지기 이상을 살 수 있을 줄 믿었는데 대체 얼마를 샀다는 말이오?"

"합쳐서 여섯 마지기 정도밖에 장만하지 못했다. 모두가 못난 내 잘못이다."

동옥이 나서서 작은 목소리로 대답했다.

"내 돈을 가져간 때가 언제인데 도대체 이 지경이 되었단 말이오. 형님이 책임을 지고 내 돈을 물어내시오."

경옥은 화가 나서 어쩔 줄 몰라 했다.

고향으로 돌아와 이런 황당한 일을 당한 경옥은 잃어버린 재산을 애석해하며 울화를 참지 못했다. 이후부터 경옥은 동옥이 눈앞에 보이기만 하면 원망을 퍼부었다.

"날더러 가족들과 어떻게 살라고, 형님이 나한테 이러는 것이오."

"내 잘못이다. 미안하다."

마음이 약한 동옥은 그럴 때마다 매번 고개를 떨어뜨렸다. 이런 모습이 안되어 보였던지 태옥이 구원투수로 나섰다. 내용을 잘 알고 있고 그 과정에 큰형님과 서로 상의한 입장이기도 해서 큰형님을 대신해서 선은 이렇고 후는 이렇고 하며 전말을 이야기했다. 하지만 오히려 경옥은 태옥을 주먹으로 칠 듯한 기세로 소리를 질렀다.

"너도 한통속이구나. 네 이놈."

이후부터 명절이나 제사 때 형제가 다 모이면 제사를 모신 후 으레 경옥이 한결같이 불만을 토로해 말다툼이 일었다. 동옥이 죄인처럼 조용히 앉아 듣고만 있는 모습이 안되었는지 태옥이 대신 나서다 보니 늘 둘은 목청을 돋우며 싸웠다.

동옥은 자신도 살림살이가 펴지 않아 도와줄 뾰족한 묘안도 없는 실정인데 동생 경옥이 자기만 보면 울화를 못 참고 원수 대하듯 하니, 만나서 조용히 앞으로 살아가면서 농토를 불리는 등 해결책을 이야기할 수도 없었다. 그래서 가급적 피하기만 했는데 경옥은 형님의 이런 자세가 더욱 미운 모양이었다.

동옥의 작은 동생 태옥은 1949년 토지개혁 때 자기가 소작하고 있던 논과 인접한 논들도 수단을 부려 늘리는 방법으로 재산을 많이 불렸다. 경옥도 일본에서 돌아온 이후 소작 농토라도 조금 얻어 열심히 농사를 지었더라면 다만 얼마라도 자기 토지로 넘겨받아 재산을 늘릴 수 있었을 터인데 허구한 날 형님만 원망하며 농사를 제대로 지어보겠다는 생각을 하지 않아 가난을 벗어나지 못했다. 동옥은 그런 동생을 생각하면 미안한 마음이 드는 한편 답답하기도 했다.

경옥이 일본에서 돌아온 지 얼마 안 된 어느 날 동생 태옥과 모처럼 어울렸다. 두 형제는 옛날에도 유전 큰 동네 친구들과 어울리며 술도가에 자주 드나들었다.

이웃 큰 동네 이씨네 재실에서 인척들이 모여 연회를 벌이고 노는데, 옛적부터 친하게 지내오던 이씨 가문 인사가 일본에서 돌아온 경옥과 동생 태옥에게 술이나 같이 하자며 초청했고, 그들은 오래간 만에 옛 친구들과 만나 술잔을 주거니 받거니 하며 놀았다.

그런데 조금 후 그 동네의 젊은이들 한 무리가 왁자지껄하며 연회장 안으로 들어왔다. 그들은 이미 전작이 있는 듯했고, 앉기 전에 좌중을 휙 둘러보더니 문중 잔치에 끼어들어 있는 두 성씨 형제를 내려다보더니 기분 나쁘다는 표정을 지었다. 두 성씨 형제는 말발로나 주먹으로 쉽게 이길 수 있는 상대가 아니어서 항시 그들을 눈엣가시처럼 보아왔는데 이들을 자기들이 모이는 이 장소에서 보게 되니 오기가 뒤틀려

버린 것이다.

“우리끼리 술 먹고 노는데 저것들이 왜 왔어.”

새로 도착한 무리 중의 한 사람이 옆 친구에게 불만을 토로했다.

“글쎄, 저것들이 잘못 온 것이겠지?”

그 옆 젊은이가 말을 받았다. 그러자 태옥이 형제를 술이나 같이 하자며 불러들인 양반이 자초지정을 설명했다.

“얼마 전 일본에서 돌아온 경옥과 태옥이 형제를 오랜만에 만나고 해서 술이나 한잔 하자고 내가 불렀네.”

“야, 술맛 떨어진다. 조그만 동네 것들이 여기가 어디라고 함부로 오고 그래.”

처음 시비를 건 양반이 불쾌하다는 듯이 노려보더니 입고 온 두루마기 자락을 신경질적으로 거칠게 젖히며 건너 쪽 술상 빈자리에 앉았다. 이 광경을 못마땅한 듯이 바라보던 태옥이 술 사발을 쭉 들이켠 후 점잖게 대응했다.

“보아하니 초면도 아닌 듯한데, 자, 제 술이나 한잔 받으소.”

“이거 참 배짱 한번 두둑하구먼, 어디서 함부로.”

그 젊은이는 눈을 부라리며 태옥을 쳐다보면서 술을 든 태옥의 팔을 옆으로 쳤다. 태옥의 손에 든 술 사발이 떨어지며 옆 사람의 얼굴과 옷에 술이 쏟아지고 술 사발이 튕겨나가는 참혹한 광경이 벌어졌다.

“이 못된 놈.”

화가 불같이 난 태옥이 그 녀석 덜미를 잡아 일으키며 밀어버렸다. 그자가 밀리며 넘어지자 이곳저곳에서 고성이 난무하더니 그만 주먹이 오갔고 술판은 난장판이 되었다. 큰 동네에서도 만만찮은 두 사람과 패가 되어 싸움이 시작되었다. 태옥과 경옥은 힘도 좋고 주먹이 세어 달려든 두 사람을 두들겨 팼다. 성씨 형제에게 속절없이 당한 그들이 맥없이 쓰러지자 사람들이 웅성거렸다. 성씨 형제는 그 틈을 타 재빨리 의기양양하게 그 자리를 빠져 나왔다.

이 소식을 듣고 그냥 둘 수 없다고 큰 소리를 치던 그 동네 젊은이들 몇이 떼를 지어 건너편 산자락에 아늑히 자리잡고 있는 경옥이 동네로 달려왔다. 동네 입구에 들어서자 경옥이 형제를 나오라고 고함을 지르며 난동을 부렸다. 이들의 행패를 듣고 화가 치민 경옥과 태옥 형제들이 어느 틈에 그들 앞으로 갔다.

"어떤 놈들이 이 동네에 와서 소란을 피워?"

"저것들에게 본때를 보여주자."

두 젊은이가 주먹을 휘두르면서 달려드는데 태옥이 한 사람을 잡고 주먹과 팔로 쳐서 넘어뜨렸다. 다른 한 사람은 경옥이 이마로 힘껏 받아버려 피를 흘리며 넘어졌다. 그러고 나서 옆의 다른 침입자의 멱살을 잡고 배지기로 넘어뜨리고 주먹으로 내치니 그들은 모두 겁을 먹은 개들처럼 꼬리를 내린 채 슬슬 피해 달아나버렸다. 큰 동네에는 대성인 이씨 가문이 무리를 이루며 살고 있는데 조그만 이 동네의 성씨 형제들에게 속절없이 당하는 꼴이 되고 말았다.

이렇게 기골이 드센 데다 일본 공사장에서 십장까지 하면서 남 무서운 줄 모르고 살아온 경옥이 고향에 돌아와 형님의 잘못으로 이 지경이 되고 말았다. 경옥이 가난을 면할 수 없는 처지가 되니 마치 강풍이 뚫지 못할 장애물을 만난 듯이 끓어오르는 화를 어찌할 줄 몰라 요동치는 형국이었고, 이 바람은 출구를 찾지 못하고 내면에서 화병이 되어 깊어갔다.

경옥은 2-3년 동안 애써 화를 삭이며 농사를 지으려고 나름대로 애를 썼다. 하지만 옛날 일로 잊어버리고 있던 춘궁기가 닥쳐오고 부족한 식량에 허덕이는 가족을 보니 울화가 다시 솟아났다. 또한 형님 동옥도 형편이 자기보다 낫고 동생 태옥도 큰 어려움 없이 살아가는 모습을 보니 더욱 참을 수 없어 힘들어했다.

제2부

꿈은 먼 곳에

기러기鴻는 날아가고

1945년, 해방되던 해에 홍구는 초등학교 졸업 후 2년여 동안 집에서 빈둥거리며 놀았다. 16세의 청년이 되었으나 농사일에는 관심이 없고, 오직 상급학교 진학의 꿈이 이루어지기를 간절히 바랐다. 이런 큰아들 때문에 장실댁은 큰 걱정이었다. 시어머니는 며느리가 큰아들을 공부시킨다며 외갓집으로 데려가고 또 일본으로 보내면서 홍구와 정이 멀어졌다. 게다가 공부하겠다고 바람이 들어 집에서 빈둥대는 모습을 보자 더더욱 마음에 들어 하지 않았다.

둘째 봉구가 태어나자 시어머니는 홍구보다 더 좋아하더니 엄마 젖을 떼자마자 함께 생활했다. 할머니 사랑을 받으며 잘 자란 봉구는 대병면 초등학교 2년을 다니던 해에 해방을 맞았다. 해방 후 황매산을 정면으로 바라보는 병목(유전)에 유전초등학교가 개교하자 이 초등학교를 이어서 다녔다.

일본에서 돌아온 후 동옥은 농사일에 골몰하려고 애를 써보았으나, 일본을 왕래하던 버릇 때문에 차분히 농사를 계속할 수가 없었다. 농사가 조금 늘기도 해서 집에 머슴을 두고 혹시 무슨 좋은 일거리가 없을까 하고 친구들을 만나며 어울렸다. 그러던 중 하루는 역평골 친구와 함께 금곡(金谷)을 가게 되었다.

금곡은 동옥이 사는 병목에서 뒷산을 넘어가면 이십 리도 채 안 되는 거리인데 일제시대에 금광이 발견되어 금 채굴과 제련을 하는 곳이었다.

해방과 더불어 일본인들이 소유하던 금광이 한국 사람들 손에 넘어가 금 생산이 계속 호황을 누리고 있었다. 친구와 함께 처음으로 경사진 계곡에 펼쳐져 있는 광산에 구경온 동옥은 아래 위 광산과 제련소를 방문하며 금광에서 돌을 캐서 운반하고 제련하는 과정을 살펴보았다. 이 시기에 금광 조합 사람들도 만났는데 이 금광에서 캐서 제련한 금덩이를 마산으로 운반하고 판매대금을 수금해서 안전하게 반입해 줄 믿을 만한 사람을 구한다고 했다.

조합원들과 친분을 맺고 있는 역평골 친구는 동옥을 선뜻 소개했다. 우선 믿고 맡길 수 있는 사람이며, 일본을 자주 다니며 세상 돌아가는 물정도 남다를 것이라고 말했다.

이 친구의 영향력과 추천으로 동옥은 이 막중한 일을 위임받아 하게 되었다. 금값은 이미 시세가 정해져 있으니 금을 마산까지 안전하게 운반해서 시세에 따라 대금을 받아 이를 안전하게 운반해서 돌려주는 것이었다.

동옥은 이 일이 적성에 맞았다. 원래 천성이 정직하고 성실해서 이 일을 맡아 도시를 왕래하며 아무 탈 없이 소임을 다했고, 그들로부터 신임도 받아 수년 동안 이 사업에 매진하였다.

진구는 엄지손가락만한 순 금덩이(노다지)를 광산 사무실에서 인계받아 장실댁이 만들어준 몇 겹의 주머니 안에 넣어 복대를 감고 마산에 가더니 올 때에는 돈 다발 띠를 허리에 가득 차고 오는 것을 본 적이 있다. 때로는 금 제련에 필요한 시약인 수은을 담은 철통을 일꾼을 시켜 운반해 가는가 하면 여타 광산에서 소모하는 물품들도 도시에서 조달하여 운반하기도 했다.

동옥의 막내동생 병옥은 거센 성격의 형들과는 달리 조용하고 어머니와 형님 말을 잘 들었다. 막내인 데다 성격도 유순해서 시어머니가 꽤 아꼈다.

조용히 농사나 지으며 살던 병옥이 스물이 넘은 청년이 되었는데 장가가고 싶다는 투정을 부리지 않자 시어머니가 나서서 며느리감을 구해 다녔다. 결국 스물두 살에 장가를 갔지만 내키지 않은 결혼을 억지로 한 듯 부인에게 애틋한 관심을 나타내지도 않고, 밖으로만 나돌았다. 특히 조카 홍구가 집에서 놀며 번둥거리자 같이 어울렸다.

동옥의 집안은 진주와 고성에 4, 5대 조상들의 묘소가 있어 해마다 늦은 가을에는 묘사를 지내러 갔다. 병옥과 홍구는 묘사철이면 거의 빠지지 않고 따라 다녔다. 그곳으로 묘사를 다니면서 진주에 사는 강형기, 강종기 두 형제와 친분을 맺었다.

해방되던 해에도 그들은 진주로 가서 그들을 만나 술도 마시며 그들 집에서 하루를 묵었다. 강씨 형제는 서로 사촌이었다. 강형기는 진주사범학교를 졸업했는데 시골로 발령받은 후 시골 임지에 가기 싫다는 핑계로 집에서 놀고 있었고, 종기는 머리 좋은 사촌 형을 좋아하며 따랐다. 같이 만나서 놀면 강형기는 북한 사정과 공산주의에 대해 이것저것 이야기하곤 했다. 그리곤 곧잘 이북으로 가서 살고 싶다는 의향을 털어놓았다.

"공산주의는 부자도 가난한 자도 없고 지주나 소작하는 사람들도 없지. 나는 공산주의 사회가 좋아. 이곳 남한에 있으면 숨이 막히는 것 같아."

"그럼 이북에 가면 돈 없어도 상급학교 공부를 할 수 있어요?"

홍구가 가장 궁금한 사항을 물었다.

"물론이지. 모든 교육을 정부에서 시켜 사회주의 일꾼을 양성하는 거야."

홍구는 정신이 번쩍 들어 상기한 얼굴로 삼촌 병옥을 쳐다보았다. 감격한 채 이야기 듣기에 골몰하던 경옥도 홍구를 마주 보았다.

다음 날 집으로 돌아오는 길에 홍구는 삼촌에게 이렇게 제의했다.

"우리 답답한 시골집을 떠나 이북으로 갑시다. 이북에만 가면 나는 상급학교도 갈 수 있고, 삼촌도 이 희망 없는 시골을 벗어날 수 있지 않겠어요."

"한번 잘 생각해 보자."

병옥도 홍구의 말에 맞장구를 쳤다.

다음 날 집으로 돌아온 홍구는 어머니 장실댁에게 말했다.

"공부하러 이북으로 가야겠다."

"거기에 가면 누가 너 공부시켜 준다고 하더냐?"

장실댁이 깜짝 놀라 홍구를 빤히 보았다.

"이북에서는 나라에서 공부를 시켜준대요. 공산당은 사람들에게 양식을 배급해 주고 지주나 소작인도 없이 모두가 평등하다고 해.

우리가 만난 강 선생은 진주사범학교 출신인데 머리가 좋고, 공산주의 공부를 많이 한 사람 같아. 그 사람은 직장도 마다하고 집에서 책이나 보며 놀고 있는데 내년에는 이북에 갈 생각이래. 우리도 같이 갈 수 있느냐고 은근히 물어보았더니, 도와줄 수 있을 것이라고 했어. 내년에 삼촌하고 같이 그들과 함께 이북에 갈 생각이야."

홍구는 강형기에게 들은 대로 이북 사정을 말했다.

집에서 빈둥거리며 상급학교 타령만 하던 큰아들이 멀리 떠나겠다고 하니 억장이 무너지는 듯했지만 딱히 말릴 수도 없었다.

"너는 장자가 되어가지고 시골에서 부모들과 함께 살 생각은 않고 공부 타령만 하고 있으니 도대체 커서 뭐가 되려고 그러느냐?"

동옥도 아들이 공부하러 떠나겠다는 말에 짜증만 낼 뿐 이를 말릴 방도를 찾지 못했다. 동옥도 사랑방에 놀러 가보면 만주 사람들 이야기, 이북 공산당 이야기를 가끔 듣긴 하나 무슨 말인지 알지도 못하겠고 관심도 없었다.

그 이후 홍구는 이 핑계 저 핑계로 삼촌과 함께 진주에 다녀오더니, 진주 강형기 형제의 도움을 받아 함께 이북으로 떠나기로 결정했다. 그 이후 수차례 들뜬 기분으로 진주를 다녀오고 준비를 하더니 해방 이듬해인 1946년 시월 말 홍구와 병옥이 이북으로 떠난다는 날이 드디어 당도했다.

근엄하기만 하던 시어머니도 막내가 멀리 떠난다니 눈물을 훔쳤다. 결혼한 후 병옥이 새색시를 냉대해서 시어머니는 막내며느리에게 미안하고 따라서 속도 상했는데 이북으로 단신 떠나겠다고 하니 더욱 마음이 아팠다.

장실댁은 그녀대로 떠나려는 자식을 붙들어둘 수도 없는 처절한 심정으로 눈물을 닦으며 그 전날 싸둔 옷가지와 동옥에게 졸라 여비에다 잔돈을 조금 보태어 홍구의 주머니에 넣어주었다.

"아버지, 곁에서 모시지 못하고 멀리 떠나는 불효자식을 부디 용서하십시오."

홍구는 먼저 공손이 아버지에게 인사를 했다. 그러고는 어머니 쪽으로 갔다.

"어머니, 죄송해요. 내 꼭 성공해서 돌아올게. 건강하게 잘 계세요."

장실댁은 눈물을 글썽이며 아들을 껴안았다. 동구 밖까지 마중 나온 아버지, 할머니, 친지들에게 인사를 한 후 홍구는 손수건으로 눈물을 닦으며 떠날 준비를 하였다.

"공부하려는 자식을 거두지 못하고 먼 외지로 보내다니. 그래, 네 소원이 공부 더하는 것이니 공부 잘하고 출세해서 금의환향하거라."

말수가 적은 병옥은 시어머니 손을 잡으며 꼭 성공해서 돌아오겠다고 하직 인사를 했다.

"어서 가서 자리를 잡거라. 네가 잘 도착한 후 소식이 오는 대로 내년에 네 색시를 데리고 너 있는 곳에 한번 가마."

병옥은 옆에 서 있는 부인에게 눈길을 한번 주고 미안한 듯이 눈을 깜빡이더니 이내 얼굴을 돌리자 새색시는 조용히 눈물을 훔쳤다.

삼촌과 함께 뚜벅뚜벅 산등성이를 돌아가는 홍구를 보며 장실댁은 저 아들을 언제 다시 볼 수 있을까 하는 생각에 설움에 복받쳐 눈물을 왈칵 쏟았다.

시골집을 떠난 홍구와 병옥은 진주에 도착해서 강형기 집에 며칠 머물렀다. 이번에 같이 월북하는 일행은 강씨 형제 외에 하종만이라는 사람도 끼어 있었다. 하종만은 창녕 사람인데 진주에서 조그만 출판사에서 일을 하던 사람이었다. 강씨 형제와 하씨는 공산주의 서적을 탐독하고 북한 공산주의에 대한 예찬론자가 되었다.

강형기의 삼촌은 일제시대에 만주로 이주했는데 독립운동을 하던 친구의 권유로 해방 전 해에 청진으로 건너와 살고 있었고, 강씨 집안과 종종 연락을 했다. 하씨는 강씨 형제와 어울리다 공산주의 서적을 접하게 되었고, 열렬한 공산주의 추종자가 되었다. 홍구와 병옥은 묘사나 벌초를 위해 진주로 갈 때 하종만을 만나 서로 친숙한 사이가 되었고, 하씨를 통해 강씨 형제를 만나게 되었다. 그래서 이번에 모두 다섯 명이 이북으로 가기로 한 것이다.

이들 다섯 명은 1946년 10월 말 오후 늦게 진주에서 출발하는 열차를 타고 삼랑진으로 나와 경부선 열차를 탔다. 저녁 날씨는 쌀쌀했으나 기차 안은 가득 찬 사람들의 열기로 후텁지근했다.

그 다음 날 늦은 아침에 서울역에 도착한 그들은 오전 시간을 대합실에서 모여든 여행객들과 함께 빈둥거리다가 오후에 출발하는 경원선 열차에 몸을 실었다. 이 열차는 오후 느지막한 시간에 38선에 도착했는데, 미군과 한국 군인이 열차 안으로 들어와 수상한 자가 있는지 둘러보았고 임검이 끝난 후 열차는 38선을 넘었다. 달리는 열차 차창으로 보니 챙이 유달리 큰 모자를 쓴 로스케(소련) 군인 모습도 보였다.

그들이 탄 열차는 조금 후 태백산맥을 관통하느라 거친 숨을 내쉬며 한동안 달려 원산에 도착하더니 새벽길을 달려 그 다음 날 아침에 청진에 도착했다. 강씨 형제 사촌들이 역에 마중을 나와 이들 일행 다섯 명을 자기 집으로 데리고 갔다. 꽤 먼 길을 짐을 등에 지고 혹은 들며 같이 걸었다.

일행은 강씨 사촌 형인 강문기 집으로 안내되어 유숙했다. 이 집은 일본인 적산 가옥으로 이층 건물에 꽤 넓은 정원이 있었다. 그들은 아래층 큰 방에 자리를 잡았다.

그들이 앞일을 걱정하며 얼떨떨하게 있는 사이 강문기는 친구들을 만나며 열심히 나돌아 다니더니 수일 후에야 기다리느라 지루한 날을 보내고 있는 그들 앞에 나타났다. 저녁상을 물리고 무료하게 말없이 앉아 있는 그들 앞에 앉더니 말을 꺼냈다.

"여기는 노동자 농민 천국이 될 것이오. 일한 능력껏 보수를 받을 수 있는 세상 말이오. 우리 형제는 청진시 공산당 조직 산하에 있는 청년 동맹에 소속되어 있어요. 당 사무국에 여러분의 도착을 알리고 일자리를 마련하도록 부탁을 해놓았으니 좋은 소식이 곧 있을 것이오. 좀 지루하더라도 며칠만 더 기다려주시오."

그러고는 또 자리를 떠났다.

며칠이 지난 후 강문기가 다시 나타나 엄중한 얼굴로 말했다.

"해방 후 소련 점령군이 들어와 생산 시설과 주요 광산을 접수했는데, 여기서 멀지 않은 곳에 있는 무산 철광도 그들이 접수했어요. 철광 생산을 대폭 늘려야 한다고 독려하면서 광부를 모집하고 있다고 합니다. 그러니 우선 그곳으로 가서 일을 하도록 하는 것이 좋겠습니다."

그 말을 들은 홍구는 큰일 났다는 생각이 들었다. 자기는 무슨 일이 있어도 학교를 계속 다니기 위해 부모 품을 떠나 이 먼 곳으로 온 것이기 때문이다. 홍구는 그가 잠시 쉬었다 말을 계속하려 하자 중간에 끼어들었다.

"저는 상급학교를 다니기 위해 이 먼 곳에 왔습니다. 북한에서는 나라에서 공부를 시켜준다고 했습니다. 저는 아직 나이도 어리고 하니 학교를 다니게 도와주십시오."

그러자 삼촌인 성병옥이 가세했다.

"이 아이는 내 조카인데 남한에서 초등학교를 겨우 졸업했고, 면사무소에서 소사 일을 한 경험이 있으니 그런 방면에 취직이 되었으면 합니다. 그리고 이애가 소원하는 학교를 우선 야간이라도 좋으니 다니게 해주십시오."

이 말을 듣고 있던 강문기가 홍구를 쳐다보았다.

"그러면 성 동무 일은 좀 더 알아보기로 하겠습니다. 성병옥 동무와 하 동무는 하루라도 빨리 무산 탄광으로 옮겨 가십시오. 청년 동맹 동무들이 연락을 할 것입니다."

그러고는 바쁜 듯이 일어나 나가버렸다.

이틀 후 강문기가 다시 나타났다. 하 동무와 성 동무에게 곧 무산으로 출발하라고 종용하면서 기차표를 건네주었다. 홍구더러는 다시 좀 더 기다리라고 했다. 성병옥과 하종만은 하필 어려운 광산 일을 이북에까지 와서 해야 하는지 불만스러웠지만 일단 무슨 일이든 일을 하면서 북한 사정을 배우고 그 다음 일은 천천히 생각하기로 했다.

병옥 삼촌과 하씨는 광산으로 떠나고 이제 강씨 형제와 함께 홀로 남게 된 홍구는 자신의 앞날이 어떻게 될지 불안하고 두려웠다.

홍구는 도착 후 처음으로 강씨 형제의 안내로 청진 시내를 구경했다. 음침한 날씨에 꽤 싸늘한데 번화가에는 사람들이 바삐 움직였다. 그 무리들 중에는 둥근 모자 챙이 돋보이는 소련 군인들 모습도 눈에 띄었다.

다음 날 강문기가 얼굴에 희색을 띠며 방에 들어오더니 홍구에게 가까이 앉으라면서 기쁜 소식을 전해주었다. 가까운 거리에 있는 청진시의 인민학교에 사환으로 일하게 되었다는 것이다. 이 학교는 일제시대에 독립투사들을 배출한 이름난 학교인데 마침 그 학교에서 사환이 필요하다는 것이었다.

청진 시내에 있는 공공기관들은 북조선 인민위원회 청진지부의 장악하에 관리되고 있어 공산당 본부의 지시에 따라 면모를 일신하고 수령의 지시를 받들어 모두 안정되어 간다고 했다. 그리고 그는 청진남 고등중학교가 인근에 있으니 학업을 계속하고자 한다면 차차 그 학교 야간부에 등록을 해서 공부할 수 있을 것이라고 했다.

홍구는 이제 자기 인생의 새 지평이 열렸다는 데 감사하며 열심히 공부하면서 앞길을 개척하겠다는 각오를 다졌다. 1946년 12월 초에 홍구는 인민학교에서 일을 시작했고 학교 관리주임 사택 한 켠의 외딴방으로 옮겨와서 살게 되었다.

그 해 12월 말경이 되자 인민학교 관리주임은 가족들과 함께 갑자기 이 학교를 떠나갔고, 그 자리에 새 관리주임과 그 가족이 정초에 부임해 왔다. 새로 부임한 학교 관리주임은 인민복 차림이었고, 강직한 성격의 사람 같았다. 가족으로는 부인과 두 명의 딸과 아들 하나를 두고 있었다. 큰딸은 중등학교 2학년에 다닌다고 하는데, 얼굴이 예쁜 편이었다. 관리주임 부인은 홍구가 공손히 인사를 하며 자신을 소개하자 남한에서 월북하여 혼자 사는 홍구에게 동정과 연민의 정을 보이며 신상을 이것저것 물어보았다.

열성을 가지고 일하는 홍구는 자전거 타는 것도 쉽게 배워 이 학교 각종 심부름을 도맡아했다. 그래서 열심히 일하는 사회주의 일꾼이라는 칭찬도 받았다. 주어진 일에도 익숙해지고 학교 관리주임의 신임을 얻고 있다고 생각할 즈음 홍구는 곧 청진 남중학교 야간부에 등록했다.

자기의 숙원이 인제 이루어진 것이다. 새 관리주임 김만수 씨가 홍구의 보호자가 되어 도와주었다. 드디어 꿈을 이룬 홍구는 남한에 있는 부모에게 처음으로 편지를 보냈다.

홍구를 그동안 유심히 지켜보고 있던 김만수 씨가 하루는 홍구를 집 안으로 불렀다. 앞에 앉으라고 하더니 홍구의 신상에 대해 좀 더 자세히 알고 싶은지 질문을 던졌다.

"학생은 남한에서 왔다고 했지?"

"네."

"고향집은 어디고 무엇을 해서리 먹고 사는 집인가?"

"경상남도 합천군 대병이라고 하는 시골에서 왔습니다. 그리고 시골에서 농사짓는 집안입니다."

"출신은 좋군. 그런데 왜 우리 북조선으로 왔는가?"

"공부를 계속 하고 싶어서 왔습니다. 북조선에서는 학비 없이도 학교를 다닐 수 있다는 소식을 들었습니다."

"북조선에서는 사회주의 건설 일꾼을 만드는 일을 정부에서 맡아서 하는 것이지. 공산주의 교양을 넓혀야 하고, 사회주의 애국사상으로 무장해야 해. 성 동무는 희망대로 중학교 공부를 하게 되어 잘되었구먼. 앞으로 나를 잘 도와주고 학교 일도 열심히 하기 바라네."

홍구는 근엄해서 접근하기도 조심스러웠던 관리주임 김만수가 관심과 호의를 보여 고맙게 생각되었고, 앞으로 이 관리주임의 기대를 저버리지 않게 열과 성을 다해 일하면서 학습도 열심히 할 것을 다짐했다. 관리주임의 부인 아주머니도 홍구가 머무는 곳에 가끔 반찬과 특식을 갖다 주면서 홍구의 고향집 사정을 문의하기도 했는데 큰딸 경옥이 같이 오는 때도 있었다. 부인인 고씨 아주머니는 홍구가 미남이고 건강하게 잘생긴 데다 부지런하고 일과 공부를 열심히 한다며 칭찬을 아끼지 않았다.

봄이 오고, 여름이 지나면서 벌써 일 년여의 세월이 훌쩍 지나가는 동안 홍구는 열심히 공부하면서 사상 교육을 체계적으로 배우고 생활총화회의에도 열심히 참석했다.

그 해 겨울은 몹시 추웠다. 학교에서는 밤늦은 시간까지 학생들이 남아서 곧 다가올 문화행사 공연 준비며 생활총화 학습을 하고 있었다. 교실 한가운데 피워놓은 난로에는 장작이 벌겋게 타올랐다.

홍구는 그날 저녁 야간 학교를 다녀온 후 늦은 시간까지 남아 있는 학생들이 돌아갈 시간이 되자 마지막 순찰을 돌았다. 건물 뒤편을 돌아오는데 학생들이 남아 있는 교실 창문으로 불길이 번지고 학생들이 소리를 지르며 출입문을 찾아 우왕좌왕하는 모습이 보였다. 홍구가 뛰어가 보니 교실 안은 연기가 가득하고 난로 근처의 책상 걸상이 불에 타고 있었다. 연기가 자욱한 가운데 불길 옆에서 기침을 하며 소리를 지르는 두 학생을 발견하고 그들에게 달려가 부축해 나왔다. 겨우 정신을 차리고 그들을 살펴보니 그중 한 아이는 공교롭게도 관리주임의 아들 김인호였다. 홍구는 대야에 수돗물을 받아 불을 끄고 학생들이 무사한지 살핀 후 모두 집으로 돌려보냈다. 그리고 인호를 부축해 집으로 갔다.

아직 기침을 하며 겁에 질려 있는 인호를 데리고 가니 수선스런 바깥소리에 잠을 깬 관리주임 부인이 나왔다. 홍구가 인호를 옆구리에 끼고 끌 듯이 마루로 접근하는 것을 보고 깜짝 놀라며 물었다. 그때 관리주임도 잠옷을 추스르며 마루로 나왔다.

"성 동무, 이 어떻게 된 기요?"

부인이 다급하게 물었다.

"학생들이 공부하는 교실에서 화재가 났습니다. 인호가 불이 붙은 책상 밑에 있어서 하마터면 큰일 날 뻔했는데 연기를 좀 마셨을 뿐 다치지 않았습니다."

"어디 한번 보자. 정말 괜찮으냐?"

주임이 아들 가까이 가서 자세히 살피고 난 후 이상이 없는 걸 알고 안심을 하며 홍구에게 어떻게 사고가 났는지, 피해는 어느 정도인지 이것저것 물었다. 홍구는 아는 대로 상세히 설명해 주었다.

"성 동무가 사고 수습을 잘해 주었군. 그리고 우리 인호를 구해 주어 정말 고맙네."

주임은 이제 늦었으니 모두 들어가서 자자고 말하고는 안으로 들어갔다. 홍구는 그래도 안심이 안 되어 다시 화재 현장으로 가 상황을 둘러보았다. 난로 근처 마룻바닥과 책상 두 개, 걸상이 시커먼 몰골로 나뒹굴었다. 홍구는 다시 한 번 꼼꼼히 확인하고 문을 잠근 후 집으로 돌아왔다.

다음 날 김만수는 홍구를 찾아와 등을 두드리며 일을 잘 처리해서 고맙다고 칭찬을 했다. 부인 고씨도 홍구를 직접 찾아와 고마움을 표시했다. 이 일이 있은 후 부인 고씨는 홍구에게 자주 호의의 표시로 귀한 음식을 갖다 주곤 했다. 이렇게 되니 중학교에 다니는 큰딸 경옥이도 홍구와 마주치면 인사를 했다.

관리주임 부인은 홍구를 성 동무라고 부르며, 공부하겠다는 일념으로 부모 곁을 떠나 북조선에 온 용기 있는 청년이라고 늘 칭찬을 아끼지 않았다. 당시 홍구는 1929년생 17세의 청년이었다.

1947년 가을, 남한에서 병옥의 어머니 송씨가 병옥 색시를 데리고 청진으로 병옥을 찾아왔다. 그런데 청진에 있어야 할 큰아들이 무산으로 가고 없었다. 무산으로 가려면 청진에서 기차를 타야 하는데 기차는 하루에 한 번밖에 오지 않아 부득이 청진에서 하루를 자야 했다. 실망이 이만저만이 아니었지만 자식을 보려면 어쩔 수 없어 강인기 집에 신세를 지기로 했다.

송씨는 아들이 광산에서 일한다는 이야기를 들으니 마음이 불편했다. 게다가 연고도 없는 남의 집에 며느리와 함께 신세를 진다는 것이 미안하여 손자인 홍구를 만날 엄두를 낼 수 없었다. 다음 날 바로 역에 나가 덜커덕거리며 달리는 완행열차를 타고 무산 광산촌에 가서 그리운 아들 병옥을 만났다. 광산 일로 고생하는 모습을 보니 슬프고 마음이 아팠다. 송씨는 아들에게 여기서 이렇게 고생할 바에야 차라리 집으로 돌아가자고 말했다. 그러자 병옥은 생각지도 않던 고생을 여기 와서 하게 될 줄 자신도 몰랐다면서 장래 희망이 없는 이곳에 더 있을 수 없으므로 만주로 갈 궁리를 하고 있다고 실토했다.

먼 길을 와서 막내며느리를 데려다 주고 또 자식을 보았으니 할 일은 끝났고 더 머물 곳도 마땅치 않은 형편이어서 송씨는 병옥 내외를 남겨두고 눈물을 흘리며 다음 날 기차로 곧 떠나왔다. 자식이 이역만리까지 와서 고생하고 있는 모습을 보니 기가 막히고 서러웠다. 여기까지 왔으니 청진에 있다는 손자 홍구를 만나고 싶은 마음이 간절했지만, 그렇게 하려면 다시 청진에 내려 남의 집에서 하루 신세를 져야 했다. 그래서 송씨는 손자를 보는 일을 포기하고 청진역에서 곧장 남한행 기차를 탔다. 남으로 달리는 기차 안에는 웬일인지 사람들이 북새통을 이루었다.

"이제 곧 38선이 막힌다는 소문이 퍼져 이렇게 사람이 많은가보네."

그때 송씨는 누군가 말하는 소리를 듣고 깜짝 놀랐다. 그렇다면 막내 자식을 다시 보지 못한다는 말인가 하는 생각이 들어 눈앞이 캄캄했다. 송씨는 이렇게 가족이 서로 왕래하는데 설마 그런 일이 일어나지는 않겠지 하고 스스로 위로했다. 그래도 불안한 생각을 떨칠 수 없어 아들과 해후했던 그리운 장면을 떠올리며 눈물을 흘렸다.

그 해 여름 홍구는 삼촌 병옥으로부터 편지를 받았다. 할머니가 다녀갔다는 소식에 이어 광산 일이 너무 고되고 지루하여 하종만 씨와 함께 만주로 가기로 하고 이리저리 알아보고 있다고 했다. 이곳에서 일한 지 일 년 반이라도 지나면 이번 여름쯤 떠날 생각이라고 했다. 만주에서 온 사람들이 넓은 만주 땅에서는 농사짓는 일 등 할 일이 많으니 여기보다 나을 것이라며 권유해서 이곳을 떠나기로 결정한 것이라고 했다.

홍구는 편지를 받고 나니 삼촌이 보고 싶고 그리웠다. 곧 답장을 보내려다가 바쁜 일 때문에 그만 잊고 있었다. 그런데 삼촌한테서 또 연락이 왔다. 광산 일을 최소 2년은 해야 한다며 풀어주지 않아 만주행을 내년으로 연기했다고 한다.

홍구는 중학교 공부를 열심히 한 결과 다음 해에 2학년으로 승급했다. 관리주임 김만수와 그의 부인은 늠름한 모습의 청년으로 자라면서 강한 책임감을 가지고 부지런히 일하는 홍구를 가족처럼 좋아했다. 또한 경옥이도 홍구에게 온화한 눈길을 보내곤 했다. 홍구 동무 하며 말을 걸 때도 있었다. 홍구는 일과 공부에 지쳐 가끔 고향생각을 하며 외로움도 느꼈으나 관리주임 김만수 가족의 배려와 온정으로 삶의 의욕을 북돋웠고 장래에 대한 자신감을 되찾곤 했다.

1948년 초봄이 되자 관리인 김만수 동지가 평양으로 영전되어 갈 것이라는 소문이 떠돌았다. 좋은 배경을 가진 공산당원이라고 하니 그럴 수 있는가 보다 하고 홍구는 생각했다. 청진에서 평양으로 영전하여 부임한다는 것은 개인과 가족에게는 커다란 행운이었고, 부러움의 대상이었다.

어느 날 김만수 관리주임은 홍구를 안채로 불렀다.

"나는 평양에 있는 초등학교에 교장 직을 위임받아 곧 가족과 함께 떠나게 되었네. 이번에 갈 때 성 동무도 함께 데리고 가고 싶네. 성 동무는 책임감이 강하고 일도 열심일 뿐 아니라 우리 사회주의 건설에 훌륭한 인재가 될 것으로 믿어. 내가 이번에 가는 학교에서 일하면서 평양에서 중학 과정도 마치고 상급학교에 다닐 수도 있을 것이네. 그러니 자네도 마음의 준비를 하게."

"선생님, 감사합니다. 저를 그토록 귀여워해 주시니 백골난망(白骨難忘)입니다."

홍구는 너무 기뻐 공손히 절을 했다.

홍구는 평양에 가서 학교를 다닐 수 있다니 꿈만 같았다. 남한에서 초등학교를 늦게 들어간 데다 졸업하고 두 해 쉬었기 때문에 17세에 중학교 2학년이 되었는데 평양에 가서 중학 3학년 과정을 마친 후 고등중학교 과정에 들어갈 수 있다니 너무 기뻤다. 김만수 관리주임 부인도 평양으로의 영전을 기뻐하며 남들 앞에서 으스대는 듯했다. 마치 한 가족이라도 된 듯 홍구에게도 평양 가는 것이 얼마나 좋은 것인지 신이 나서 이야기했다.

"우리 평양으로 가게 되어 참 잘되었지요?"

큰딸 경옥도 홍구와 마주치기를 기다렸다가 말하면서 활짝 웃었다.

홍구는 그날 경옥의 인사와 표정에서 자기에게 호감을 가지고 있지 않나 하는 추측을 했다.

1948년 4월 김만수 교장의 가족이 평양으로 이주하기 위해 짐을 쌌다. 다음 날 김만수 가족과 함께 홍구는 들뜬 기분으로 평양행 기차에 올랐다. 기차에는 사람들로 가득했고, 모두 즐거운 표정으로 이야기를 주고받았다. 그때 어디선가 보안요원이 나타나더니 여행자 검사를 했다. 그런데 청년 홍구를 보고는 아래위로 살펴본 후 별실로 따로 불러서 조사를 했다. 신상 질문을 하는 과정에서 그들은 홍구가 월북한 사실을 알게 되었고 신상에 대해 여러 가지 더 알아본 후 평양에 도착하는 즉시 사회안전부 지부에 연락하라고 지시한 후 떠났다.

기차는 아침 일찍 평양역에 도착했다. 역 안과 밖에서 바쁘게 움직이는 사람들을 보니 마치 청진에 처음 도착했을 때 얼떨떨했던 그런 기분을 느꼈다. 짐을 찾아 들고 역사를 나와 마중 나온 자동차에 옮겨 탔다. 자동차는 한참을 달려 초등학교 건물이 지척에 보이는 사택에 도착했다. 조금 변두리 같았다.

홍구는 짐을 옮긴 후 바로 사회안전부에 들러 신상보고를 하고 사로청에서 주선해 준 노동자 합숙소로 갔다. 사로청은 시내 큰 거리 안쪽에 위치한 좀 낡은 건물을 사용하고 있었다. 평양시내 건물들과 큰 가옥은 당에서 접수해서 당의 관리하에 공공사업용으로 사용되고 있었다. 홍구는 인민위원회 지부에 이주를 등록하고 지정된 여러 단체에 등록하지 않으면 안 되었다. 며칠 후 홍구에게 직장이 배정되었는데 교육기관 물자 배급소에서 물품 출납 사무를 하는 것이었다.

그리고 얼마 후 중등부 학교 편입과 동시에 다니게 될 학교를 통고받았다. 평성고등중학교였다. 김만수 관리주임의 근무지와 인근해 있는 학교를 배정한 듯했다. 홍구는 우선 이 기쁜 소식을 남한에 계신 부모님께 전하고 싶어 편지를 띄웠다.

그리운 아버지~

그간 평안히 계셨는지요. 진작 연락을 드리지 못해 죄송합니다. 무심한 불효자식 용서하십시오.

저는 얼마 전 평양으로 와서 중학교 공부를 하게 되었습니다. 청진에 있을 때 인연을 맺은 분이 저를 잘 도와주어 평양으로 오게 되었고 중학교에도 입학할 수 있게 되었지요. 정말 은인처럼 고마운 분입니다.

지난해 할머니께서 청진에 오셨다고 하던데 만나 뵙지 못해 정말 섭섭했습니다. 할머니께서는 병옥 삼촌이 광산에서 일하는 것을 보고 많이 걱정하셨을 겁니다. 병옥 삼촌은 다른 지역으로 옮겨갈 생각인 모양이던데 희망대로 되었으면 좋겠습니다. 병옥 삼촌으로부터 곧 좋은 소식이 오기를 기다리고 있습니다.

아버지, 어서 통일이 되어 재회할 날을 간절히 고대합니다. 이제 제가 그토록 원하던 상급학교에 다닐 수 있으니 앞으로 공부와 일에 전력을 쏟아 반드시 성공할 것입니다. 그렇게 하는 것만이 부모님을 기쁘게 해드리고 저를 도와주는 분의 은혜에 보답하는 길이라고 생각합니다.

어머니, 아버지! 부디 만수무강하십시오.

1948년 4월 그믐

불효자식 홍구 드림

그 해 8월 남한이 이승만을 대통령으로 하는 단독 정부 수립을 발표하자 북한 방송은 연일 남한을 미제 앞잡이 반동 정부라고 타도하며 영구 분단을 획책하는 미제와 남조선 괴뢰정부의 흉계를 쳐부수고 통일을 달성하기 위해 단결해야 한다고 선동했다. 곧이어 김일성은 연설에서 북한 전인민의 군사화를 발표하고 각 지역 단위의 자위대 구성 지시가 각 직장, 가정에 하달되었다.

홍구는 직장 자위대에 편입되어 훈련에 불려 다녔다. 이듬해부터는 마치 전쟁이 일어날 것같이 실전 훈련도 추가되었다. 주어진 일도 완수해야 하고 또 빈번한 군사훈련에 참석하려니 홍구는 바쁘고 몸이 고달팠다.

홍구는 시간을 내어 새해 정초에 김만수 교장 댁으로 인사를 갔다. 김 교장은 반가워하며 홍구를 맞았고 부인도 반색을 하며 먹을 것을 가지고 왔다. 경옥은 자기 방에서 방문을 열고 나와 웃음으로 인사를 했다.

김만수 교장은 남한이 한반도 영구 분단을 자초하고 있다며, 그런 경우 전쟁으로 통일할 수밖에 없다고 말하는데 얼굴에 긴장감까지 감돌았다. 홍구는 김만수 교장이 긴장된 얼굴로 전쟁 발언을 공공연히 하자 왠지 혼란스럽고 불안했다.

북한은 다음 해인 1949년 9월 방송을 통해 '조선민주주의 인민공화국'을 선포하였다. 그러고는 김일성 장군을 국가 주석으로 선출하고 동시에 북조선 인민군 최고사령관으로 발표했다.

평양 거리는 바삐 움직이는 사람들 사이에 군인들의 모습이 많이 보이고, 군용 차량들이 질주하고 다녔으며, 소년 소녀 단원들이 군복 같은 제복을 입고 선전구호를 따라 외치며 활보하거나 김일성 장군

노래를 부르며 지나다녔다. 직장 내에서는 일꾼들이 모여 곧 남조선에서 미군들이 전쟁을 일으켜 쳐들어올 것이라는 이야기를 하는가 하면, 북조선 김일성 장군이 전쟁준비를 지시했다는 이야기도 들렸다. 어떤 이는 어서 남조선 해방전쟁을 일으켜 북남 통일을 조속히 완수해야 한다고 열을 올리기도 했다.

홍구는 어떻게 돌아가는지 알 수 없었지만 시내에 나가 보면 사람들이 긴박하게 움직이는 모습을 직감할 수 있었다. 그리고 평양에서는 사람들의 성분검사를 철저히 하는가 하면 자위대 편성과 군사훈련을 일보다 더욱 중시하는 듯했다.

평양에 온 지 거의 2년이 다 되어 처음 노동절을 맞은 홍구는 아침을 먹고 어디를 갈까 궁리하고 있는데 누군가가 찾아왔다는 전갈이 왔다. 숙소 밖을 나가 보니 뜻밖에도 경옥이 와 있었다.

"오늘 별일 없으면 저하고 대동강변에 놀러 가시기요. 점심도 준비해 왔으니까요."

그녀가 손에 든 도시락을 올려 보였다.

홍구는 청진에 있을 때부터 예쁜 처녀로 성숙하는 경옥에게 자주 눈길이 갔으나, 성분도 처지도 다른 자기가 연정을 품는다는 것이 언감생심(焉敢生心)이어서 마음을 고쳐먹곤 했다. 그러나 경옥 쪽에서 눈길을 주고 마주치면 살짝 웃음을 보내기는 하였다. 경옥에 대해 마음을 줄 수 없었던 홍구는 김만수 교장의 도움으로 평양에 와서 학교도 다니고 직장도 구한 처지가 되다 보니 은근히 경옥에게 자기 감정을 전달하고 싶었다. 지난번 김 교장의 집에 갔을 때도 집에 들어서자 홍구는 경옥의 얼굴을 찾았다. 경옥 쪽에서도 잘생긴 데다 성실한 자세로 일하는 홍구를 좋아했다.

경옥의 아버지와 어머니도 혼자 월북해서 고생하며 열심히 공부하는 홍구에게 따뜻한 마음으로 대하고 있어 경옥은 홍구를 더욱 좋아했는데, 출신 성분이 다른 처지라 감정표현을 자제하고 있었다. 그러나 평양에 같이 이사온 후부터는 홍구에 대한 연애감정을 숨길 수 없었다. 아버지가 공산당 간부의 친척으로 공산당원이 되어 출세를 하고 평양까지 진출했으니 경옥이는 자신감이 생기고 상대방에 대한 감정표현도 적극적이 되었다.

연정을 품고 있던 경옥이 예상 외로 여기까지 찾아와 놀러 가자고 하니 홍구는 좋으면서도 좀 조심스러웠다. 사실 홍구에게는 지금 삶의 후원자처럼 되어버린 김만수의 딸이므로 처신을 조심해야 한다는 생각도 들었다.

홍구는 다소 정중한 자세로 그녀의 제의를 받아들이고 숙소를 빠져나와 나란히 거리를 걸었다. 봄이 완연한 노동절은 평양 시민의 큰 명절로 모두 옷을 잘 차려입고 거리로 몰려나와 다니고 있었다. 한참을 걸어 능라도가 보이는 대동강변에 도착해 강 주변을 보며 걷다가 잔디밭에 자리를 잡고 앉았다. 같이 걷는 동안 홍구는 경옥에게 남한에서 공부하려고 초등학교를 이리저리 옮겨 다녔던 사정, 초등학교를 마친 후 외가 동네에 가서 면에서 일하던 일, 그리고 시골 집 뒤켠에 평행봉을 설치해 놓고 운동을 열심히 하던 일 등을 이야기해 주었다.

강가에 자리를 잡고 앉았을 때는 이미 점심때가 되어 경옥이 준비해 온 도시락을 맛있게 먹었다. 식사 후 편하게 앉아 재미있는 대화를 주고받는데 경옥이 홍구를 정면으로 마주본 후 토라진 듯한 표정을 지으며 말했다.

"사회주의 건설을 하는데 인민 개인들의 출신 성분이 왜 그렇게 중요한지 모르겠어요. 아버지는 출신 성분이 좋은 애들과 사귀는 것이 좋겠다고 자주 말씀해요. 오늘 내가 홍구 동무를 만나는 것을 아버지가 아시면 꾸중할까 봐 걱정이 돼요."

이 말을 듣고 홍구는 자격지심을 가지지 않을 수 없었다.

"앞으로도 서로 종종 만날 수 있으면 참 좋겠는데."

경옥은 혼잣말처럼 속닥이며 고개를 떨어뜨렸다. 홍구는 그런 경옥을 쳐다보며 대꾸했다.

"아버님 말씀대로 나는 남한 출신으로 월북한 사람이니 사회 구성원으로서 성분에 애로가 있는 것은 마땅하지요. 나도 열심히 공부하고 노동을 해서 나의 위치에서 인정을 받고, 공로를 쌓으면 미래에는 공산당원도 될 수 있겠지요. 나도 경옥 동무를 자주 만나기를 바라지만 우선 부모님의 심정을 이해하고 따르는 것이 중요하겠지요."

좋아하는 사람과 첫 번째 만남을 즐기고 숙소로 돌아오자 갑자기 마음속에 잠재해 있던 지난날의 우울한 추억이 되살아났다. 홍구는 공부를 해서 발복하겠다고 어머니의 만류를 뿌리치고 이 먼 곳에 왔는데, 공부라는 꿈을 겨우 이룬 지금 또다시 넘지 못할 장벽에 가로막혀 있는 자신을 본 것이다. 갑자기 허무함이 엄습하고, 내가 왜 이런 처지가 되었을까 하는 생각이 들었다.

1949년 9월, 김일성 정권이 수립된 후 북한은 사회주의 건설에 박차를 가했다. 거리에는 '전인민의 무장화', '남조선 해방' 같은 구호가 나부꼈고, 고등학교 학습도 김일성 항일투쟁과 사상교육 이외 군사훈련을 많이 했다. 그리고 학생 개개인에 대한 신체검사와 성분조사도 대대적으로 실시했다.

그리고 드디어 남한 해방전쟁에 대비해 전 인민의 무장화, 전투요원화를 내걸고 전국에 걸쳐 지원병을 모집하더니 18세 이상의 젊은이에게 징병 명령이 떨어졌다.

한편 장실댁은 16세의 나이에 공부를 해야겠다며 멀리 떠난 큰아들이 궁금하고 귀중한 보물을 놓쳐버린 듯 마음 한구석이 텅 빈 듯했다. 잘생긴 큰아들을 떠나보낸 후 아쉽고 불안한 마음에 사로잡혀 한동안 매일 아침 일찍 일어나 집 뒤 샘에서 얼굴과 머리를 정결히 한 후 정화수를 떠놓고 아들의 안녕을 천지신명에게 빌었다.

그 해 말경에 인편으로 그들 일행이 잘 도착했다는 소식을 들어 기뻤는데 그 이듬해 청진을 다녀온 시어머니가 홍구는 만나보지도 못하고 돌아와서 야속하기도 했다.

그러던 중 1948년 초 여름에 홍구로부터 기다리던 소식이 왔다. 집 안으로 들어서는 우체부가 평양에서 아들한테 편지가 왔다며 편지를 내밀자, 장실댁은 마루를 훔치다 맨발로 마당으로 뛰어 내려갔다. 편지를 열어 읽어보니 홍구가 어떤 은인의 도움을 받아 평양으로 가게 되어 그곳에서 중학교를 다닌다는 낭보였다.

장실댁은 너무 기뻐 웃음이 절로 나오고 춤이라도 덩실덩실 추고 싶었다. 편지를 읽고 또 읽고 나서 정신을 가다듬고 생각해 보니 일전에 누군가가 38선 통행이 점점 더 어려워지고 곧 막혀버릴지도 모른다는 말을 해서 걱정을 했는데 이 말이 뇌리에 되살아났다. 기쁨도 잠시일 뿐 38선이 막혀버리면 우리 장한 아들을 언제 만날 수 있을까 하는 걱정이 엄습했다.

그 해가 지나고 새해가 되자 38선 통행이 막혀버렸다는 소식이 들려왔다. 장실댁에게는 억장이 무너지는 소식이었고, 인제 언제 자식을 보나, 만날 수나 있을까 하는 생각을 하면 슬픈 나머지 눈물을 주체할 수 없었다. 마음이 답답하여 유명하다는 점쟁이를 찾아가 물어보면 그 자식은 당신에게 없는 자식과 같으니 차라리 잊어버리는 것이 좋다는 말을 듣고는 일손도 잡히지 않았다. 너무나 슬프고 자식이 불쌍해서 또다시 아침에 일찍 일어나 집 뒤 샘가에서 정화수를 떠놓고 천지신명에게 빌면서 마음을 달래곤 했다.

1946년 초부터 금곡의 금 매매 사업을 본격적으로 하게 된 동옥은 사업에 재미를 보았고, 금곡의 광산 조합원들과 친분을 맺었다. 조합원 중에 김재만이라는 사람과 각별히 친한 사이가 되었다. 김재만은 사업부에 물품을 조달하고 경리 업무를 보면서 동옥에게 접근하여 금 판매와 자금운반 사업을 잘 도와주었고 또 금곡골에 올 때마다 극진히 모셨다. 아예 자기 집 방 하나를 어르신이 오면 쓰도록 내어주기도 했다. 그는 동옥보다 대여섯 살은 아래였다.

동옥이 금곡을 자주 드나들고 따라서 재만 씨 댁에도 자주 드나들다 보니 재만 씨 가족과도 인사를 나누고 서로 안면을 익혔다. 재만 씨의 동생이 금광에서 일을 하다가 갱 내 사고로 불행히도 1946년에 부인과 딸을 두고 죽었고 아직도 젊은 제수씨가 그만 과부가 되었다. 그녀는 인근에 조그만 집에서 외롭게 살고 있었는데 이웃에 살고 있는 형부 재만 씨 집에 자주 들락거렸다. 동옥과도 안면을 익히게 되었고, 인사도 주고받았다. 동옥이 무심코 그녀를 슬쩍 보면, 그녀도 벌써 자기 쪽을 보고 있었는지 얼굴을 붉히며 고개를 돌리는 일도 간혹 있었다.

어느 하루는 방 안에 앉아서 저녁상을 기다리는데 그 여인이 직접 밥상을 들고 들어왔다. 동옥은 자기 눈을 의심하며 무엇에 홀린 것처럼 가슴이 두근거렸다. 다소곳한 자세로 밥상을 들고 가까이 오는 것을 보니 정신이 아찔했지만 이 기회를 놓치기 싫어 용기를 내어 밥상을 자기 앞에 놓고 나가려는 여인을 불렀다.

"댁이 저녁상까지 가져다주니 참으로 고맙네요. 남편을 광산에서 여의었다고 들었는데 고생이 많지요?"

그렇게 말하고 얼굴을 드니 그만 그녀와 눈이 마주쳤다. 동옥은 이때다 싶었다.

"재(자기)는 지금 어디 살아요?"

"안쪽 골목 두 번째에 있는 집에 살아요. 오늘 형님이 급한 일로 조합 사무실에 심부름을 가서 아직 오지 않았기 때문에 제가 저녁상을 대신 올렸습니다."

그녀가 거침없이 대답하더니 동옥의 얼굴을 다시 빤히 쳐다보았다. 또 눈이 마주치자 엷은 미소를 띠며 잠시 눈길을 주다가 얼굴을 돌리더니 사뿐히 물러갔다.

다음 날 저녁 동옥이 야음을 틈타 그 여인의 집을 찾아갔고 두 사람은 살을 섞는 인연을 맺었다. 이 조우 이후 동옥은 이 핑계 저 핑계로 금곡을 자주 다녀왔다.

장실댁은 금곡을 다녀올 때마다 피곤해하고 힘이 없어 보이는 동옥의 모습을 보고 뭔가 이상한 낌새를 느꼈다. 남편과 같이 오래 살아온 여자의 직감이란 무시하지 못한다. 장실댁은 이후부터 동옥이 금곡골에 다녀올 때마다 유심히 살펴보았다. 여전히 여느 때와는 달리 피곤해하고 눈에 띄게 얼굴이 수척해 보였다. 병이 있는 것도 아닌데 왜 그럴까 의심이 갔다. 혹시 외간 여자를 보고 다니는 것 아닌가 하고 생각했으나, 마음 약한 양반이 그럴 주제가 아닐 것이라며 머리를 가로저었다.

그러나 부정할수록 자꾸만 의심은 더해갔다.

1948년 여름, 장실댁은 동옥이 금곡에 간다고 하자 방학이라 집에서 놀고 있는 봉구를 딸려 보냈다. 봉구는 당시 초등학교 4학년이었다.

금곡에 도착한 동옥은 봉구를 김재만 씨 집에 혼자 놀고 있으라고 하더니 어디론가 나가버렸다. 시간이 오래 지났는데도 돌아오지 않자 지루하기도 하고 또 걱정이 되어 봉구는 사립문 바깥 골목으로 나와 주변을 살피다가 가까이 다가오는 어떤 여인에게 자기 아버지가 혹시 어디로 갔는지 아느냐고 물어보았다. 그러자 그 여인은 어르신이 "저기 저 방으로 들어가더라." 하고 손가락으로 가리키며 알려주었다.

봉구는 남의 집에 들어가는 것이 조심스러워서 살금살금 문 앞으로 접근했다. 그런데 방 안에서 이상한 소리가 들렸다. 하도 신기해서 조용히 앉아서 들으니 조금 후에 그 안에서 아버지 목소리가 들려왔다. 봉구는 깜짝 놀라 못할 짓거리를 한 죄인처럼 소리를 죽여 그 집을 급히 빠져나왔다.

이틀 후 일을 마친 동옥은 봉구를 앞세워 금곡을 떠나 집으로 돌아왔다. 봉구는 집으로 돌아오자마자 어머니를 만났다. 그리고 자기가 금곡에서 당면했던 일을 발설했다. 이 이야기를 들은 장실댁은 기가 막히고 솟구치는 화를 누르려고 애를 썼다. 저녁 식사 때가 되어 당장 동옥과 대면해서 싸울 수도 없었다. 화가 치밀어 저녁을 먹는 둥 마는 둥 하고 후들거리는 다리를 진정시키며 부엌일을 다한 후 방에 들어가 동옥이 들어오기를 기다렸다.

동옥이 방 안으로 들어서자 화가 터진 장실댁이 다그쳤다.

"쟤(자기) 앉아 보소. 금곡에서 외간 여자를 만나고 있다며. 말 좀 해보소. 무슨 집안 망할 일이오. 나는 그 꼴 못 보니까 누가 죽든지 살든지 결판을 냅시다.”

동옥은 어떻게 된 일인지 깜짝 놀랐고, 별일이 아닌 듯 제법 태연하게 이를 은폐하기에 급급했다.

장실댁은 엄한 시어머니 밑에서 같이 살면서 속병까지 얻어 고생을 하면서도 자기를 아끼고 착하게 살아가는 남편이 옆에 있어 위로가 되고 위안이 되었는데 인제 남편도 믿을 수 없는 사람이 되었으니 슬프기 짝이 없고 삶의 기둥이 무너지는 듯하였다. 그래서 열이 오를 대로 올라 다시 윽박질렀다.

“내가 없어지든지 당신이 나가든지 결판을 내자.”

동옥은 강인한 성격의 장실댁이 거세게 나오자 앞으로 금곡에 가면 그 여인을 만나지 않을 것이니 믿어달라고 사정을 했다. 장실댁은 남편에게 문전박대(門前薄待)당하고 싶지 않으면, 집안이 망하는 꼴을 보고 싶지 않으면 다시 그런 짓을 하지 않겠다고 약속하라고 했다. 동옥은 그렇게 하겠다며 철썩 같은 약속을 했다.

얼마 후 동옥은 사업차 금곡으로 가게 되었다. 금곡에 도착한 동옥은 이번에는 마음을 단단히 먹고 근신하려고 애를 썼다. 그래서 일을 마친 후 방에서 조용히 앉아서 지내려는데 그 여자가 노골적으로 동옥을 찾아와 애교를 부리면서 긴히 만나자고 했다. 정에 약한 동옥은 충동을 억제치 못하고 또 만나게 되었고 다시 불이 타올랐다. 이번에는 그녀도 대담해졌다.

“이제 외로워 혼자 못살겠소.”

그녀는 어르신을 따라가 소실로라도 같은 지붕 밑에 살겠다고 간청을 했다.

동옥은 사업상 금곡을 자주 방문해야 하고 또 김재만이 집에 신세를 지고 있는 한 이렇게 매달리는 그녀를 쉽게 박대하기도 어려웠다. 그렇다고 가정이 풍비박산(風飛雹散)나게 할 수는 절대 없어 그녀에게 마음을 달리 먹어 달라고 간곡히 타일렀다.

그러나 그녀는 울면서 마음을 바꿀 수 없다며 인제 한 술 더 떠서 동옥의 집으로 따라가겠다고 눈물을 흘리면서 사정을 했다. 동옥은 "절대 안 된다."고 거절을 하면서도 애원조로 호소하는 그 여인이 불쌍하고 또한 같은 말을 되풀이하기 싫어서 인제 알아서 정신을 차려 달라고 하며 대꾸도 않고 피해버렸다.

그 해 여름이 지나갈 무렵 동옥은 금곡에서 일을 마치고 집으로 발걸음을 옮겼다. 동구를 떠나 산허리를 돌아 발걸음을 옮기면서 돌아가는 길모퉁이에서 우연히 뒤를 돌아보니 그 여인이 간단한 옷 보따리를 들고 멀찌감치 따라왔다. 동옥의 불쾌한 표정을 의식한 듯 그 여인은 거리를 두고 계속 따라왔다. 동옥으로서는 정말 낭패스러운 일이었다. 그렇다고 길에서 여인을 붙잡고 싸울 수도 없는 일이었다. 집이 가까워지자 동옥은 난감한 생각이 들었다. 폭탄을 들고 집으로 들어서는 꼴이었기 때문이다. 동옥은 집 앞에서 어떻게 해야 할 것인지 망설였다. 그 사이 그 여인이 따라 붙었다. 그러더니 무조건 동옥을 뒤따라 집 안으로 들어섰다.

장실댁은 출타중이고 시어머니는 오후 시간이라 무료하게 마루에 앉아 쉬고 있었다.

시어머니는 자기 큰아들 동옥이 어떤 여자를 데리고 들어오는 것을 보고 눈을 의심했다. 분간을 못하고 어리둥절해 있는데 그 여인이 동옥 어머니를 방으로 들어가게 하더니 큰절을 넙죽 하면서 예의를 차렸다.

"저의 절을 받으십시오. 저는 어르신을 따라왔습니다."

시어머니 송씨는 어처구니없어 우선 동옥을 쳐다보았다.

"같이 가자고 하지도 않았는데 이렇게 따라와 평지풍파(平地風波)를 일으키니, 에이 참."

동옥은 난처해서 어쩔 줄 몰라 하며 자리를 피해버렸다.

시어머니는 예의를 차리고 애교를 부리며 자기에게 깍듯이 대하는 그 여인에게 호감을 가졌다. 고집이 세고 애교라고는 없이 고고하기만 한 자기 며느리에 대해 불만을 가지고 있던 송씨는 금세 그 여인과 친해졌다.

장실댁이 조금 후에 집으로 돌아와 보니 어느 여인이 시어머니와 다정하게 이야기를 나누고 있는 것이 요상한 생각이 들어 가까이 다가갔다.

"이이를 큰애가 데리고 온 모양이다……."

시어머니는 말끝을 흐렸다. 장실댁은 화가 치밀어 속이 뒤집혔지만 아무 말도 않고 방으로 들어가 끓어오르는 울화를 참으며 자리에 누웠다. 장실댁은 이제 최악의 사태가 온 것이니 이 난국을 어떻게 극복해야 할 것인가 하고 생각하며 답답한 마음을 억눌렀다. 게다가 시어머니가 그 여인과 다정하게 이야기를 나누는 것을 보니 더욱 천불이 나고 마치 이런 불상사를 미운 며느리에 대한 보복의 기회라도 삼는 듯 고소해하는 표정이어서 더욱 화가 치밀었다.

저녁때가 되자 집으로 돌아온 동옥이 긴장하면서 집 안 분위기부터 살폈다. 집 안은 썰렁하고 그 여인과 다정한 이야기를 하고 있던 송씨는 큰아들을 보더니 눈짓으로 옆방에 며느리가 있다고 신호해 주었다. 동옥은 밖에서 약간 머무적거리다가 기침을 하며 방 안으로 들어섰다.

기다리고 있던 장실댁이 목소리를 높였다.

"오늘은 결판부터 내자. 내가 죽든지 저년을 빨리 쫓아내든지 아니면 당신이 없어지든지. 이대로는 절대 안 된다. 인제는 저년이 큰방까지 차지하고 주저앉을 모양이고, 시어머니는 오히려 좋아하고 있으니. 집안 꼴 좋다. 당신 주제에 소실을 두려고? 내가 살아 있는 한 절대 안 된다."

동옥은 넋이 나간 사람이 되어 아무 말도 못했다. 동옥은 그 여인이 오게 된 전말을 이야기하고 싶었지만 지금은 별로 도움이 되지 않을 것 같아 참았다.

동옥은 딸이 마련해 온 저녁을 먹고는 다시 동네 사랑방으로 가버렸다. 그날 저녁 장실댁은 이런 황당한 일을 당하고도 살아 있어야 하나 하고 심각하게 생각했다. 하루 동안 꼼짝 않고 누워 있으니 별생각이 다 들고 속이 끓어오르며 괴로운데 자기가 살아온 과거와 앞으로 살아갈 일을 생각하니 통탄스러운 생각이 증폭되어 죽어야겠다는 결론에 도달했다. 눈물을 흘리며 초상집같이 어둡고 적막에 싸인 집을 나서 산 중턱에 있는 연못으로 갔다.

참을 수 없는 울분에 충동되어 평소 무서워서 눈길을 피하던 연못까지 왔다. 어두운 저녁에 검게 변색된 연못물을 바라보고 섰자니 잠시 내가 꿈을 꾸는 건가, 내가 왜 이러는가 하는 생각이 들었다. 하지만 이내 죽으면 그만이지 하면서 용기를 내어 신발을 연못 둑에 벗어두고 경사진 둑을 밟으며 물속으로 걸어 들어갔다. 더 들어가 물이 허리에서 가슴까지 차니 갑자기 다시 정신이 번쩍 들었다. 내가 왜 이러는가? 내가 죽으면 나만 바라보고 있는 저애들은 어떻게 되는가? 하는 생각이 전율처럼 번지며 정신을 일깨웠다. 몸속에서 삶에 대한 욕구의 바람이 거세게 일어났다. 장실댁은 머리 깎고 절에 들어가는 한이 있어도 지금 죽으면 안 되지 하고 다짐하면서 멈추어 섰다가 다시 뒤를 돌아 연못 둑으로 나왔다.

정신을 차린 후 젖은 치마를 깔고 연못 둑에 앉았다. 캄캄한 밤에 연못을 보며 앉아 있는데도 장실댁은 조금도 한기가 들거나 무섭지 않았고, 서러워 눈물만 났다. 인근 산에서는 소나무 잎이 바람에 스치는 소리와 함께 소쩍새 울음소리가 구슬프게 들렸다. 장실댁은 얼마 전 불쌍한 어머니를 마지막으로 보았을 때 뼈가 부서지는 한이 있더라도 자식들을 꼭 잘 키우겠다고 마음먹었었다.

'그래, 나에게는 나를 바라보는 자식들이 있지 않나? 나에게는 나의 희망이고 보람인 자식들이 있지 않나? 이제 아이들을 잘 키우는 것으로 삶의 의미를 찾자.'

장실댁은 그런 생각을 하며 삶에 대한 각오를 다졌다.

집으로 돌아오니 마음은 또다시 산란해졌다. 시어머니 방에 그년이 서로 정담을 나누다가 잠이 들었겠지 하고 생각하니 가슴이 답답하고 분통이 터졌다. 문에 들어서니 어머니를 찾아 울다가 잠이 들었는지 진구와 인구는 얼굴에 눈물 자국이 그대로 남아 있었다.

다음 날도 장실댁은 방문 밖을 나오지 않았다. 집 안은 온통 정적 속에 불안과 근심으로 가득 찼다. 손녀딸 둘이 해 주는 밥을 먹으며 시어머니와 그 여인은 큰방에서 겨울 이불을 바느질했다. 동옥은 죄인처럼 풀이 죽어 저녁때 집으로 돌아왔다. 결국 저 여자를 빨리 돌려보내지 않으면 안 되겠다고 생각했다.

저녁상을 물리고 동옥은 방으로 들어가 누워 있는 장실댁 옆에 앉았다.

"재, 내 말 좀 들어봐."

"그래, 나하고 같이 뒷산으로 가서 결판을 내자."

장실댁이 그러면서 벌떡 일어나 옷을 추슬러 입고는 혼자 밖으로 휑하니 나갔다. 동옥은 이 기회에 전말을 이야기하고 그녀를 돌려보내겠다고 결심하며 집 뒤 공터로 갔다. 동옥은 먼저 와 있는 장실댁을 마주하고 섰다. 그런데 갑자기 장실댁이 부엌에서 가져왔는지 식칼을 품에서 꺼내 보였다.

"오늘 이 칼로 당신이 나를 죽이고 그년과 살던지, 그렇지 않으면 내가 죽든지 결판을 내자."

장실댁이 팔을 뻗쳐서 식칼을 건네려는데 이곳까지 몰래 따라온 애들이 저편에 서서 이 광경을 보고는 울부짖었다. 동옥이 그만 기겁을 하며 무릎을 털썩 꿇고 앉아 애원을 했다.

"그래, 내가 무조건 잘못했다. 내일은 저 여자를 꼭 쫓아낼 것이니 나를 믿어 달라."

그때서야 정신을 차린 장실댁은 겁 많은 남편에게 너무 지나쳤나 하는 생각을 했다.

"내일 무슨 일이 있어도 저년을 일찍 쫓아버리고, 집 안의 풍파를 잠재워요. 생전 안 그러던 양반이 이 무슨 집안 망할 이런 짓을 하오."

장실댁이 말을 끝내고 앞서 떠나자 동옥이 풀죽은 모습으로 뒤따랐다.

이북으로 간 큰아들 때문에 한동안 슬픔에 잠겨 있던 장실댁은 이러고 있을 수만 없다며 다시 마음을 가다듬고, 시어머니의 사랑을 독차지하며 잘 자란 봉구에게 마음을 쏟기 시작했다. 두 번째 아들만은 공부를 못 시켜 집을 뛰쳐나가게 해서는 안 되겠다고 다짐했다.

1950년이 되자 봉구는 초등학교 6학년이 되었다. 암기력이 부족하고 학교 성적이 돋보이지 않아 불만스러웠으나 장실댁은 벌써부터 봉구를 중학교에 꼭 진학시키겠다고 다짐했다.

1949년, 큰딸을 시집보내면서 또다시 시어머니와 대립각을 세웠다. 시어머니의 반대를 무릅쓰고 장실댁은 눈여겨보아온 대밭 집 권씨 총각과 혼사를 정했다.

"저 고집이 집안 망하게 할 끼다."

시어머니는 장실댁을 향해 비난과 질책을 퍼부었다. 사실 장실댁은 시어머니가 여식 아이들에게 너무 고루하고 편파적인 생각을 가지고 있는 데 반발했다. 해방 후 장실댁은 딸들이 적어도 자기 이름 석 자는 쓸 수 있고, 글을 읽을 줄 알아야 한다는 생각으로 비록 늦었지만 여식 둘을 초등학교에 보내고자 했다. 하지만 시어머니는 "다 큰 가시내들을 어디 밖으로 내돌려. 그건 안 돼." 하면서 단호히 거절했다. 그로 인해 두 딸은 당시 시골에서 대개 그랬듯이 무학이 되었다. 그 이후 장실댁은 애들 일은 자기가 주도권을 잡고 처리하겠다고 다짐했다.

시어머니는 막내아들을 돌아오지 못할 이북 땅에 내버려두고 혼자 청진에서 돌아온 이후 호랑이같이 거세던 성격이 좀 수그러졌다. 그리고 가사일과 손자 교육은 배운 집안에서 온 며느리가 하자는 대로 맡겨 두었다. 화가 나고 기분 나쁜 일이 있어도 며느리 면전에서 쌍심지를 켜기보다는 혼자 중얼거리며 삭이려고 애를 썼다. 그러다가도 자기에게 무심하거나 괄시하는 듯한 생각이 들면 동네 뫼에 올라가 큰소리로 며느리를 향해 비난을 퍼부었다. 타고난 성깔을 누르기가 쉽지 않은 모양이었다.

1949년 여름, 8월이 되면 남북통일이 된다는 허황된 소문이 퍼졌다. 시골 시냇가에 무성하게 핀 풀잎에 한문 八(8)자가 새겨져 있다는 소문에 사람들은 더욱 들떴다. 진구도 그 흔한 풀잎에 새겨진 모양을 보며 통일이 될 날이 오기를 간절히 바랐다. 더욱이 그리운 큰형님이 이북에 가버렸으니 통일은 더욱 절실한 열망이었다. 전해에 성공적으로 정부를 수립한 후 이승만 대통령이 북진통일할 날이 얼마 남지 않았다고 호언한 것이 마치 새해에는 통일이 될 것이라고 누군가 퍼뜨려 허황된 소문이 된 것 같다.

1949년 농사는 풍년이었고, 무엇보다 토지개혁 이후 지주에게 힘겹게 도지(소작료)를 내며 소작하던 농토의 소유권이 시골 소작인들에게 넘어왔다. 시골 소작인들은 무슨 횡재냐며 감격에 벅찼다. 농토의 절반 정도를 소작하고 있던 동옥은 특히 기쁨을 감추지 못했다. 이런 결정을 내려주신 나라님(정부)이 고마울 뿐이었다. 마음씨가 고운 동옥은 아무리 나라 법이 그렇다고 해도 이때까지 지주에게 도지(임대료)를 주어오던 것을 박절하게 끊을 수 없다며 그해와 그 이듬해 수확 때 벼를 다만 몇 가마라도 주는 것이 도리라고 생각하고 머슴을 시켜 벼 가마니를 보내자 장실댁의 비난을 사기도 했다.

그해 가을 수확 이후 동네에서는 동네 부인네들이 모두 모여 회차(소풍놀이)를 하기로 했다. 특히 농지개혁 덕분에 좋은 일들이 겹쳐 모두 마음이 들떠 있었다. 장실댁은 큰아들 홍구 일로 한동안 슬픔에 잠겨 있었으나, 이제 잃어버린 자식이로구나 하고 마음을 달래며 훌훌 털어버리고 동네 뒤편 개울의 넓은 반석 위에서 개회된 회차에 참가했다. 집집마다 먹을 것과 마실 것을 준비해 약속한 장소에 모여서 우스갯소리 잘하고 입담 좋은 여인네의 사회 아래 먹고 마시며 왁자지껄 떠들며 여흥을 즐겼다.

아침에 우는 새는 배가 고파서 울고요
저녁에 우는 새는 임이 그리워 운다
니냐 내-냐 두리둥실 놀고요
낮이 낮이나 밤이 밤이나 참 사랑이로구나

우리집 서방님은 명태잡이를 갔는데
바람아 강풍아 석 달 열흘만 불어라
니냐 내-냐 두리둥실 놀고요
낮이 낮이나 밤이 밤이나 참사랑이로구나.

노랫소리가 울려 퍼지자 동네 아이들도 어머니들이 그처럼 흥에 겨워 노는 모습을 근처 논두렁에 모여서 보며 즐거워했다. 진구도 항시 무표정하면서 근엄하기만 하던 어머니가 그들 사이에 끼어 같이 노래를 부르며 정겹게 노는 모습을 신기하게 바라보았다.

장실댁은 당장 당면한 문제로 골치 썩을 일도 없고 시어머니가 집안일에서 뒷전으로 물러서니 자신의 입지가 든든해져 마음이 한결 가벼웠다. 그런 해방된 기분이 겹치자 장실댁은 흥겹게 노는 그들과 어울려 춤을 추며 노래를 함께 불렀다.

1950년이 되자 남한 해방전쟁이 일어날 것이란 소문이 파다했다. 평양에서는 18세 이상의 젊은이들을 인민군 징집 대상으로 정하고 지시대로 신체검사를 받고 사회안전부에 신고하도록 했다. 홍구도 어느 날 사회안전부로 출두했다. 그들은 홍구가 단독 월북자라는 사실을 알고 남한에서의 가정환경과 가족사항에 관해 상세히 문의한 후 이를 기재했다. 그러고는 월북자로 분류하고 다음 지시를 대기하라고 한 후 돌려보냈다.

홍구는 남한 해방전쟁이 일어나면 인민군에 자원해서 용맹한 전사가 되어 남진하여 통일의 역군이 되고, 해방전사로서 달려가 남한의 부모님을 만날 수 있는 날이 오기를 고대하고 기대에 부풀었다. 그러던 어느 날 안전부에서 홍구를 직장자위대에 편성되었다고 알려왔다. 유사시 평양 시내를 직장 단위로 방어하는 체제에 따라 홍구도 여기에 배치된 것이다. 지역방위 전투조에 편성되어 요지에 진지를 구축하고 언제 발발할지 모르는 시가전에 대비하고 적 항공기 폭격에 대비한 훈련도 받았다.

김 교장의 딸 경옥은 작년에 간호고등학교에 입학했다. 18세가 된 그녀는 학교자위대에 편입되어 비상훈련에 참가한다고 하며, 군복도 지급받고 응급처치 훈련은 물론 총기 사용법도 배웠다. 그해 노동절 휴무에도 그들은 대동강 가까운 곳에 장소를 정해 만나 앞으로 일어날 전쟁을 내다보며 불안한 심정으로 대화를 나누었다.

"동무도 인민군에 편입되어 남조선 해방전쟁에 참가하는 건가요?"

"지난번 안전부에서 연락을 받았는데 직장자위대에 편성한다는 거야. 나는 사실 남한 해방 전투에 참가해서 용맹한 전사가 되어 공로를 세울 수 있기를 바랐는데. 그것도 아마 나의 신분 때문인 것 같아."

"차라리 잘되었지 뭐요. 후방이니 덜 위험하지 않겠어요."

"그러나 나는 당을 위해 남다른 충성과 희생을 해서 당원이 되어야 해. 월북자라는 낙인 때문에 이 사회에서 당당하게 살아가는 데 애로를 가지고 있잖아.”

“또 그 이야기예요? 아버지가 도와주면 무슨 방법이 있지 않을까요?”

경옥의 말에 홍구는 번쩍 한 가지 생각이 떠올랐다.

수주일이 지난 후 홍구는 휴일 오후 시간에 김만수 교장 댁으로 찾아갔다. 경옥은 출타하고 없었고, 김 교장은 책을 보다가 홍구를 반겼고 부인도 방에서 밖으로 나와 앉았다. 김 교장은 자기를 일부러 찾아온 홍구를 보자 깜짝 놀라는 표정을 지었다. 차를 마신 후 김 교장이 먼저 말을 꺼냈다.

“남조선 해방전쟁이 곧 일어날 것 같은데, 우리 인민정부는 빨리 인민군대를 남한으로 밀어붙여서 남조선 해방을 성취하도록 할 것이지만 미국이 어떻게 나올지 그것이 큰 변수이고 걱정스러운 일이야.”

차를 한 모금 마시고 잠시 후 홍구를 쳐다보았다.

“성 동무는 이번 전쟁에 인민군 전투요원으로 참가할 수 있을지 의문이야.”

홍구는 이때다 싶어 그 일이 궁금해서 찾아뵈었노라고 말을 꺼냈다.

“저는 월북자로서 신분상의 애로가 있지만 이번 전쟁에 참가하여 당과 정부를 위해 공로를 세우고 용맹을 떨쳐 당당하게 공산당원이 되는 것이 소원입니다.”

김 교장은 허공을 보고 한숨을 쉬었다.

“꼭 전투요원으로 참여하는 것만이 전부는 아니지. 평양시의 직장방위군으로 있으면서 임무를 잘 수행하는 것도 중요하니 어디서든 몸을 바쳐 열심히 하면 되는 것이지. 성 동무는 남한에서 출신이 좋아 여기서도 기본계층의 일원으로 고려하고 있을 것이야. 우리 인민군이 밀고 내려가 전쟁이 빨리 끝날 수 있을 것인지 또 어떤 돌발 상황이 일어날지 아무도 몰라. 기회는 여기서도 있을 수 있어."

홍구는 이 말을 듣고 우울하던 기분이 다소 풀려 긴박한 상황에 대처해 용기를 잃지 않기로 다짐했다.

지난 4월부터 인민군을 실은 트럭이 자주 시내를 질주하는 모습을 평양에서 볼 수 있었다. 전투훈련 후 귀가하는 방위대원들이 군가를 부르며 지나가고, 군복을 입은 여성 동지들도 재잘거리며 지나다녔다. 전쟁이 임박한 평양거리는 북적거렸고, 모두 바쁜 걸음으로 움직이고 있었다.

5, 6월이 되자 젊은이들은 사무실 일을 팽개치고 군사훈련과 방위훈련에 하루 일과를 보내고 저녁이면 사상학습에 참가했다. 6월 초 홍구는 잠시 짬을 내어 시내 공원에서 경옥을 만났다. 얼마 전 노동절에 만나 놀았지만 전쟁이 나면 만나기도 쉽지 않을 것 같다는 생각이 들어 서로의 임무와 위치를 확인하고, 또 경옥이 아비지와 만나서 나눈 이야기도 들려주고 싶었다.

"사실 나는 남한해방 전쟁에 전투원으로 참여하고 싶었는데 월북인들에게는 그 기회가 주어지지 않는다고 해. 한편 생각하면 잘된 것인지도 몰라. 인제 나는 여기가 내 고향 같은 생각이 들어. 김 교장님 같은 고마운 분도 만나고."

"홍구 동무가 남한으로 간다면 내가 나서서 말릴 것이다. 남한에 가서 부모님들 만나고 안 돌아 오면 어떡해. 여기에서 우리의 꿈을 이룩하며 행복하게 살 수 있는 기회를 마련해야지요. 인제 전쟁이 일어나면 얼마 동안 만나기도 어려울 것 같으니 다른 생각일랑은 접어두고 조심해서 살기요."

홍구는 경옥이 고맙고 사랑스러워 그만 잡은 손을 끌어당겨 와락

안았다. 그러고는 경옥의 향긋한 분 냄새와 뺨의 부드러운 감촉을 느끼며 행복한 순간에 한동안 도취했다.

경옥과 헤어진 후 홍구는 직장이 있는 길모퉁이에 모래주머니로 진지를 쌓고 공습에 대비한 비상훈련은 물론 적 침입에 대비한 비상소집 훈련에도 자주 참가했다. 6월에 들어서자 젊은이들이 남쪽 전쟁터로 총출동한 관계로 평양거리는 눈에 띄게 조용해졌고 긴장 속에 정적이 감돌았다. 소련제 전투기가 나타나 굉음을 지르며 자주 남쪽으로 날아가는 것도 목격되었다.

"우리 인민의 수령이시고 최고사령관이신 김일성 원수의 영도하에 용맹한 우리 인민군은 북침한 남조선 괴뢰군을 격파하고 38선 전 전선에 걸쳐 남으로 총공격을 개시했다……."며 북한의 전 방송은 6월 25일 아침 전쟁 발발 소식을 알렸다.

홍구는 올 것이 왔구나 생각하면서도 긴장되고 불안한 심정을 감출 수 없었다. 홍구는 사전 지시에 따라 지역자위대 본부 집합 장소에 갔다. 모두 모인 자리에서 지역 대장은 북남 통일전쟁이 시작되었다고 하면서 용맹한 인민군은 서울을 단시일 내에 점령하고 한 달 내로 부산을 점령하여 통일을 완수할 것이라고 호언하면서 만일의 사태에 대비하여 각자의 임무에 차질 없이 임해줄 것을 당부했다.

7월 말경 인민군은 부산을 코앞에 둔 낙동강까지 진출했다는 소식을 전하면서 곧 부산을 쓸어버리고 통일을 성취할 날이 목전에 다가왔다고 호언장담을 하더니 얼마의 시일이 지난 후 미군을 앞세운 연합군이 참전했다는 소식을 전해와 모두 어리둥절했다. 그러더니 미군이 반격을 개시했다는 소식에 남한 통일 소식을 기다리던 북한 사람들은 실망이 이만저만이 아니었다.

10월 초가 되자 미군이 막강한 화력으로 인천 상륙작전을 감행하여 인민군의 뒤통수를 치고 있다는 소식이 들려왔다. 김일성 정부는 미제 침략에 맞서 평양시민의 총궐기를 촉구하는 한편 자위대의 수도 방어전투에 만전을 기하라는 명령을 내렸다. 홍구가 속한 자위대는 시내 건물 모퉁이에 반원으로 모래주머니로 만든 진지 안에 기관총을 설치했다. 그러고는 곧 개인 총기와 실탄을 지급받았다. 사태는 긴박하게 돌아가고 있었다.

시일이 지나자 남조선 군대와 미군이 이미 38선을 넘어 북으로 진군해 오고 있고 수주일 내로 평양시로 진입할 것이라는 경악스러운 소식도 들렸다. 10월 말경으로 접어들자 미국 전투기와 폭격기들이 평양시 상공에 나타나고 기총소사와 폭탄을 투하하며 인근의 군사시설을 폭격했다. 며칠 후에는 한국군 특공대들이 이미 평양 시내에 잠복했다는 소문도 들렸다. 홍구는 밤낮으로 교대 근무를 하며 진지를 지키는가 하면 경옥이도 군복을 입고 직장방위대에 편성되어 위급상황에 대비하고 있었다.

10월 말에 이르러 미군 폭격기가 평양시내에 군사시설로 이용되거나 의심되는 건물을 폭격하기 시작했다.

홍구는 경옥이 소식이 궁금했다. 그러나 이미 적이 시내까지 들어왔다는 소식 이후 언제 시가지에서 전투가 벌어질지 모르는 상황에서 경계를 소홀히 할 수 없고 진지를 떠날 수도 없었다.

경옥도 급박한 소식이 계속 들려오자 불안한 생각이 엄습했다. 혹시 홍구에게 무슨 일이 일어나면 어떡하나 하는 생각이 들어 불안해서 견딜 수가 없었다. 경옥은 근처 거리가 조용하여 홍구가 있는 진지로 가봐야겠다는 생각이 불현듯 떠올랐다. 그러는데 자기가 지키고 있는 진지에 소속된 트럭이 떠날 준비를 하고 있었다. 가서 물어보니 홍구가 있는 진지 근처를 지나간다고 했다. 경옥은 옆의 동료에게 급한 볼일이 있어 잠시 갔다 오겠다고 하며 급히 뛰어가 이 트럭에 올라탔다.

홍구는 점심때를 기다리며 진지에서 대원들과 미군 폭격을 걱정하며 총을 진지 담에 세워두고 한적한 거리를 이리저리 살피고 있는데 경옥이 저 앞에서 트럭에서 내리더니 걸어오고 있었다. 그녀는 군복에 방위군 모자를 쓰고 있었다. 홍구는 깜짝 놀라 진지에서 나와 경옥을 반기며 맞았고 무슨 영문인지 알아보기 위해 그녀의 손을 잡고 인적이 드문 건물 모퉁이로 데리고 갔다. 경옥은 홍구의 허리를 두 팔로 안았다.

"홍구 동무, 우리는 죽으면 안 돼. 그런데 내가 왜 이렇게 불안해."

"정신 차려, 경옥이. 우리는 안전할 거야."

홍구는 이렇게 말하며 허리를 꽉 조이고 위를 쳐다보며 말하는 경옥을 내려다보았다. 그녀의 눈은 젖어 있었다.

"이번 전쟁만 끝나면 우리 결혼할 수 있을 거야. 내가 아버지에게 간곡히 말할 거야. 그러니까 이번 전쟁에서 우리는 살아남아야 해."

경옥이 홍구를 쳐다보고 눈을 감았다. 홍구는 그 위에 입술을 맞추었다. 한없이 감미로운 입맞춤이었다. 두 사람의 열렬한 사랑이 자석처럼 둘을 밀착시켰다.

저쪽 모퉁이의 진지 쪽에서 분대장이 홍구를 찾고 있는 소리가 들렸다. 잠에서 깨어나듯 그들은 서로의 팔을 풀고 옷매무새를 바르게 추스른 후 빠른 발걸음으로 진지로 돌아갔다. 그는 본대에 급히 전달할 물품이 있다고 했다. 홍구더러 진지에 배정된 트럭을 타고 다녀오라며 가는 길에 경옥 동무를 데려다주라고 했다.

그들이 출발하여 달리고 있는데 공습 사이렌 소리가 요란했다. 그들은 겁이 나 가능한 좁은 길로 지나가려고 애를 쓰며 달렸다. 방송국 옆을 지날 때 굉음을 내며 미군 폭격기 두 대가 방송국 건물을 조준해서 지상을 향해 돌진하면서 폭탄을 쏟아 부었다. 정확한 명중이었다. 폭탄이 터지면서 홍구가 탄 트럭도 폭탄에 튕겨나가 뒤집어지면서 굴렀다. 홍구와 경옥은 서로 손을 잡은 채 옆으로 떨어졌다. 옆으로 튕겨나간 그들은 폭발과 함께 일어난 불길을 면할 수 있었다. 그들이 정신을 차리고 눈을 떠보니 주위는 포연이 가득하고 한 병사는 나둥그러져 있는데 옷이 불에 타고 있었다. 트럭에 탄 연락병사는 폭발 충격에 화상을 입고 사망하고, 운전병사는 크게 다쳤다. 홍구와 경옥은 머리와 목, 어깨 부분에 부상을 입었으나 다행히 생명에는 지장이 없었다. 그들은 곧 병원에 수송되어 수일간 병원에 입원한 후 퇴원 허가를 받았다.

평양 시내는 이미 보퉁이를 이고 진 피난민들로 북새통이었다. 미군과 남한 괴뢰군이 평양 근교까지 접근했다며 북쪽으로 가는 피난물결이 인산인해를 이루었다. 멀리서 포탄 터지는 소리도 간헐적으로 들렸다.

홍구는 어제 퇴원하기 전에 방위대원의 방문을 받고 상부의 피난지령을 받았다. 평안북도 강계 쪽으로 각자 사정에 맞추어 북진하여 강계에 가까운 회천읍에서 5일 내로 집합하라는 것이었다. 홍구는 퇴원 후 숙소에 들러 옷과 필수품을 챙긴 이후 경옥과 함께 김 교장 댁으로 갔다. 김 교장은 불안과 근심이 가득한 얼굴로 그들을 맞았다.

“우리도 지체없이 북으로 피난을 떠나야 할 것이다. 수령께서는 중국에 도움을 요청하였다고 하니 북으로 피난 가서 좀 고생을 하면 총반격이 있을 것이고 평양을 곧 탈환할 수 있을 것이다. 일단 우리는 북도의 강계 쪽으로 가자. 요인들이 그곳으로 간다는 말이 있으니 그곳이 좋을 것 같다. 내일 출발할 것이니 홍구 동무도 우리 집에 머물다가 내일 합류하도록 해."

그러고는 모여 있는 가족을 둘러보았다.

돌아오지 않는 철새

한편 남한 병목골에서는 북한 공산군이 6.25 전쟁을 일으켜 남한으로 밀고 내려오고 있다는 소식을 들었다. 모두 앞날이 어떻게 될 것인지 걱정을 하면서 밤이면 사랑에 모여 전해오는 소식에 귀를 기울이곤 했다.

7월 초순이 되자 전쟁이 일어났으니 젊은이들이 모두 전쟁에 끌려간다는 소문이 떠돌아 장실댁은 긴장했다. 문제는 큰딸 무순이의 남편 권재기가 징집연령이라 잡으러 오기 전에 도피시키기로 했다. 도피처는 장실댁 소 마구간 위 곡식을 재어두는 작은 공간이었다. 며칠 후 면사무소 직원과 경찰이 동네에 징집대상자 명단을 들고 다니다가 무순이 집으로 와서 권재기를 찾았다. 무순이 겁에 질린 채 남편이 어디로 떠났는지 소재를 모른다고 잡아떼니 그들도 할 수 없이 돌아갔다.

그들은 떠나면서 동네 이장과 여러 사람이 모인 데서 도피자들을 발견하는 즉시 보고해야 하며 만약 그렇게 하지 않으면 병역기피 방조자로 엄중한 처벌을 받을 것이라고 경고했다. 권재기는 낮에는 은신처에서 꼼짝 않고 숨어 지내다가 밤에만 살금살금 나타나는 처지가 되었다. 그런데 하루는 은신처에서 숨어 지내던 권재기가 나오는 소변을 참지 못해 그만 아래로 오줌을 흘려버리고 말았다. 장실댁의 디딜방아를 찧고 있던 동네 여인이 떨어지는 물을 보고 이상하다며 손으로 가리키는 바람에 사람들이 보게 되었다. 장실댁은 탄로날 것이 두려워 권재기를 금곡골로 넘어가는 깊은 산골로 피신시켰다.

7월 한여름부터 제트기가 굉음을 내며 나타나 땅으로 급강하하며 기관총 소사를 하는 일이 근처 시골 마을에서 종종 일어났다. 농부들은 그때마다 기겁을 하며 대비했다. 그러자 면사무소에서는 가족이 대피할 참호를 파서 긴급 시 피난할 수 있도록 준비하라고 지시해서 옷가지와 이불을 싸서 들고 대피하는 법석도 떨어야 했다.

그해 9월 하순, 추석명절 기간이 거의 끝나갈 무렵이었다. 장실댁 마을 한가운데를 지나는 큰길에 퇴각하는 인민군이 나타났다. 남쪽 진주 방향에서 줄지어 나타난 그들은 장실댁 집 뒷길로 빠져나갔다. 그들 군인들 중 어떤 이는 금테 모자도 쓰고 바지에 빨간 줄도 달았다. 황급히 지나가던 그들 중 한 사람이 "이 길로 가면 덕유산으로 가느냐?" 하고 물은 후 황매산 덕갈재로 향했다.

초등학교 3학년인 진구는 그날 이웃 사돈 아저씨와 밤골 동네에 가서 밤을 한껏 따서 바지 주머니에 가득 채우고 햇밤을 까먹으며 집 근처 산모퉁이를 돌아오는데 군복을 입은 군인들이 줄지어 나타나는 것을 보았다. 갈 길을 황급하게 재촉하며 지나가는 그들을 유심히 보고 있는데 옆에 서서 보고 있던 아저씨가 "이북 빨갱이들이야."

하고 귀띔해 주었다.

이른 오후에 나타나기 시작한 인민군들은 그날 밤과 다음 날에도 계속 이어졌다. 이틀째 나타나는 이들 중에는 간혹 부상자도 있었고, 잠깐 쉬어가겠다며 방을 차지하여 방 안에서 상처부위를 치료하기도 했다. 방에 들어와서 몸에 기어다니는 이를 잡는 이, 상처부위가 심하게 상해 역겨운 냄새를 풍기는 이들도 있었다. 다음 날 오후에는 간혹 심한 상처를 입은 부상자들이 삶이 귀찮은 듯 풀이 죽은 모습으로 절뚝거리며 나타나기 시작하더니 한참 후 길은 조용해졌다.

줄지어 지나가는 인민군은 비행기가 나타나면 '방공'이라고 외치며 신속한 동작으로 길 옆 숲으로 급히 대피하면서 행군을 계속 하더니 황매산 자락의 나무가 울창한 계곡에 도착해 휴식을 취하기로 한 모양이었다. 그들은 많은 병사가 먹을 식사를 동네 주민들에게 할당 배정해 이웃 동네 주민들이 교대로 음식을 만들어 배달해 줄 것을 요청하였다. 그들의 요청에 따라 끼니때 음식을 날라다 바치는 것은 물론 개를 잡아주기도 하고 소고기를 먹고 싶다고 하면 농민들이 금쪽같이 아끼는 소를 잡아 바치기도 했다.

3일 동안 이 동네를 거쳐 간 인민군의 숫자는 도합 10만 명이 넘는다고 했다. 이 인민군이 지나가면서 괴로움을 끼친 것이 이 동네가 당한 6.25전쟁의 독특한 체험이었다.

장실댁은 마음속으로는 이들 가운데 홍구가 끼어 불현듯 나타나지 않을까 하고 마음을 졸이며 기적을 기다리는 심정으로 집 입구를 가끔 바라보았다. 인민군들이 다 지나가고 마을이 평시로 돌아가자 부질없는 생각인 줄 알면서도 한동안 마음이 허전했다.

퇴각하는 인민군 주력부대가 지나간 길 주변에는 탄환이 여기저기 널려 있었다. 바삐 달아나야 하는 그들로서는 가슴에 십자로 둘러진 탄띠가 무거운 짐이었는지 탄환을 가득 채운 탄띠를 벗어놓고 가기도 했다. 그리고 수류탄과 커다란 기관총 탄알도 버려져 있었다. 시골 애들은 이 탄환들을 주워서 가지고 놀기를 좋아했고 불을 놓아 총탄을 던져 넣어 탁 하는 소리를 내며 총알이 터져나가는 것을 보고 환호하며 즐기다가 튀어나가는 총알에 맞아 죽은 애들도 있었다. 그리고 당시 애들은 탄환 뇌관과 탄약을 빼고 총알을 버린 후 탄피를 만들어 탄피치기 놀이를 즐기기도 했다.

역시 홍구는 돌아오지 않았다. 장실댁은 이제 큰아들은 잊어버려야겠다고 생각했다. 장실댁은 얼마 후 깊은 잠속에서 꿈을 꾸었다. 홍구를 찾고 있었는데 홍구는 보이지 않고 자기가 상복을 입고 있는 모습이어서 매우 슬퍼하였다. 꿈이 하도 신기하여 다음 날 동서들과 만났을 때 이 이야기를 했더니 그중 입바른 말을 잘하는 동서가 나섰다.

"형님, 그 꿈은 아주 가까운 사람의 상을 당하는 것을 암시하는 듯한데, 다른 이가 아니고 이 전쟁 통에 홍구가 죽었다는 일을 선몽한 것이 아닌가 싶네요."

그러고 나서 혼잣말처럼 이렇게 푸념했다.

"기러기 홍자가 이름에 있더니 기러기처럼 멀리 날아가버린 것인가?"

장실댁이 눈물을 감추며 고개를 떨어뜨리자 모두 장실댁을 위로해 주었다.

권재기는 낙동강 전투가 극에 달하고 징집 기피자 색출이 심해지자 징집을 피하기 위해 금곡골로 넘어가는 깊은 산골로 아예 피신해 버렸다. 산골에 폐허가 된 집에 머물며 수염을 길러 마치 정신 이상자 같은 모습으로 친지의 집이나 동네 외딴 집에 들러 식사를 해결하며 살았다.

미군이 참전했다는 소식과 낙동강 전선에서 공격을 퍼붓던 인민군이 퇴각한다는 소식이 들리더니 고향 마을로 인민군 주력 부대가 지나가고 이들이 태백산으로 도망쳤다는 소식을 듣고 이제 전쟁이 끝났으니 이곳을 떠나 어서 집으로 가야겠다고 생각하며 조심스레 골짜기를 내려왔다.

한편 장실댁은 전쟁이 끝났다고 하니 권 서방에게 이 소식을 알려주고 집으로 데려오도록 해야겠다고 생각했다. 그래서 장실댁은 봉구를 진구와 함께 권 서방이 피신해 있다고 하는 장소로 보냈다. 봉구와 진구는 어머니가 알려준 대로 병목 아랫골 뒷산 재를 넘어 깊은 산길로 들어갔다.

소나무 숲이 우거져 낮에도 산속은 어두컴컴했다. 무섬증이 많은 두 형제는 조심조심 길을 따라 앞으로 걸어가는데 권재기는 자기대로 소식을 듣고 수염을 길게 기른 채 지팡이를 짚고 조심해서 내려오고 있었다.

"아이구 사람 살려, 저기 귀신이…… 어어……."

큰애가 놀라서 절규를 했다. 둘은 울면서 서로 부둥켜안고 무서워하며 벌벌 떨었다.

"너들 누구냐? 왜 그러느냐?"

권재기는 애들이 놀라는 것을 보고 가까이 다가갔다. 가서 보니 처남인 봉구와 진구 형제였다. 권재기의 목소리를 알아차린 두 형제는 반가워 어쩔 줄 몰라 했다. 그들은 서로 안부를 물으며 함께 집으로 돌아왔다.

권재기가 집으로 돌아와 어수선한 시국을 걱정하며 불안해하고 있는데 이번에는 경찰서에서 빨갱이 협조자 조사를 각 마을마다 대대적으로 한다는 소문이 파다했다. 동네에도 박씨 댁 큰아들이 인민군을 따라 대동 월북했다는 사유로 경찰서 하수인들이 들이닥쳐 집을 모두 부숴버리고 난장판을 만들었다. 권재기는 너무 끔찍한 일이 벌어지는 것을 보고 군대 안 가겠다고 피신한 것이 오히려 이런 불화에 초연할 수 있었다며 가슴을 쓸어내렸다.

그러나 안도하며 시골에서 조용히 살고 있던 권재기에게 다시 병역 기피자를 철저히 잡아간다는 소문이 떠돌더니 도피에서 돌아와 숨어 지내는 것을 알기나 한 듯 경찰이 들이닥쳐 그는 속절없이 잡혀갔다. 이야기를 들으니 이북 압록강까지 쳐들어갔던 우리 군은 중공군의 참전으로 다시 퇴각을 하고 서울 인근까지 위협을 받고 있으니 남한 정부는 다시 총동원령을 내린 것이다.

권재기는 합천읍까지 트럭에 실려 가서 그곳에서 잡혀온 다른 젊은이들과 함께 부산으로 가서 군용 선박을 타고 제주도 모슬포에 있는 훈련소에 입소되었는데 그곳에서 속성 군사훈련을 받았다.

3개월간의 고된 군사훈련 후 그는 전방 전투요원으로 배치되었다. 권재기가 배치된 부대는 의정부 인근에 주둔한 사단이었다. 중공군이 인해전술로 물밀듯이 밀고 내려와 서울이 다시 함락당하는 일이 있었는데 한국군과 유엔군의 반격 작전이 성공하여 전선이 의정부 북부까지 밀려 올라가 있었다. 시골에서 농사만 짓고 살던 농촌 청년 권재기가 일선 전투부대에 투입된 시기는 1951년 봄이었다.

새로 도착한 신병일 뿐 아니라 시골 출신 무식군인 권재기는 주로 야간 보초근무를 섰다. 연일 전투 소식에 우리 쪽 누군가가 사망했다는 소식이 들리고 불안해서 밤에 잠을 제대로 자지 못하니 몸과 마음이 고단하기 짝이 없었다. 밀고 밀리는 공방전이 계속되더니 전선이 북으로 밀려 올라가고 아군의 전투 성공 소식이 있은 후면 미국에서 왔다는 '씨레이션'이 지급되었다. 달콤한 과자와 고기 통조림, 메주콩 통조림을 탐스럽게 먹던 어느 병사는 "죽음을 무릅쓰고라도 중공군을 밀어 올려야겠다. 그래야 이런 특식을 자주 먹을 수 있을 터이니." 하며 나서기도 했다.

1951년 초여름, 밀고 올라간 전선이 38선에 이르고 그 전선이 그 지점에서 고착되자 군부대 본부도 연천으로 북상해 옮겼다.

홍구와 경옥 가족은 2일 후에 회천읍에 도착했다. 안전한 곳이어서 며칠 쉰 후 북쪽으로 가기로 했다. 홍구가 부대원과 합류할 곳이 여기였으므로 경옥도 여기에 가능한 한 오래 머물고 싶었다. 다행히 김만수 교장의 지위를 감안하여 시 변두리에 위치한 살림집이 읍 당 간부의 주선으로 제공받아 그들은 잠시 편히 머물 수 있었다. 홍구는 경옥과 함께 지금 주어진 호기를 놓칠세라 같이 유원지를 다니면서 사랑을 속삭였다.

홍구와 경옥은 죽을 뻔한 상황을 함께 겪고 나니 자신들이 얼마나 아끼고 사랑하는지 느꼈다. 이후 둘은 거침없이 공개적으로 연인 사이가 되었다. 김만수 가족도 그들 둘의 운명적인 인연이 우연 같지 않아서 그들의 관계를 묵인했다.

아침저녁으로 추위가 몰려오던 11월 중순, 3일간의 달콤한 생활을 보낸 후 홍구는 집합 장소로 떠나고 이미 간호사 훈련을 받은 경옥은 인민군 병원으로 가서 봉사활동을 했다. 군 병원에는 이미 다수의 지원자들이 모여 있었다. 경옥은 속성과정을 거쳐 정식 간호사로 인정을 받고 인민군 병원에 배치되었다.

홍구는 오후 늦게 집합 장소에 도착했다. 그곳에는 이미 수천 명의 젊은이들이 모여 있었다. 대부분 부대를 잃고 모여든 각종 계급의 인민군이고 민간인 젊은이들은 많지 않았다. 그들은 초등학교 건물을 병영으로 사용하며 생활했다.

다음 날, 홍구는 본부 사무실로 불려갔다. 홍구의 신상을 심문하고 이를 기재한 후 돌려보내더니 그 다음 날 인민군에 편입되지 않은 젊은이들을 학교 운동장에 모두 모이게 한 다음 호명을 하며 각자 복무할 부서를 하달하였다.

전투부대에 배치된 홍구는 의아했다. 전쟁이 시작되었을 때는 자신이 월북자여서 남한 해방전투에 참가할 수 없다고 했는데 이제 와서 웬일인가 싶었다. 그런데 막상 알고 보니 중국 인민군 주력부대 후방에서 전투 보조요원으로 참가하는 것이었다. 통신기기, 특수 전투장비, 탄환 등 주력부대의 전투를 근접 지원해 주는 임무로서 먼저 훈련부터 받았다.

약 2개월간의 훈련이 끝난 후 소속 부대가 전선으로 출동하기 전에 2일간의 외출 기회가 주어졌다. 홍구는 경옥을 찾아갔다. 사단 병원에서 환자 치료에 바쁜 경옥은 홍구가 찾아오자 무척 기뻐하며 병원 밖으로 나왔다. 둘은 학교 뒤 조용한 동산으로 가 잔디밭에 앉자마자 열렬하게 껴안고 몸을 뒤섞은 채 한동안 말없이 있었다. 경옥의 목을 휘감고 있던 홍구가 살며시 팔을 풀더니 경옥의 눈을 바라보았다.

"경옥이, 내일 저녁 전투 부대원으로 참전하여 남진한다. 무섭기도 하지만 이번 기회에 최선을 다해서 공을 세워 우리의 꿈을 꼭 이루고 말 것이야. 이런 어려운 순간에 부닥치니 남한에 계신 어머니 생각이 불현듯 나는군. 어머니가 나를 얼마나 보고 싶어 할까 하고 생각하면 가슴이 메어. 경옥을 만나고 교장선생님을 만난 것이 내 일생의 행운이었어. 경옥이, 내가 임무를 성공적으로 완수하고 꼭 살아서 돌아올 테니 우리 그때 결혼해서 행복하게 살자."

홍구의 눈에 어느새 눈물이 고였다. 경옥은 홍구가 갑자기 약한 마음을 보이는 것이 싫었다.

"희망을 가지시오. 꼭 살아 돌아올 것이오. 그때 우리 결혼해서 행복하게 살아요."

경옥이 홍구의 얼굴을 쓰다듬었다. 되돌아갈 시간이 되자 둘은 서로 안전을 기원하며 아쉬운 작별을 했다.

개미 같은 인해전술로 내려오는 중공군은 수일이 지나자 이미 평양을 탈환했고, 그 기세로 곧 평양을 뒤로하고 물밀듯이 남진을 계속했다.

홍구는 수개월에 걸쳐 훈련을 받았다. 전투 기본 교육과 특수기기 작동 수리를 위시한 다양한 교육이었다. 이듬해 봄에 교육을 마친 후 홍구는 중공군이 남으로 진격한 후미에서 각종 잡스러운 일을 수행했다. 필요하면 부상병과 시체 운반도 맡아 했다.

1951년 초까지 중공군은 대대적인 남진 전투를 전개했고, 봄이 되자 서울 탈환을 눈앞에 두고 있었다. 이 과정에서 중공군의 사상자는 수만에 달했고, 중공군 사령부가 공습을 당해 주요 간부들이 함께 죽었다는 소문도 파다했다. 홍구가 소속된 조선 인민군 지원부대도 전투부대 후미에서 남하하였다. 앞선 중공군 주력부대는 서울을 탈환했다는 소식도 들렸다. 얼마 후 미 연합군의 대대적인 반격으로 전선이 북으로 밀린다는 급박한 전방 전투 소식도 들려왔다.

1951년 초 여름, 홍구는 38선 인근까지 부대를 따라 남하했다. 여름이 무르익자 진지를 뺏고 빼앗기는 고지 탈환작전이 계속되니 조선 인민군 지원군의 최전선 탐색부대 역할도 증편 강화해서 개편될 것이라는 소문이 나돌기 시작했다.

중공군의 사상자가 늘어나고 전선 전투조직이 약해질 우려가 있자 중공군 지휘부는 북조선 측 부대장에게 조선 지원군의 보다 많은 전투부대 투입을 요청하였고, 전선에서의 긴박한 사정을 감안, 인민군 지휘부는 이를 받아들이지 않을 수 없었다. 이렇게 되자 중공군 측은 조선 전투원을 적의 동향을 살피는 척후로 자주 내보냈다.

그해 초여름, 홍구는 부대장실로 불려갔다. 부대장실에는 홍구처럼 지원군에서 전투요원으로 차출된 병사 한 명과 소대 지휘관이 기다리고 있었다. 홍구가 들어와서 경례를 하자 부대장은 그들 앞에 전선 지도를 펴놓고 설명을 시작했다.

"이 지역은 현재 우리가 공방전을 벌이고 있는 38선 북측 지역이다. 여기 우리 측 진지가 능선으로 연결되어 있고, 가운데는 계곡이 밑으로 이어져 있다. 그리고 저쪽 편 능선에는 적의 진지가 있다. 그런데 계곡에서 적의 진지로 기습해 가는 이 지점에 약 8미터 정도의 높은 바위가 솟아 있다. 그 장애물 때문에 적을 기습하는 데 방해가 되고 있다. 내일 밤 너희 두 사람이 그 바위 밑으로 가 장애물을 배경으로 적의 방위태세를 알아보아야 한다. 그들의 대응을 보고, 별일 없다고 신호를 보내오면 우린 즉시 공격을 개시할 것이다. 이번 기습작전은 자네들이 임무를 성공하느냐에 따라 성패가 달려 있으니 차질 없이 수행하기 바란다."

밤이 깊어지자 홍구는 이 임무를 함께 수행할 배 동무와 명령에 따라 완전 무장을 하고 통신기기를 어깨에 지고 능선 아래 계곡을 향해 내려갔다.

연천 쪽으로 이동한 권재기 상병은 최전방 전선에서 피비린내 나는 전투에 참가하기보다는 주로 보초 임무를 맡았다. 1951년 여름이 무르익을 즈음 권재기는 저녁을 먹고 막사 앞 공터로 나와 시원한 바람을 맞으며 담배 한 개비를 피웠다. 그날따라 유난히 고향이 그리워 먼 산을 바라보다 잠시 후 내무반으로 돌아왔다. 그때 본부에서 호출이 와 재빨리 본부로 갔다. 본부에는 이미 김 병장과 다른 병장 한 명, 일병 한 명이 와서 소대장과 선임중사 앞에 서 있었다. 권재기도 재빠르게 다가가 일병 옆에 섰다. 선임중사는 일 열로 서 있는 네 명에게 명령을 하달했다.

"오늘 저녁 너희 네 명에게 중요한 임무가 부여되었다. 이곳 능선 아래 40미터 정도 내려가면 높은 바위 두 개가 솟아 있을 것이다. 그곳이 우리가 적의 움직임을 감시하는 중요한 최전방 보루다. 우리는 지금까지 그 보루를 잘 지켜서 적의 침투에 사전 대비할 수 있었다. 오늘은 너희 넷이 그 바위 둘레에 있는 초소에서 적의 이상 동향을 살피고 보고하는 임무를 맡는다. 적의 침투 동향을 발견하면 즉시 암호보고를 하고 필요시 지시에 따라 신속히 행동해야 한다. 조장은 김 병장이다. 적의 움직임이 있는 경우 상부에 신속히 보고하는 것이 무엇보다 중요한 임무이니 차질 없도록 하라."

선임중사는 그 어느 때보다 엄숙했다.

네 명의 병사들은 저녁을 든 후 날이 저물고 어두워지자 계곡 아래로 내려갔다. 그들은 두 무리로 나누어 살금살금 내려가서 잔뜩 겁을 먹은 채 양쪽 바위 정상 아래 각각 갈라진 틈새와 움푹 파인 곳에 만들어진 좁은 진지에 자리를 잡고 서로 안착을 확인했다. 밤이 깊어지자 네 명의 보초병들은 긴장 속에서 바위 밑 계곡을 바라보았다. 권재기는 앞쪽에서 계곡을 내려다보고 있다가 김 병장과 교대를 하고 뒤쪽으로 물러나 앉았다. 잠시 긴장을 풀기 위해 하늘의 별을 보고 앉아 있으니 어릴 적 친구였던 홍구가 불현듯 떠올랐다.

일본으로, 외가로 다니면서 초등학교를 다녔던 홍구는 집에 머물 때 가끔 가까운 거리에 사는 권재기를 만나 놀곤 했다. 이제 권재기의 처남이 된 홍구가 이북으로 떠나간 지도 벌 4~5년이 지났다. 권재기는 이번 전쟁 통에 홍구가 어떻게 되었는지, 아직 살아 있는지 궁금했다.

이런 생각을 하고 있는데 갑자기 무슨 소리가 들렸다. 권재기는 무서운 생각이 들어 김 병장이 있는 쪽으로 이동해 앉았다. 그런데 아래 계곡에서 부스럭거리는 소리가 다시 들려 긴장하며 자세히 아래쪽을 보며 저쪽 바위 초병과 서로 연락을 주고받았다.

그때 적병 두 사람이 좀 떨어진 아래 계곡에서 움직이고 있는 모습이 어둠 속에 어른거렸다. 무장을 하고 등에 무엇인가를 지고 살금살금 올라오고 있었다. 앉았다 일어섰다 움직이는 바람에 위치를 정확하게 파악할 수가 없었다. 김 병장이 이 사실을 위에 보고하자 자세한 모습과 위치를 확인하여 다시 보고하라는 지시를 받았다. 다시 아래쪽을 자세히 관찰하고자 하는데 그만 그들을 놓치고 말았다. 김 병장은 권 상병에게 다시 모습이 보이면 총격을 가하라는 소대장의 지시를 전달했다. 권재기는 총을 장전하여 유심히 살폈다. 그러나 그들의 모습은 보이지 않고 "성 동무." 하고 부르는 소리가 바람결에 들렸다. 잠시 후 다시 "성 동무……." 하는 소리가 들려왔다. 권재기는 소리가 들리는 쪽을 눈여겨 살폈으나 그들의 움직임은 더 이상 포착할 수 없었다. 하필이면 성홍구를 생각하는 순간에 그런 소리가 들리다니 참으로 이상한 일이었다. 권재기는 긴장 속에서도 이것이 환청인가 하면서 얼떨떨했다.

조장인 김 병장은 적이 가까이 왔음을 짐작하고 혹시 적에게 포위되었을지도 모른다고 생각하니 무서워 견딜 수 없었다. 김 병장은 소대장에게 우선 적의 출현 사실을 보고했다. 그리고 적이 가까이 침투했으니 그만 퇴각하겠다고 보고한 후 양쪽 초소를 지키는 병사들을 바위 뒤로 집결하라고 지시하였다. 바위 뒤쪽으로 향한 이들은 앞서거니 뒤서거니 능선을 기어오르며 다투어 퇴각을 시작했다.

그들이 계곡을 올라오기 시작하자 적진 쪽에서 포탄이 날아와 작렬하기 시작했다. 아군 진지에서도 응사하기 시작하자 소총, 기관총, 포탄이 이곳저곳에서 불을 뿜어 계곡 중간은 아수라장이 되었다. 저 아래 계곡에서 총을 맞았는지 혹은 포탄을 맞았는지 울부짖는 소리가 들렸다. 분명히 아군 초소까지 기이 올라오던 두 사람이었다. 권재기는 그 와중에 갑자기 성홍구의 모습이 연상되었다. 바람결에 들리던 소리가 참으로 이상했던 것이다.

동작이 빠른 김 병장은 쏜살같이 기어 올라갔지만 권재기는 죽을힘을 다해 기어올라도 따라 잡기가 힘들었다. 능선 꼭대기를 15미터 정도 앞둔 지점에서 김 병장이 고함을 지르며 포탄 소리와 함께 공중으로 날았다가 떨어졌다. 권재기 상병은 무서워서 걸음아 날 살려라 하며 기어오르다가 포탄 터진 자리에서 일단 멈추었다. 이럴 땐 차라리 이런 곳이 안전하기 때문이다. 주위를 둘러보니 김 병장이 피를 흘리며 숨을 몰아쉬다가 고개를 떨어뜨렸다. 순간 위를 올려보니 아군 병사들이 구조를 위해 내려오고 있었다. 그들은 부상병을 수습하고 능선을 넘어 퇴각했다.

한편 홍구는 배 동무와 함께 계곡 바닥으로 내려와 숨을 고른 후 적 능선으로 기어 올라가기 시작했다. 목표는 저기 위에 있는 바위 주위를 가는 것이었다. 시커멓게 보이는 바위는 상당한 거리의 능선에 큰 괴물처럼 버티고 서 있었다. 중공군은 그 묘한 위치에 있는 바위 때문에 능선 공격에 애로가 있었고 그곳에 적의 병력이 얼마나 되고 어떻게 방어태세를 하고 있는지 알아보는 것이 필요해 조선 인민군 척후 두 명을 파견한 것이다.

따라서 홍구 일행은 참으로 위험한 임무를 부여받고 이를 수행하는 것이었다. 그들은 총알받이 역할을 맡은 것이나 다름없었다.

그들이 소리 나지 않게 조심해서 기어 올라가보니 바위까지의 거리는 꽤 높았다. 한동안 기어 올라와서 위를 보니 바위가 저기 앞에 보였다. 비교적 안전한 것 같아 더 기어 올라가다 앉아서 앞으로 더 가느냐 마느냐 서로 소곤소곤 이야기를 하는데 바위 쪽에서 적군의 조용한 말소리가 들렸다. 한두 명이 주고받는 말소리 같았다. 기겁을 하고 몸을 숙이며 옆으로 움직여 조금 파인 곳에 앉아 무전기로 바위 근처 적정을 본대에 보고했다. 바위 근처에는 두세 명의 척후가 배치되어 있고 아직 조용하다고 보고했다.

되돌아가려던 홍구는 자신이 남쪽 38선 근처에 있다는 걸 깨닫고 불현듯 남한 고향에 계시는 어머니 생각이 났다. 자기를 얼마나 기다리고 계실까? 홍구는 털썩 무릎을 꿇고 남쪽 등성이를 향해 머리를 숙였다.

"어머니, 저 여기까지 내려왔다가 그만 되돌아갑니다."

그때 이미 내려가기 시작한 배 동무가 "성 동무." 하고 소리 죽여 불렀다.

"성 동무, 빨리 오라우."

홍구가 움직이지 않자 배 동무는 다시 한 번 홍구를 불렀다. 홍구는 급히 일어나 내리막길을 뛰듯이 내려갔다.

중공군은 그들 선발대를 출발시킨 후 곧 공격준비를 서둘렀고 병력은 이미 계곡을 향해 하강하기 시작했다. 적정을 보고했을 때는 공격 병력은 이미 계곡 바닥에 도착해 있었다. 중공군은 그들 두 사람이 계곡 바닥까지 퇴각해서 합류하기도 전에 적의 진지를 향해 총공격 명령을 내리고 화기는 불을 뿜었다. 홍구와 배 동무는 총알이 핑핑 날아다니는 와중에 계곡을 향해 달려 내려오기 시작했다.

계곡에 거의 다다랐을 때 홍구는 중공군이 눈앞에서 몰려 올라오는 모습을 보고 잠시 멈칫했는데 그만 어깨와 다리에 관통상을 입고 쓰러졌다. 배 동무가 급히 뒤돌아와 홍구를 업고 계곡으로 내려왔다. 홍구는 들것에 실려 급히 등성이를 넘어 이동 병원 차량으로 향했다. 하지만 출혈이 계속 된 데다 운반하는 데 시간이 지체되어 급히 수술을 받아야 했다. 홍구는 다시 구급차에 실려 사리원에 있는 군 종합병원으로 수송되었다.

병원은 한밤중인데도 부상자들이 끊임없이 몰려왔다. 경옥은 우왕좌왕하며 이곳에서 환자들을 돌보고 있었다. 그때 위급한 환자가 도착했다는 연락을 받고 경옥도 그곳으로 뛰어갔다. 가까이 다가간 경옥은 아연실색하지 않을 수 없었다. 들것에 실려 온 부상병사가 다름 아닌 홍구였기 때문이다.

경옥은 피를 많이 흘려 색깔이 푸르죽죽해진 홍구 얼굴을 쓰다듬으며 의사에게 도움을 요청했다. 침대 위에 누이니 의사가 도착했고 수혈 준비를 했다. 과다 출혈로 기력을 잃은 홍구는 혈관을 통해 피가 흘러 들어가기도 전에 눈꺼풀이 스르르 감기더니 경옥의 울부짖는 부름을 뒤로한 채 애석하게도 21세의 젊은 나이로 이역 땅에서 운명하고 말았다. 참으로 통탄스럽고 불쌍한 죽음이었다. 경옥은 차가워진 홍구의 얼굴을 쓰다듬으며 슬픔에 겨워 한없이 울었다.

장례를 치르는 날 아침 사단 본부에서 고위 인민군 장교가 부관을 대동하고 찾아왔다. 가족이 누구인지 찾더니 경옥이 앞으로 나서자 그는 손에 들고 온 딱딱하게 생긴 봉투를 건넸다.

"성홍구 동무는 이번에 참전하여 큰 공로를 세웠소. 따라서 우리 인민정부가 수여하는 훈장을 받게 되었소. 살아서 이 영광을 안았더라면 더욱 좋았을 텐데 정말 안타깝소."

그러고는 장례를 주선하는 군 관계자들에게 무어라고 지시를 하더니 이내 떠났다. 경옥은 봉투를 받아 들고 비통한 눈물을 흘렸다.

"홍구 동무가 저 세상으로 가버린 지금 밝은 장래가 우리에게 무슨 의미가 있단 말인가? 그렇게 아름다웠던 우리의 만남, 소중한 사랑이었는데. 꿈을 이루지 못한 채 이렇게 헤어지다니, 홍구 동무의 꽃다운 청춘이 이역 땅에서 외롭고 허무하게 세상을 영영 떠나버리면 찢어지는 나의 가슴은 어떡해."

시일이 지나자 마음을 추스른 장실댁은 잘 자라고 있는 봉구, 진구, 인구를 생각하며 더 이상 공부 때문에 아이들이 집을 떠나는 일은 없도록 해야겠다고 다짐했다. 지난 7~8년 동안 남편 동옥이 농사를 머슴에게 맡기고 금곡을 왕래하며 장사를 하여 재산을 좀 불렸다. 이제 논농사도 모두 합치면 열 마지기가 넘어 장실댁은 자식들 뒷바라지를 할 수 있을 것 같았다. 6.25전쟁이 나던 해 봉구는 초등학교 6학년이고, 진구는 초등학교 3학년이었다.

장실댁은 둘째 딸 외순이 때문에 골치를 앓았다. 얼굴은 예쁘장하게 생겼는데 여자로서 갖추어야 할 덕목이 부족하고 세심한 데라고는 없었다. 바느질과 부엌일을 가르쳐주면 잘 익히지도 못하고 배우려는 성의도 없었다. 바느질하라면 시침질이 엉망이고, 밥을 만들라면 너무 질거나 고두밥을 만들어놓기 일쑤이고, 반찬을 만들라 하면 맛이라고는 없었다. 간혹 매질도 해보았지만 솜씨는 고쳐지지 않았다.

"저것은 사내같이 쇠꼴을 베어오라면 금세 좋은 풀로 망태기에 가득 채워오고, 산에 가서 땔감 나무를 해서 가져오라면 금세 커다란 보퉁이를 이고 들어오는데 여자로서 해야 할 일은 먹통이니 이 일을 어쩌냐."

장실댁은 연신 탄식을 연발했다. 장실댁은 1년 전 문영문이라는 총각을 새 머슴으로 맞아들였다. 젊은 총각 머슴은 일도 잘하고, 성격이 고분고분하며 예의 바른 것이 어디 한 군데 나무랄 데가 없었다. 그 총각 머슴은 양반 집안 출신이나 조실부모(早失父母)하여 형은 목수일을 배워 동네 이곳저곳을 다니며 집도 짓고 고쳤다. 그 형의 소개로 동생인 문영문이 장실댁 머슴 일을 하게 된 것인데 장실댁은 성실한 머슴을 눈여겨보고 있었다.

장실댁은 가난한 살림살이에 엄한 시어머니 밑에서 고난의 세월을 보내다 보니 속병을 얻었다. 그래서 좋다는 약초를 캐다 먹기 시작했는데 약초는 산 계곡에 그늘지고 좀 습한 곳에 무더기로 자라는 넉삼대의 뿌리였다. 그것을 말린 다음 환으로 만들어 장기 복용했는데 넉삼대는 잎과 뿌리가 쓰디썼다. 이 말을 듣고 문영문이 밭에 나가 일하고 올 때에는 잊지 않고 이 약초 뿌리를 캐오곤 했다.

장실댁은 골칫덩이 외순이가 과년이 되어가는데 저 총각한테 시집을 보내면 소박당하지 않고 잘살 수 있을 것이란 생각이 들기 시작했다.

게다가 얼마 전부터 외순이와 머슴 총각이 서로 이상한 눈길을 보낸다는 말을 들은 데다 장실댁도 직접 목격한 바가 있어 서둘러 이들을 부부로 맺어주기로 했다.

우선 남편 동옥에게 문 총각의 훌륭한 면모부터 이야기한 후 시일을 끌면 철이 없는 외순이와 그 총각 사이에 무슨 일이 일어날지 불안하다는 이야기로 이어가서 둘이 결혼을 시켜야겠다고 말했다. 동옥은 별 관심이 없는 듯한 표정으로 어미가 알아서 잘 처리하라는 대답만 할 뿐이었다. 그러나 시어머니는 이 말을 듣고 노발대발하며 강하게 반발했다.

"남의 눈도 있지. 집에서 머슴 일을 하는 고아 같은 총각을 사위로 맡다니. 집안 망신이니 그건 안 된다."

"외순이가 워낙 부족한 데가 많아서 웬만한 집안에 시집을 보내면 쫓겨나기 십상입니다. 문씨 총각은 머슴살이를 하지만 단지 조실부모하여 고생하는 것이지 성격도 온순하고 나무랄 데가 없는 총각이지요. 우리 외순이 배필로는 적격입니다."

"저놈의 고집……."

시어머니는 장실댁의 물러서지 않는 성격을 알기에 말끝을 흐린 후 돌아앉았다.

이렇게 하여 장실댁은 1950년에 외순이를 문영문과 결혼시켰고 그들은 조금 위쪽 산골 동네에 보금자리를 마련했다. 문 서방은 아침 일찍부터 저녁 늦게까지 들에 나가 열심히 일하고 산비탈 개울 근처 습지에 부지런히 농토를 일구며 독립해 잘 살았다.

6.25전쟁을 일으키며 물밀듯이 밀고 내려온 인민군이 퇴각하더니 자리산과 덕유산을 근거지로 하여 황매산을 연결하는 지역에 빨치산이 잔류하여 아지트를 구축하고 게릴라식 항쟁을 계속하였다. 그들은

야음을 틈타 주민을 괴롭히고 경찰지서를 습격하는 대담한 만행을 자행했다. 이들의 투쟁과 만행이 인근 지역에서 자주 보고되자 백골단이라는 공비 토벌부대가 병목 고을에 상주했고 시골 젊은이들을 선발하여 훈련시킨 후 합동 토벌작전을 전개하였다. 이들은 지리산 지역 광역 토벌작전과 연계해서 작전을 실시하였는데 피비린내 나는 소탕작전은 끔찍한 일화를 남겼다. 백골단 공비 토벌부대는 유전초등학교 운동장을 그들의 훈련과 집합장소로 사용하였고, 성공적인 토벌전투 후 공비 대장이라는 사람의 목을 베어 나뭇가지에 달아매고 그 끔찍한 광경을 어린 초등학생들이 보게 운동장에 전시하기도 했다. 1년여 동안의 작전 이후 대부분의 공비들을 소탕하였다며 토벌 본부 부대는 철수했다.

그러나 황매산을 거점으로 한 빨치산 20여 명이 산 정상 아래 바위동굴에 아지트를 만들어놓고 야음을 틈타 수시로 근처 마을을 습격하고 주민들을 괴롭혔다. 황매산 끝자락에 위치한 기회면과 대병면의 경찰지서는 그들이 대담한 공격작전을 펼치는 대상이 되기도 했고 빨치산들의 군경 가족에 대한 잔학행위 이야기가 유포되면서 밤이면 황매산 인근 촌락들은 공포 분위기가 되었다.

1952년 여름에는 20여 명이 되는 이들 빨치산들이 대낮에 병목 마을을 쳐들어와 주민들을 공포에 떨게 하였고, 대담하게도 산을 넘어 대병면 지서를 공격하였다. 우리 경찰의 철통같은 방어망을 뚫지 못하고 퇴각하였으나 유탄에 맞아 동네 사람이 피살되는 사태도 일어났다. 1953년 빨치산을 완전 소탕한 후에야 장실댁이 사는 동네도 공비들의 공포에서 벗어날 수 있었다.

거창 양민 학살사건도 이 시기에 일어났다. 이 사건의 본거지인 거창군 소야 마을이 병목 고을 북편 산 넘어 지척에 소재한 산골 마을이었다. 토벌 나온 군·경 작전대장은 빨치산 협조자로 지목된 사람들을 공비와 동일시하고 주모자들을 불러 모아 총살하여 집단 매장하고 이들 마을에 불을 질러 그 연기가 바람을 타고 연이어 병목 마을로 날아오기도 했다. 인근 마을에서 들은 당시의 거창사건 실상은 관헌당국이 저지른 처참한 만행이었고, 악랄했던 빨치산에 대한 보복과 또한 만행 은폐의 현장이었다.

들은 바에 따르면 당시 거창군 소야 마을과 이웃 마을에는 빨치산이 출몰하여 주민들을 괴롭혔는데 정부는 소규모 지서경찰과 군인을 파견하여 주민들 방어와 토벌작전을 벌였다. 그런데 소규모 인원으로는 주민들을 효과적으로 보호할 수 없을 뿐 아니라 그들과 맞설 수 없어 어쩔 수 없이 군·경 방위대는 밤에는 퇴각해야 했다. 그러다보니 낮에는 군·경의 장악하에 있지만 밤에는 여지없이 빨치산 세상이 되어버렸다.

빨치산에게는 이들 마을이 그들의 근거지일 뿐 아니라 식량 보급지역이어서 필사적으로 군·경의 손에 넘기지 않으려 했다. 그러니 그 마을 주민들은 살기 위해서는 어쩔 수 없이 밤에는 빨치산에 동조하지 않을 수 없었고, 낮에는 이쪽 국민으로 군·경에게 협조하였다. 그러던 중 한 번은 군·경이 빨치산을 토벌하여 빨치산 측의 전투원 손실이 커지자 화가 치민 빨치산이 군·경에 보복하기로 결정을 하고 마을 주민들을 밤에 불러 협조를 강요하였다. 주민들은 자기들이 살기 위해 할 수 없이 이들의 엄중한 요청에 동조하지 않을 수 없었다. 그 이튿날 낮이 되어 여느 때와 같이 경비를 위해 진입한 군·경에게 주민들은 공비들이 동네에 잠복하여 있다는 사실을 알리지 않은 채 태연하게 일상에 임했다.

결국 빨치산은 주민들의 묵인하에 낮에 동네에 잠복하여 공비 토벌을 위해 들어온 군·경에게 기만전술로 기습공격을 가했다. 따라서 상당수의 아측 병력이 손실되었다고 한다. 사실 주민들로서는 생과 사의 갈림길에서 빨치산의 당면한 위협하에서 그들의 음모를 불고지한 결과 협조자로 낙인 찍혔다. 만약 군·경이 밤에도 빨치산의 침범으로부터 마을 사람들을 지켜준다는 보장이 있었다면 그런 어정쩡한 선택은 하지 않았을지도 모른다. 물론 그중 자발적으로 나서서 빨치산에게 협조하면서 자기대로 이익을 챙기는 자도 있었을 것이다.

거창 양민학살 사건은 민족 간의 이념 대립이 참혹한 동족상잔 전쟁으로 이어지면서 빚어낸 처참한 비극이었다.

딸 혼사를 말끔히 치른 후 장실댁은 마음의 평정을 찾고 이제 장자가 된 봉구의 중학 진학에 골몰했다. 가을걷이가 끝난 후 하루는 시어머니가 마루로 나오더니 일하고 있는 장실댁을 불렀다.

“인제 네가 살림을 다 맡아서 해라. 이제 시어미 말을 귀담아 듣지도 않으니 내가 무슨 쓸모가 있겠노. 쌀독도 내 방에서 치워버려라. 봉구가 중학교 들어가면 나는 완전 외톨이다.”

그러고는 시어머니는 쓸쓸한 표정으로 신을 신고 밖으로 나갔다. 강한 성격으로 온 집안을 휘어잡던 시어머니가 이렇게 변한 모습을 보이니 장실댁은 한편 애잔한 마음이 들었다. 진작 좀 그래 주었으면 했는데 늦은 감이 있지만 한편 미안한 마음이 생겼다.

장실댁은 찢어지게 가난한 집안으로 시집와서 성격이 강하기로 이름난 시어머니를 모시고 20년 이상을 사는 동안 많은 고초를 겪었다. 거센 시동생들 일로 시달리고, 믿음직하게 잘생긴 큰아들을 제대로 공부시키지 못하고 북한으로 보내 원혼을 만들어버려 마음이 갈래갈래

찢어지는 아픔도 참고 살아왔다. 그렇게 마음을 졸이고 살면서 어렵사리 딸들도 시집보내고 그나마 폭풍 후의 정적을 느끼는 심정이었는데 이제 시어머니가 집안의 주도권을 놓는다니 삶이 오히려 허무하다는 생각이 들었다.

해방 후 일본 사업자들이 물러가자 그곳 사업자들이 조합을 만들어 금 광산과 제련소를 인계받은 후 금 채굴의 명맥을 이어갔고, 금광맥을 찾아내어 잠시 호황을 누리던 금광은 1950년에 들어 광맥이 바닥을 보이면서 사양의 길에 들어섰다. 광산은 이곳저곳에서 폐쇄되었고 일부 광산만이 명맥을 유지했다. 이때까지 재미를 보아오던 동옥은 광산 사업에서 손을 떼기가 싫었다.

그런데 금광 사업에 생업을 걸고 매달리던 어떤 광산업자가 동옥에게 접근하여 직접 광산에 투자해 보고 싶은 생각이 있는지 여부를 묻더니 자기가 아직도 광맥이 있어 사업성이 있는 광산을 두어 개 봐두었는데 워낙 헐값으로 나왔다고 꼬드겼다. 약간의 권리금만 지불하고 그 금광을 인계받아 사업을 시작하고 채굴 결과에 따라 이익금의 일부를 임대료로 지불해 주는 좋은 조건이라 같이 투자해 보자고 했다. 광산업은 광맥 사정에 따라 투자를 하는 도박과 같은 사업이라 쉽게 결정할 수 없어 동옥은 김재만 씨와 상의해 보았다. 김재만 씨는 사업성이 있을 것이라고 말하면서 자기도 일정 지분을 가지고 참가하기를 원한다며, 자기 지분의 대금을 동옥이 융통하여 주는 방식으로 참여했다. 이렇게 하여 3인 합작으로 사업을 하기로 했다. 김재만 씨는 채굴한 금광석의 제련과 관련해서 필요한 인물이었다.

그러나 일을 시작해 보니 광산업은 인부들을 잘 부려야 하고 주급으로 노임을 지불해야 하는 상황이어서 광맥이라는 꿈을 좇아 기약없이 돈을 밀어 넣어야 했다. 동옥은 그만 불안감을 느꼈다. 3~4개월이 지난 후에도 좋은 결과가 없었다. 그러던 중 광산 사정을 잘 아는 사업가가 동옥을 찾아와 이미 광맥이 끊어져 채산성이 없는 광산이라고 귀띔해 주어 동옥은 서둘러 사업을 중지하였다. 하지만 투자 자금은 고스란히 날려버렸다. 동옥은 사기를 당한 것 같아 기분이 나빴으나 달리 어쩔 수 없어 1952년 금곡골 사업에 대한 미련을 버리고 집으로 돌아왔다.

꼬리 잡힌 새(鳳)의 절규

1952년 봉구는 어느덧 16세의 중학교 2학년생이 되었다. 그해 초여름 대병 5일장이 서던 날 장터를 다녀온 동옥의 동생 태옥은 술이 거나한 상태에서 상기된 표정으로 형님의 집을 방문했다.

"장에 갔다 오는 길이가?"

동옥이 태옥을 반가이 맞았다.

"예, 장에서 친구들을 만나 술 한잔 했지요."

태옥은 상기된 기분으로 마루에 걸터앉았다.

"형님, 좋은 혼처가 있는데 봉구 장가보냅시다."

동옥은 동생이 농담하는 줄 알았다.

"니 갑자기 그게 무슨 소리고. 봉구는 아직 중학교 다니는 어린애 아이가."

"대밭골 권현도라는 분이 계신데 언행이 참 훌륭하고, 좋기로 소문난 양반인데 저하고는 좋은 친분을 맺고 있어요. 오늘도 장터에서 그분을 만나서 술을 같이하고 이야기도 많이 했지요. 이야기 중에 자기 여식이 하나 있다면서 마땅한 총각을 찾는다고 했습니다. 그러다가 서로 사돈이 되면 얼마나 좋겠냐고 농담처럼 이야기하며 껄껄 웃었어요. 그런데 갑자기 봉구 생각이 나는 겁니다. 그 집안과 사돈을 맺으면 얼마나 좋겠어요. 그 집에 봉구를 장가보냅시다."

동생이 심각하게 제의하면 반대를 잘 못하는 마음 약한 동옥이었지만 이건 좀 너무한다는 생각이 들었다.

"얘야, 아무리 좋은 혼처가 있다고 해도 봉구는 아직 어린데 어떻게 장가를 보내. 쉽게 결정할 일이 아니니다."

동옥이 어림도 없다며 완강한 태도를 보이자 태옥은 더 이상 말을 꺼내지 않았다.

5일 후 장이 서는 날 동옥과 태옥은 장터에서 만났다. 권현도라는 양반도 장날 장터에 나와 술 마시는 것이 큰 일과 중 하나이니 어김없이 장터에 나타났다. 태옥은 술이나 하자며 동옥을 술도가로 안내했고, 그곳에서 이미 술을 들고 있는 권현도를 소개하고 정중한 인사를 나누었다. 권현도는 예의범절이나 언행에서 격을 갖춘 양반이었다. 서로 예의를 다하며 술을 권커니 받거니 마시다가 태옥이 사돈을 맺어보자고 농담같이 말을 던지는 것을 보니 일전에 말하던 그 처녀가 그 사람의 딸이라는 것을 알았다. 동옥은 그 사람의 행실이 워낙 돋보여 그 집 딸이라면 사돈관계를 맺는 것도 괜찮겠다고 생각했다.

그날 저녁 동옥은 장실댁에게 동생 태옥의 이야기를 전했으나 장실댁은 완강히 거절했다.

"아니, 뭐가 급해서 인제 중학교 다니는 어린애를 장가를 보낸다는 말예요? 그리고 애 공부는 어떡하고."

"애 공부라면야 결혼하고 계속 할 수 있지."

동옥은 태옥이 자기에게 우겨댈 것이 뻔한 일이라 결혼시키는 편에서 이야기를 했다. 장실댁은 절대 안 된다고 반기를 들었으나 동옥의 태도가 긍정적인 데다 시어머니는 손자며느리 보는 것이 좋아 무조건 찬성한다며 나섰다. 게다가 태옥이 "형수님, 형수님." 하며 다가와 설득하고 우겨대는 통에 계속 반대만 할 수도 없었다. 그래서 사돈 될 집을 은밀히 방문해서 우선 그 처녀를 직접 살펴보기로 했다.

더운 여름 어느 날 장실댁은 막내 동서와 함께 그 처녀가 산다는 집을 찾아 나섰다. 도로변에 위치한 대밭골 동네에 들어서서 그 집의 소재를 물었다. 어렵사리 집을 찾아 지나치는 행상인 행세를 하며 집 입구를 들어섰다. 물이라도 얻어 마시려고 잠시 들렀다고 하니, 안주인으로 보이는 여인이 들어와서 잠시 쉬라며 별채 사랑방으로 안내했다. 장실댁 일행은 일부러 사랑방 문을 조금 열어두고 혹시 그 처녀의 모습을 볼 수 있을까 하고 살펴보았다.

그러다가 건너편 마당에 걸어놓은 가마솥에 불을 때고 있는 한 처녀를 발견했다. 그 처녀는 쭈그리고 앉아 마른 보릿대를 아궁이에 넣으며 열심히 불을 때고 있었다. 장실댁 일행은 그 처녀가 분명한 것 같아 모습을 보려고 애를 썼는데 뒷모습만 보일 뿐 앞모습은 도저히 볼 수 없었다. 또 앉아 있으니 키가 얼마나 되는지도 알 수 없었다. 그 처녀는 양 옆으로 자세를 옮기며 불 때는 일에만 골몰할 뿐 도무지 일어날 기미를 보이지 않았다.

안주인이 정성 들여 가져온 물 사발을 받아 마신 후 장실댁 일행은 좀 더 자세히 그 처녀의 모습을 보지 못해서 아쉬웠지만, 너무 오래 머무적거리며 있을 수도 없어 그 집을 나오고 말았다. 장실댁은 그쪽에서 이미 눈치를 채고 그 처녀의 모습과 얼굴을 교묘한 방법으로 숨기려는 의도가 아닌가 하고 의심했다. 그 처녀의 나이가 19세이니 봉구보다 세 살이나 위였다. 장실댁은 일이 뭔가 잘못 꼬여 가고 있는 것 같아 불안하고 걱정스러웠다.

그러나 이미 그 집을 다녀온 이후 시동생 태옥은 마치 결혼이 성사된 것으로 생각하고 형님과 형수에게 어서 날짜를 받고 사성을 보내자고 우겨대었다. 장실댁은 이 일을 어떻게 해야 하나 하고 걱정이 많았으나 지금 와서 진행되는 일을 거역할 수도 없었다.

얼마 후 사성이 오가고 혼사 일자를 받은 후 함을 받았다. 사돈될 집안에서는 정성을 다하고 예의를 극진히 하여 과히 양반의 면모를 나무람 없이 과시하였다. 아직 어린 나이의 봉구는 별 생각 없이 부모가 결혼을 하라고 하니 삶의 하나의 과정인 양 생각하고 시키는 대로 따를 뿐이었다.

신부 집에서 거행한 결혼식에 가서 장가를 들고 신혼 밤을 지낸 후 돌아온 봉구가 눈물을 흘리며 어머니에게 분통을 터뜨렸다. 장실댁은 너무나 놀라 이유를 물었다. 조금 후 봉구가 눈물을 훔치며 눈을 들어 장실댁을 바라보았다.

"내 인생은 인제 다 망쳤어. 어떻게 나를 그런 여자한테 장가를 보내."

그러고 나서 잠시 숨을 골랐다.

"시키는 대로 혼례를 치르고 첫날밤에 신부가 들어오는데 키는 난쟁이같이 작은 데다 얼굴은 왜 그렇게 못생겼는지 너무나 끔찍해. 마음이

상하고 기가 막혀 어찌할 수 없어 돌아앉아 있다가 한쪽 구석에서 자고 그 다음부터는 그 여자를 쳐다보지도 않았어."

봉구는 부모를 원망하고 자신의 팔자를 저주했다. 장실댁은 이 말을 들으니 억장이 무너지는 듯했다.

장실댁은 지난여름 며느리 될 처녀를 한 번 엿보러 갔을 때가 떠올랐다. 그 댁에서는 우리 방문을 미리 눈치 채고 그 처녀의 약점을 보이지 않으려고 다분히 연극을 꾸민 것이 아닌가 싶었다. 그러나 이미 쏟아진 물, 되돌릴 수 없는 일이었다.

동짓달에 새 며느리가 시집을 왔다. 짐꾼 두 사람이 먼저 오고 곧이어 중신아비를 앞세워 며느리가 도착했다. 한 짐꾼이 지고 온 이개(장롱)가 많이 상해 있었다. 오는 길에 짐꾼이 발을 헛디뎌 넘어지면서 짐을 내동댕이쳤다고 했다. 장실댁은 이런 일은 듣다가 처음이라며 짐꾼을 나무랐는데 왠지 불길한 징조 같아 불안했지만 애써 이를 부정하려고 머리를 저었다.

삼촌이 개인 친분을 바탕으로 고집스럽게 밀어붙이고 동옥이 속절없이 이끌려가면서 장실댁도 속수무책으로 치른 이번 혼사로 장실댁과 온 집안은 격류 위의 다리처럼 불안과 혼돈 속으로 말려든 형국이 되어버렸다.

새 며느리는 양반집 딸로서 훌륭히 자라 예의범절이며 부엌일과 시댁 식구 섬기는 일에는 흠 잡을 데가 없었다. 시집온 다음 날부터 새벽 일찍 일어나 옷매무새를 단정히 하고 시집올 때 준비해 온 다과류와 별식을 상에 차려 와서 마루에서 무릎을 꿇고 큰방 할머니를 깨운 다음 큰절을 한 후 상을 들고 들어가 아침 문안을 드렸다.

두 동생 진구와 인구는 아침에 할머니 방에 불이 켜지고 도란도란 이야기 소리가 들리면 새 형수가 차려온 곶감, 엿, 유과 등을 얻어먹으러 급히 할머니 방으로 가는 재미가 보통이 아니었다.

봉구는 학생이었기 때문에 결혼 후 합천읍 자취방으로 떠났다. 새 며느리는 조금도 내색하거나 자세를 흩트리지 않고 한 달 동안을 시할머니에게 아침 문안을 올렸다. 장실댁도 외모야 어떻든 양반집 규수로서 나무랄 데가 없다고 생각하기 시작했다.

방학이 되어 집으로 돌아오면 봉구는 차려준 신방에는 관심이 없고, 옛날처럼 할머니 방에서 잤다. 그리고 며느리 얼굴이 가까이 보이면 "재수없이, 저게." 하면서 화를 다스리기 힘들어 했다. 무슨 일로 눈앞에 조금 머물기라도 하면, 화를 참지 못하고 손에 잡히는 것을 던지며 욕을 했다.

장실댁은 시어머니의 빈정댐과 퇴박을 이겨내며 애들을 돌보고 집안 살림을 꾸리느라 속을 끓이며 살았다. 그러는 사이 담배를 배워 곰방대를 피우게 되었고, 밤이면 잠 못 자는 날이 많아 넉삼대 뿌리로 만든 환을 계속 복용하였다. 그런데 어느 사이 자식의 앞길을 가로막는 이런 날벼락 같은 일이 생겨 또 속병을 알아야 하니 자신의 팔자가 한탄스러웠다. 지난날 사주에 '풍이 세다'더니, 이렇게 내 마음이 고요할 때가 없는 것이구나 하고 탄식하기도 했다. 그러나 자식들을 위해서 기운을 차려야겠다고 생각하고 낮에는 길쌈일에 더하여 누에도 치며 끝없는 집안일에 골몰했다. 그러나 밤에는 괴로운 생각으로 잠을 못 이룰 때가 많았다.

희망을 안겨주는 자식

태어날 때부터 특이했던 진구는 자라면서 대단히 수선스러운 아이가 되었다. 잠시를 가만히 있지 않고 움직이는 정열적인 아이였다. 어머니를 지나치게 좋아해 늘 어머니 곁을 따라다녔고 틈만 나면 어머니 가슴 속으로 손을 넣어 젖을 만졌다. 장실댁이 저녁에 이웃집에 마실을 나갈 때도 따라가 옆에 앉아서 어머니 젖을 만졌다.

"다 큰 녀석이 어디 엄마젖을 그렇게 만져. 안 되겠구먼."

같이 길쌈 일을 하는 동서들은 그런 진구에게 핀잔을 주곤 했다.

"동생을 일찍 봐서 젖을 많이 먹지 못하여 지 어미 젖이 그리운 모양이제."

이렇게 각별히 어미를 따르고 좋아하니 어머니 또한 다른 애들과 다른 정을 쏟았다. 한여름밤 무더위 속에 집 뒤 샘터에서 목욕할 때면 진구를 불러 등에 물을 부어 달라, 등을 밀어 달라 하기도 하고 한밤중에 별채에 있는 측간에 갈 때에는 자는 애를 깨워 등불을 들고 있으라고 시켰다. 장실댁은 긴긴 겨울밤 길쌈을 하거나 애들 옷을 혼자서 지을 때 자기 옆에 붙어 있는 진구에게 옛날 지지리도 못살며 양식이 없어 고생하던 시절의 이야기를 많이 들려주었다. 장실댁이 이야기를 하면 눈을 초롱초롱하게 뜨고 집중해서 이야기를 재미있게 듣는 모습이 귀여워 외할아버지 이야기 등 고생하며 살아온 옛날이야기들을 자주 해주었다.

초등학교를 입학한 진구는 학급에서 일등을 했다. 특별히 암기하는 재주가 뛰어나서 한 번 들은 것은 잘도 기억했다. 중학교 다니는 형 봉구가 영어책을 펴놓고 공부를 하면 재미있어 옆에서 지켜보았다. 형이 "I am a boy, You are……" 하다가 막히면 형 옆에 있던 진구가 재빨리 "a girl." 하고 대답을 할 정도였다. 게다가 책읽기도 좋아해서 흐릿한 호롱불 아래 혼자 중얼거리며 공부를 했다. 장실댁은 그 모습이 하도 기특해서 '저애가 커서 뭐가 되려고 저럴까?' 하며 신기해했다.

1948년 진구가 초등학교 2학년이 되었다. 그해 여름이 지나고 추석이 가까이 다가오던 어느 날, 진구가 모기에 물린 오른 손등을 무심코 손톱으로 긁기 시작했다. 가려움을 참지 못해 계속 긁어대니 물린 부위를 중심으로 종기가 둥그렇게 솟아오르며 곪기 시작했다. 피부 안으로 깊게 곪은 탓인지 큰 바늘로 부위를 따도 상한 피만 나고 통증만 심할 뿐 어찌할 방도가 없어 안에서 더 곪아지도록 기다릴 수밖에 없었다. 당시 시골에는 면 소재지에도 공의가 없었다.

수일이 지나고 보니, 둥그렇게 부풀어오른 손등은 검푸른색으로 변했다. 겁먹은 장실댁이 작심을 하고 그 부위를 칼로 열었다. 피와 함께 고름이 나왔는데 안쪽에 균 덩어리가 착근하고 있었다. 뻘겋게 살이 보이는 안쪽에 흰 균 덩어리가 뿌리를 박고 있으니 통증만 심할 뿐 좋아지는 기미가 없었다. 장실댁은 누군가가 뿌리 내린 균 덩이를 제거하는 데는 양잿물 뜸질이 좋다고 하여 양잿물을 푼 온수에 손을 담가 뜸질을 하였다. 약 한 달간 열심히 뜸질을 했으나 넓어진 상처 부위의 균을 모두 제거하지는 못했다. 당황한 장실댁은 동네 어른들과 상의해 보았으나 뜸질을 계속하라는 말뿐 뾰족한 묘안이 없었다. 잘못하면 오른 손을 못 쓸지도 모른다는 끔찍한 이야기도 들렸다.

그런데 어느 날 거창군 소야에서 시집온 동서가 균이 남아 있는 부위에 아편을 넣으면 나을 것이라고 하면서 아편 열매에서 채취한 조그마한 순 아편 덩어리를 내보였다. 장실댁은 어린아이에게 아편을 쓰는 것이 걱정스러웠으나 다른 방도도 없고 빨리 조치하지 않으면 큰일 날 것 같아 할 수 없이 썼다. 작은 콩알만한 크기의 아편 덩이를 칼로 잘게 부수어 균 덩어리가 끈질기게 붙어 있는 부위에 밀어 넣었다.

아편을 집어넣자 진구의 얼굴이 술 취한 사람처럼 벌겋게 달아오르더니 이내 잠에 떨어졌다. 깨워도 정신을 못 차리고 하루 반을 헛소리만 해댔다. 저러다 영영 못 깨어나는 것은 아닌가 걱정하고 있는데 다행히 서서히 정신을 차리기 시작했다. 아편을 사용한 이후 진구 손등의 균 덩어리는 마치 불에 태운 듯 까맣게 죽어 자취를 감추더니 상처부위가 아물며 살이 차오르기 시작했다. 살이 차오르니 손등 상처부위는 커다란 흉터를 남기고 아물었다.

이 일 이후 상당기간 동안 진구는 악몽에 시달려야 했다. 눈을 감으면 검은 영상이 점점 크게 부풀어 오르면서 머리가 터질 것 같아 눈을 감을 수 없었고 막상 잠이 들면 상상할 수도 없는 끔찍하고 신비스러운 곳으로 빠져버리는 악몽과 이명에 시달려야 했다. 아직 어린 나이에 또 한 번 삶의 벼랑 끝에 섰다가 기적적으로 살아났다.

장실댁이 사는 집은 마당 앞이 무논과 연결되어 있다. 뒤란에 실개천이 흘러 여름이면 모기의 소굴이 된다. 그래서 여름이면 어린아이들은 거의 차례로 초악(말라리아)을 앓았다. 그 당시에는 금계랍이라고 하는 노란 알약이 초악의 특효약이었는데, 초악에 걸린 아이들은 이 쓰디쓴 약을 병이 나을 때까지 먹어야 했다. 열이 떨어지면 약이 먹기 싫어 초악이 다 나았다고 거짓말하는 바람에 더욱 고생하는 일도 더러 있었다.

진구가 초등학교 3학년 때의 일이다. 초악은 날수병이라고 하여 하루 건너뛰어 심하게 열이 난다. 진구는 며칠 앓던 초악이 아침에 나아진 듯하여 금계랍을 먹지 않고 학교에 갔다. 오후가 되자 더운 햇볕이 불볕으로 바뀐 시각에 초악으로 치솟은 열을 견디지 못하고 신음하며 교실 바닥에 드러눕자 수업을 지도하던 선생님이 귀가하라고 명했다.

진구는 학교 건물을 나서는 순간 열이 심해 몸을 가누지 못한 채 비틀거렸다. 집까지는 2킬로미터 정도가 되는 거리이고 오솔길을 따라가며 시냇물을 두 개나 건너야 했다. 또한 큰 바위들이 듬성듬성 있는 가시밭길을 가로질러야 할 뿐 아니라 논두렁길을 건너야 한다. 동네 앞을 지날 때 외에는 크게 자란 나무가 한 그루도 없는 길이다. 고열에 시달리는 진구의 뜨거워진 머리가 불볕더위를 계속 받자 바위가 있는 가시밭길에 들어섰을 때는 제정신이 아니었다.

비틀거리며 정신을 잃을 무렵 갑자기 진구 앞에 햇빛을 가리는 삿갓 쓴 어른 한 분이 나타났다.

"나를 따라오너라. 그리고 시키는 대로 하거라."

그분은 앞서서 걷더니 큰 바위 옆으로 갔다.

"잠시 이 바위 밑에서 머리를 수그리고 있거라."

그런 후 다시 걷기 시작했는데 잠시 후 논두렁길이 나타났다. 이번에는 물이 흘러가는 물고에 머리를 담그라고 하여 진구는 시키는 대로 했다.

저 건너편 논에서 줄지어 논매기를 하고 있던 농부들 중 한 일꾼이 일어서며, "저애가 무슨 짓을 하고 있노." 하면서 고함을 질렀다. 아마 비틀거리며 걸어오는 진구를 눈여겨보았던 모양이다. 이 소리에 진구는 정신이 번쩍 들었다. 하지만 진구를 안내하던 어른은 눈앞에서 사라졌다. 좀 정신이 든 진구는 산모퉁이를 돌아 무사히 집에 도착했다.

장실댁은 비틀거리며 집 안으로 들어서는 진구를 보고 깜짝 놀랐다.

"이런 불덩이 같은 머리로 어떻게 걸어왔노."

진구는 자신을 잡고 감싸는 어머니에게 방금 일어난 기이한 일을 이야기했다. 장실댁은 가만히 듣고 있더니 한숨을 내쉬었다.

"조상이 도왔네. 열이 펄펄 끓는 이런 머리로 땡볕 속을 계속 걸어왔다면 너는 아마 기절하고 죽었을 끼다. 조상이 너를 도와준 거다."

그러면서 장실댁은 연신 머리를 끄덕이며 혀를 찼다.

1952년은 역사상 유례가 드문 가뭄이 닥친 해였다. 대부분의 벼농사가 천수답인 동옥 씨 집안은 평년 수확량에 비해 3분의 1 수준밖에 안 되어 대가족이 먹고 살기에는 턱없이 부족해 봄을 넘길 걱정이 태산 같았다. 이런 사정을 알 리 없는 진구는 그저 공부에만 열중하며 중학교 진학을 꿈꾸었다. 1953년 2월 진구는 중학교 진학을 위해 합천읍 소재 합천중학교에 응시를 했고 시험에 합격했다.

당시에는 쌀이나 가축을 팔아 학자금을 마련하는 것이 보통이었는데, 흉년을 맞아 끼니를 걱정해야 하는 절박한 상황이다 보니 진구의 중학교 입학금을 마련할 수가 없었다. 중학교에 가게 해달라고 울며 괴로워하는 진구를 달래기 위해 아버지 동옥은 일단 합천으로 가서 돈을 마련해 보겠다며 진구를 합천으로 데리고 갔다. 진구는 일말의 희망을 가지고 아버지를 따라 나섰다. 당시 진구가 사는 마을과 합천읍까지는 50리(20km) 길인데 버스나 정기 교통수단이 없어 걸어가는 것이 보통이었다.

합천중학교에 다니는 형 봉구의 자취방에서 초조하게 기다리던 진구는 오후가 되어 힘없이 돌아오는 아버지의 모습을 보고 일이 잘못되어가고 있음을 직감했다.

"도저히 돈을 마련할 수가 없다. 그냥 집으로 돌아가자."

진구는 너무 실의에 차 발악적인 울음을 터뜨렸다. 동옥은 아들의 우는 모습을 뒤로 한 채 말없이 걷기 시작했다. 진구는 앞에서 묵묵히 빠른 걸음으로 걸어가는 아버지 뒤를 따라 걸어가면서 계속 흐느껴 울었다. 가다가 중학교 모자를 반듯이 쓰고 가는 학생을 보면 더더욱 설움이 솟구쳐 그만 또 울음보를 터뜨렸다. 50리 길을 이렇게 계속 울면서 아버지 뒤를 따라 걸었다.

진구는 집에 들어서면서 어머니를 보자 또다시 설움에 복받쳐 울음보를 터뜨렸다. 장실댁은 사랑하는 자식의 처절한 울음소리에 애통한 마음이 들었다.

"저렇게 공부하고 싶다는 애를 공부시키지도 못하는 애비는 무엇에 쓸 끼고."

장실댁은 물 좀 달라며 마루에 주저앉는 동옥에게 핀잔을 주었다.

장실댁도 형편상 어쩔 수 없는 동옥의 심정을 십분 이해는 했지만 자식의 애처로운 모습을 보고 그만 울분이 솟구친 것이다.

뭔가 하지 않고는 가만히 있지 못하는 활동적인 아들이 실의에 차 방 안에 틀어박혀 있자 진구 아버지는 방편을 마련했다.

"집에만 처박혀 있지 말고 한문 글이라도 배워야 한다. 방아골 학자 영감님한테 부탁해 놓을 터이니 서당에 다니도록 해라."

"이러다가 병나겠다. 일단 마음도 가다듬을 겸 한문 공부나 좀 해라."

장실댁도 그편이 좋을 것 같아 덩달아 아들을 부추겼다.

진구는 이렇게 하여 1953년 4월 염두에 두어본 적도 없는 서당에서 한문 공부를 하게 되었다. 한문 선생은 70세 노인으로 치아가 다 빠져 입술 사이로 헛김이 새 "바담 풍." 했다. 진구는 단시일에 효경대의(孝經大義)를 마치고 이어 소학을 공부했다. 소학은 올바른 선비가 되는 자세에 대해 가르치는데 진구는 두 번째 장에서 배운 사람 품격의 근본을 일컫는 '인의예지(仁義禮智)는 인성지강(人性之綱)'이라는 구절이 강하게 뇌리에 꽂혔다. 인(仁)은 으뜸이고 마음의 바른 자세, 어진 마음이어야 한다면서, 의리, 예의, 지식의 바탕이 되어야 한다는 것이다. 인(仁)이 빠진 의(義)는 자기중심의 소의가 되어 대의를 저버릴 수 있고, 인(仁)이 빠진 예는 허례이며, 인(仁)이 빠진 지식은 도적이나 분별력이 없는 아이들에게 칼을 맡기는 것과 무엇이 다르겠는가 하는 가르침이었다. 이 삶의 지침을 진구는 오래도록 마음에 새겨두었다.

울적한 마음을 전환시키기 위해 억지로 시작한 한문공부는 3개월 정도 후에 끝났다. 그러던 어느 날, 어머니가 진구를 불러 앉혔다.

"아무래도 진구 너를 중학교에 보내기 위해 도시로 진출해야겠다. 너의 형도 곧 고등학교에 진학해야 하고……. 네 아버지가 금곡에서 사업하면서 빚을 준 사람이 대구 어디에 산다고 하니 가을추수를 끝내고 대구에 한 번 가봐야겠다. 그때 같이 한 번 가보자.”

이 말을 듣고 진구는 이미 진력이 난 서당의 한문 공부를 계속 하기도 싫었고 할 필요가 없었다.

장실댁은 생각이 많았다. 무엇보다 공부를 저렇게 좋아하는 아들에게 길을 열어주어야 했다. 또 자식 장가보내는 것을 깊은 생각 없이 동의했다가 활화산을 안고 사는 봉구도 대구로 데리고 나와 분가시키는 것이 가정의 평화를 위할 뿐 아니라 봉구의 장래를 위해서도 좋겠다고 생각한 것이다. 장실댁은 또 같이 살면 마음 편할 날이 없는 시어머니와 떨어져 살고 싶었다. 이제 장실댁의 삶의 희망은 자식이며 자식들 잘되는 데서 보람을 찾겠다고 다짐했다.

도시의 중학으로 진출하는 것이 발등의 불로 떨어지자 진구는 8월부터 모교의 6학년 중학 진학 학생 특별수업에도 참석하였다. 이번 담임선생님도 작년에 중학 진학 학생들을 지도했던 같은 선생님인 데다 진구가 중학교 진학을 못한 것을 알고 대단히 아쉬워했던 분이어서 도시로 진출하는 진구에게 보다 많은 관심을 쏟고 지도를 해 주었다.

1953년 11월, 장실댁은 마른 고추, 참깨 등 도시에 가면 쉽게 현금으로 바꿀 수 있는 시골 농작물을 보퉁이에 싸서 머슴을 시켜 봉산까지 운반한 후 그곳 지인의 집에서 자고 그 다음 날 아침 진구와 함께 보퉁이를 이고지고 권빈까지 와서 대구행 버스를 기다렸다. 광주에서 아침 일찍 출발해서 대구를 향해 달려오는 경전여객버스였다.

진구는 버스를 처음 타보았다. 황매산에 울창하게 자란 소나무를 해방 이후 불법으로 벌목해 실어 나르는 트럭은 가끔 보았고 몰래 타보기는 했다. 드디어 버스가 도착했다. 지붕으로 덮여 있는 차가 참으로 신기해 보였다. 제복을 입은 차장이 내려와 타는 손님들을 도와주었다. 버스 안은 사람들로 가득했다. 여기저기 보퉁이들이 놓여 있어 통로는 매우 비좁았다. 버스는 지붕 위와 뒤쪽에 보퉁이 짐들을 아슬아슬하게 매단 채 출발했다.

진구와 어머니는 뒤쪽에 겨우 자리를 잡고 앉았다. 버스는 먼지를 일으키며 비포장 길을 달리기 시작했다. 진구는 달리는 버스 창밖을 내다보며 앞으로 펼쳐질 미지의 세계에 대한 호기심으로 다소 흥분되었다. 그때 맨 뒷자리에 탄 세 명의 젊은 청년들이 구성진 음성으로 노래를 부르기 시작했다.

"천둥산 박달재를 울고 넘는 우리 님아
물항나 저고리가 궂은비에 젖는구나
왕거미 집을 짓는 고개마다 구비마다
울었소 소리쳤소 이 가슴이 터지도록."

옛적 시골 마을의 애절한 사연이 심금을 울리는 구성진 가락이었다. 이 노래는 시골의 어린 학생으로서 처음 버스를 타고 미지의 세계인 대도시로 향하는 진구의 마음에 각별한 반향을 일으켰다. 진구는 어른이 되어서도 이 노래를 좋아했다. 이 노래를 들으며 옛날 어머니와 함께 처음 버스를 타고 대구로 향하던 그때의 그리움과 향수에 잠기곤 했다.

버스는 네 시간쯤 후에 대구에 도착했다. 창밖에는 부슬부슬 가을비가 내렸다. 거리에는 많은 사람이 바쁘게 오갔다. 진구 또래의 어린 소년들이 신문 뭉치를 겨드랑이에 끼고 신문 이름을 외치며 뛰어다니는 모습도 보였다. 진구는 낯선 새로운 세상에 와서 바삐 움직이는 사람들을 보니 어리둥절했다. 갑자기 앞으로 이런 복잡한 곳에서 살아갈 수 있을까 하는 두려움이 일었다.

장실댁과 진구는 우선 인척 집을 찾아가 짐을 맡기고 김재만 씨 집을 찾아갔다. 길을 물으며 걸어서 앞산 쪽 도시 외곽에 사는 그 집을 찾아 들어갔다. 조그만 셋방으로 안내되어 들어가 보니 단칸방에서 가족들이 함께 빈한하게 살고 있었다. 그 모습을 보고 장실댁은 빚 받으러 왔다는 이야기를 도저히 할 수 없었다. 그래서 그냥 안부인사만 하고 서둘러 나왔다.

시골에서 가져온 물건을 처분하고 난 연후 장실댁은 진구를 데리고 시골에서 이 큰 도시로 이사 와서 사는 친지들을 차례로 방문하여 도시생활의 면모를 직접 보면서 도시의 삶에 대한 이야기도 들었다. 그들이 도시에 진출해 잘 살아가는 것을 직접 보고 들은 후 자기도 이 대열에 뛰어들 수 있겠다는 자신을 얻은 장실댁은 내년 봄에 두 아들을 데리고 도시로 나오기로 결심을 했다.

장실댁은 시골로 돌아온 후 새해 봄에는 자식들을 데리고 도시로 나가겠다는 각오를 동옥과 상의하였다. 그러고는 곧 대구로 나가 중학교에 들어갈 진구와 고등학교에 들어갈 봉구의 입학원서를 구해오도록 했다. 동옥은 공부를 잘하는 진구를 위해서는 대구에서 제일 좋다는 학교 두 곳의 입학원서를, 봉구를 위해서는 그 수준에 알맞은 농업고등학교 입학원서를 구해 돌아왔다.

진구는 특차 시험을 치르는 대구사범 병설중학교에 응시하기 위해 그해 2월에 시험을 치렀고 곧 공표한 합격자 발표에서 우수한 성적으로 합격을 했다. 시험을 치던 날 장실댁은 운동장 쪽으로 향한 시험장 창문에서 답안을 쓰는 수험생들을 보았다. 시험지를 받고 답안을 써내려 가는데 힘들어하는 다른 애들과는 달리 시험지를 받자마자 한 번 읽어보더니 거침없이 답을 써내려 가는 진구의 모습을 보고 참 자랑스러워했다. 그 후에도 장실댁은 그 이야기를 가끔 하곤 했다.

진구는 시험에 합격하고 느긋한 마음으로 아침을 먹고 밖에 나와 도시 거리의 신기하기만 한 모습을 구경했다. 그때 어머니가 다급히 찾아 만나보니, 지금 빨리 경북중학 입학시험을 치르러 가자며 서두르라는 것이었다. 큰길에서 바로 택시를 잡아타고 달렸다. 진구는 왜 또 다른 중학교 시험을 치러 가는지 물었다.

"조금 전 대문 앞에 나와서 옆집 학생을 만났는데, 왜 오늘 경북중학교에 응시하러 가지 않느냐고 묻더라. 그래서 벌써 특차시험을 쳐서 합격했기 때문에 경북중학교에 원서는 넣었지만 시험을 치러 가지 않아도 된다니까 대구에서 제일 좋은 중학교가 경북중학교인데 왜 시험을 안 보느냐는 거야. 지금 가도 될 것이라고 하니 빨리 가자."

장실댁은 공부 잘하는 아들이 제일 좋다는 학교에도 응시를 해서 당당히 합격하는 모습을 보고 싶었던 것이다.

그렇게 하여 시험을 치르고 발표하는 날 발표장으로 가보니 누군가 시험성적에 따라 차례대로 붓글씨로 합격자 이름을 쓴 종이 두루마리를 벽면에 붙이고 있었다. 눈여겨 살펴보니 진구 이름이 중간쯤에 있어 당당히 합격했다. 하지만 진구는 이 두 학교 중 입학금이 좀 적은 대구사범 병설중학교에 입학을 했다.

제3부

새로운 꿈을 안고 도시로

두 아들의 진학을 위해 도시로 진출

장실댁은 두 아들이 보기 좋게 중·고등학교에 입학하자 후련한 기분으로 집으로 돌아왔으나, 이제는 도시진출 문제로 골몰해야 했다. 이후 장실댁은 남편 동옥과 도시진출 문제로 의견이 맞지 않아 간혹 다투곤 했다. 장실댁이 학교 입학금과 도시 살림살이를 시작하기 위해 꼭 필요한 돈을 마련하려면 논을 팔지 않고는 방도가 없었다. 논 중에서 가장 물길이 좋고 소출도 좋은 논을 팔려고 하니 농사가 먹고사는 터전이라는 고정관념에 사로잡혀 있는 동옥으로서는 걱정이 되어 밤잠을 설쳤다. 그러나 어쩔 수 없이 장실댁의 고집대로 논을 팔기로 하고 매입자를 찾았는데 탐내는 사람이 많아 쉽게 팔 수 있었다.

동옥은 논을 팔고 나니 자기 생의 커다란 기둥이 허무하게 무너져 내리는 기분이 들어 기력까지 쇠잔해졌다. 장실댁은 동옥의 심정이

어떨 것이라는 것을 짐작하면서도 이미 삶의 모든 희망을 자식들에게 걸었으므로 애들 둘의 학업을 위해 희생을 각오하지 않을 수 없다고 생각했다.

며느리와 시어머니 그리고 동옥과 아직 초등학교를 마치지 못한 인구를 시골에 남겨둔 채 두 아들과 딸을 데리고 대구로 나온 장실댁은 대구 서구 외각에 있는 비산동에서 셋방살이를 시작했다. 두 아들은 학교를 다니고, 16세의 막내딸은 가족생계에 보탬이 되기 위해 직조공장에 나가고 장실댁은 서문시장 통로에 자리를 잡고 행상을 시작했다.

당시 대구는 참으로 많은 사람들이 북적이며 살았다. 1954년 초이니 6.25전쟁을 피해 이곳까지 내려와 아직 서울로 미수복한 학교들도 있었고, 육군본부, 공군본부와 미8군 사령부가 대구에 주둔하고 있었다. 그리고 아침에 등교할 때면 길에 줄지어 몰려가는 제복 입은 중·고등학교 학생들의 숫자와 모습들은 장관을 이루었다.

대구에 나와 빈한한 지역에 셋방을 얻어 자리를 잡을 즈음 시골에서 시어머니가 갑자기 세상을 떠났다는 소식이 왔다. 항시 정갈하신 분이 그날도 집 뒤 샘에 가서 세수를 깨끗이 하고 머리까지 말끔히 빗고 집 뒤쪽을 돌아 집 앞으로 나오다가 돌부리를 차고 그만 넘어지고 말았다. 넘어진 이후 몸져누워 있다가 기력을 차리지 못하고 곧 별세한 것이라고 했다.

장실댁은 대구의 새 보금자리에서 여념없이 바쁜 생활에 매어 있었지만 이 소식을 듣고 시골로 급히 달려갔다. 시골에는 가까운 친척들과 남편 동옥은 물론 시할머니를 극진히 모시는 며느리가 있어 모든 일이 잘 수습되었다.

장실댁은 시집와서 25년여 동안 남달리 강한 성격의 시어머니를 모시고 고된 시집살이를 해오면서 마음의 고통도 심했고, 고부간의 갈등이 연속되어 고달프고 괴로웠으나 대구로 나오면서 떨어져서 살게 되어 한편으로는 해방된 기분이었다. 그러나 막상 외지에서 시어머니의 별세 소식을 들으니 만감이 교차하고 살아계실 때 좀 더 고분고분하게 잘 해드리지 못했던 것이 후회되면서 슬픔에 잠겼다.

효자로 소문난 동옥은 어머니 빈소 앞에 멍석을 깔고 그 위에 한 달 동안 굴관(상복을 입고 두건을 씀)을 하고 앉아서 문상객을 맞았다. 시어머니가 별세한 이후 시골에는 식구들이 들끓던 커다란 집에 초등학교 졸업을 앞둔 인구와 동옥, 그리고 일단 시집을 왔으면 시가집에 뼈를 묻어야 한다는 어른들의 말에 따라 남편이야 어떻든 자기 일에 충실하겠다는 며느리가 가사를 잘 돌보고 있었다.

모든 사람이 지켜보는 가운데 장례는 성대하게 거행되었다. 마땅한 장지를 찾다가 태옥의 농토가 있는 산 안쪽 송씨 문중의 산에 산소를 모시었다. 그런데 얼마 후 이 소식이 송씨 문중에 알려지자 대단한 반발이 일어났다.

"우리 문중 허가도 받지 않고 묘를 쓰다니 이는 도저히 용납할 수 없는 일이다. 이는 필시 성태옥이가 한 짓일 테니 그놈을 불러서 경위를 따지고 나서 몰매를 주던지 묘를 이장하도록 조치해야 한다."

하금 송씨 문중에서 이런 결정을 했다는 소문을 태옥도 듣게 되었다. 늦은 가을이 되어 묘사를 지내기 위해 송씨 문중의 사람들이 윗동네에 있는 선산의 재실에 모였다. 그들은 이 기회에 성태옥을 불러 요절을 내기로 했다. 묘사를 지내고 음식과 술을 마시고 있는데 성태옥이 두건까지 쓴 상복정장을 하고서는 자기발로 어른들이 모여 있는 곳에 나타났다. 성태옥은 어른들이 둥글게 모여 있는 대청마루 중앙에 들어서

더니 정중하게 큰절을 올렸다.

"오늘 이 기쁜 날 여러 어르신들을 찾아뵙고 우선 인사부터 올립니다. 돌아가신 어머니 산소문제로 진작 말씀을 드렸어야 했는데 그렇지 못한 점 죄송하기 한량없습니다. 실은 저의 어머니도 하금에서 오신 문중 자제인 셈이니 별세하신 후 친정선산으로 돌아가신 셈입니다. 저의 어머니께서 돌아가시고 저희들이 경황이 없어 미리 여쭙지 못한 점 백배사죄 올립니다. 지금 어머니는 친정에서 영면하고 계신다고 배려해 주시고 깊은 아량으로 양해해 주시기 바랍니다. 제가 미처 말씀 올리지 못한 죗값으로 술을 가져왔으니 한 순배 돌리겠습니다."

태옥이 일어서서 술을 따르니 태옥을 욕보이려고 결의에 차 있던 어른들은 기가 찼지만 야박하게 하지 못하고 태옥이 따라주는 술잔을 받았다. 태옥의 이런 능란한 태도에 그들은 화났던 일은 모두 잊은 듯 서로 어울려 술을 마시고 놀았다. 얼마 지나지 않아 태옥은 일이 마무리되었다고 판단했는지 인사를 올리고 자리를 떴다.

"태옥이 저놈 상종 못할 놈이다. 그러니 누군가가 '성태옥이는 일자무식이어서 천만다행이지, 만약 글이라도 깨우쳤더라면 대병면을 팔아먹고도 남을 놈이다.' 하던데, 정말 그럴만한 사람이구먼."

문중어른 한 분이 너털웃음을 웃었다.

한동안 농사나 돌보며 시골에 살던 동옥 영감은 식구들이 빠져나가자 조용해진 시골집에서 얼마 되지도 않는 농사에 매달려 사는 게 싫었다. 게다가 가족이 떠난 시골집에 기둥처럼 집을 지키던 어머니가 세상을 떠나니 이제 시골집에는 며느리와 둘이 쓸쓸히 남아 있었다. 그래서 동옥은 남은 농토를 팔고 대구를 왕래하며 장사할 방법을 궁리하기 시작했다. 동옥은 시골 사람이지만 오랫동안 도시를 다니며 장사한 경험이 있다. 이를 바탕으로 장사할 품목을 알아보고 다녔는데 시골 산지에서 쌀을 사서 도시에 내다 팔면 이윤을 얻을 수 있을 것이란 판단이 섰다. 동옥은 매일매일 벌어서 먹고 살아야 하는 각박한 도시 생활이 불안하기도 했지만 이내 장사를 하면서 대구를 왕래하며 살겠다고 다짐했다.

한편, 적은 농토로 시골에서 답답하게 살고 싶지 않다고 불평하던 경옥은 형님 가족이 대구로 이사한다는 소식을 듣고는 자기도 고향땅을 떠나 새로운 천지에서 활로를 찾기 위해 가족을 끌고 대구로 이사하기로 했다. 마음이 급한 나머지 경옥은 농토를 헐값에 정리하고 장실댁이 이사를 떠나자 뒤이어 대구로 이사를 나왔다.

살림 형편이 그러하니 대구 서구 빈한한 지역에 셋방을 얻어 살림을 시작했는데 동옥 가족과 멀지 않은 곳이었다. 조그만 전셋집을 얻어 살며, 생계를 위해 그 집 앞 한길에 조그만 구멍가게를 만들어 생활비를 벌어서 보태며 살림을 꾸려나갔다.

경옥은 아직도 화병에서 벗어나지 못한 듯 집에 들어앉아 속을 끓이며 형님을 비난하기 일쑤였다. 어쩌다 얼굴을 마주치면 분을 못 이기고 화풀이를 했다. 동옥은 동생의 처지가 안타까워 냉대와 비난을 받아가면서도 가끔 위로하기 위해 일부러 찾아가 안부를 묻고 건강 잘 챙기라 했다. 그럴 때마다 돌아오는 대답은 퇴박이었고 화풀이여서 우울하게 돌아오곤 했다.

장실댁은 불화관계에 있는 시동생이 하필이면 그들이 사는 도시로 나와 산다는 것이 적잖이 마음에 부담이 되었다. 그러나 그들의 고생이 결국 남편의 잘못과도 연결된 것이어서 항시 마음속에 연민의 정을 가지고 있었다. 그래서 자식들에게는 삼촌어른에게 꾸중을 듣는 한이 있더라도 자주 찾아뵙고 문안 인사를 드리라고 종용했다.

단속 경찰을 피해 다니며 서문시장 통로에 조그마하게 좌판을 열어 행상을 하면서도 장실댁은 요즘 마음이 즐거웠다. 중학교에 들어간 진구가 1학기를 마쳤는데 전교 일등을 하여 학비 면제를 받았기 때문이다. 장실댁은 고생스러운 도시생활을 이어가면서도 이 아이에게서 보람을 찾고 큰 기대를 걸어도 되겠구나 생각했다.

진구는 중학교에서 천재라는 소리를 들을 정도로 공부를 잘했다. 진구는 계속 일등을 하며 학비 면제를 받더니 2학년 때 고등학교 입학 검정시험에 합격하고 월반하여 고등학교에 들어갔다. 장실댁은 아들 진구가 너무나 자랑스러웠다. 그러면서도 한편으론 너무 공부에 매달려 건강이 걱정되기도 했다. 봉구는 다니는 고등학교에서 여유 시간을 이용하여 교내 학용품 상점 판매일을 맡아 용돈을 벌어서 쓰면서 자기 나름대로 앞가림을 했다.

3년 후, 진구는 고등학생이 되었고, 봉구는 대구 농업고등학교를 졸업했다. 졸업 후 마땅한 직장을 얻기 위해 지인들을 찾아다니며 백방으로 노력하였으나 워낙 취직이 힘들어 뜻을 이루지 못하고 집에서 빈둥거렸다. 대학교에 보낼 형편은 물론 되지 않았다. 장실댁은 집에서 쉬고 있는 봉구에게 아버지 농사일도 도울 겸 여름 동안 시골에 가 있지 않겠느냐고 권유했다. 시집와서 남편 얼굴도 제대로 보지 못한 채 시골집을 지키며 시아버지를 정성껏 모시고 사는 며느리가 너무 불쌍해서 꾀를 낸 것이다. 봉구는 예상외로 어머니의 말을 잘 듣고 시골로 내려갔다.

이 짧은 기간이 봉구와 큰며느리가 극적으로 같이 생활을 꾸린 시기였다. 봉구는 그 기간 동안 그토록 보기 싫어하던 부인과 같이 살았는데 그 동안에도 시도때도 없이 치솟는 울화를 참지 못하고 계속 행패를 부려서 집안은 긴장의 연속이었다. 그러던 어느 날 논에 갔다 오는 남편에게 "어서 진지 드시라."라는 말을 했는데 재수없이 자기에게 말을 건다고 화를 내며 고함을 지르고 주먹을 휘둘러 사네 못 사네 하면서 싸웠다는 소문이 들렸다. 그러더니 더 이상 시골에 살지 못하겠다며 봉구는 대구로 돌아와 버렸다. 이들의 극적인 조우가 있은 후 며느리가 임신을 했다.

대구로 다시 돌아온 봉구는 군 병역을 마쳐야겠다고 하며 공군 사병선발에 응모하고, 공군 사병으로 자원입대하였다. 병역 주특기로 항공기 정비사 일을 하게 되어 주로 김포 공군기지와 수원 공군기지에서 힘든 3년간의 복무를 하였다. 이 의무복무 기간을 성공적으로 마친 후 1958년 하반기에 만기 제대하였다. 제대 후 취직자리를 알아보았으나 고졸 학력으로는 마땅한 자리를 찾기가 쉽지 않았다. 그러던 어느 날 경찰 선발시험이 있다는 것을 알고 이 시험에 응시했는데 합격했다.

이 시기에 동옥은 시골에 남아 있는 논을 팔아 대구에 조그만 집을 샀다. 이후 쌀장사를 하기 위해 시골집도 팔려고 내놓았다. 동옥이 집이 팔리기를 기다릴 즈음 봉구가 서울 근처에 있는 경찰학교에 입학하여 집을 떠났다. 장실댁은 이 기회다 싶어 시골에서 집을 지키고 있던 며느리를 대구로 불러 들였다. 며느리는 대구에 와서 곧 손자 아이를 출산하였다. 외모는 어떻든 남편의 행패에도 불구하고 자기 할 도리를 다하는 방정한 며느리가 장실댁은 참으로 대견스럽고 또 한편으로는 미안하기도 해서 따뜻하게 거두어 주고 싶었다.

건너야 할 또 하나의 강

장실댁은 두 아들을 공부시키기에 골몰하다 보니 초등학교를 마치기 위해 시골에 남겨둔 막내에게는 그다지 신경을 쓰지 못했다. 그런 인구가 어느새 초등학교를 졸업해 대구에 합류했다. 장실댁은 인구를 상급학교에 진학시킬 형편이 되지 않아 걱정이었다. 그런데 말을 아끼는 그 아이가 시키지 않았는데도 사촌 아이들과 어울리며 구두닦이도 하고 가끔 행상을 하더니 그 일에 재미를 느끼는 듯하였다. 형들에 비하여 공부를 제대로 할 수 없는 처지가 딱하고 불쌍했으나 집안 형편상 어쩔 수 없어 그애가 하는 대로 내버려두었다.

셋째 딸이 직조공장에 다니면서 조금씩 벌어온 돈과 행상을 하면서 번 돈으로 그럭저럭 살림을 꾸려 가는데 시골 며느리까지 와서 살림을 해주니 장실댁은 한숨을 돌릴 수 있었다. 그런데 생각지도 않게 막내아들 인구가 문제를 일으켰다.

대구에 나와 잡스런 장사에 몰두하던 인구는 특이한 증상을 보이기 시작했다. 워낙 말수가 적은 데다 혼자 어딘가를 싸돌아다니더니만 조금 모은 돈을 가지고 시골로 떠나버렸다. 시골에 사는 딸에게 알아보니 대부분의 시간을 방 안에 틀어박혀 멍하니 지낸다고 했다. 툭하면 낮에도 잠을 자다가 일어나 이상한 아이디어가 떠올랐다며 이야기하는 등 정신이상 증세를 보이기 시작했다.

장실댁은 그렇게 놔두면 사람 망칠 것 같아 인구를 설득해 다시 대구로 데려와 눈여겨보았다. 그렇게 수개월이 지난 어느 날 인구가 하루종일 밖에 돌아다니다가 돌아오더니 해병대에 시험을 쳐서 입대하게 되었다고 선언했다. 나이가 16세이니 해병대 사병 모집시험에 응했고 시험에 통과되었다는 것이다. 인구는 어떨 때는 비상하게 머리가 좋았다. 그 당시는 중학교를 졸업해야 해병대 모집시험에 응할 수 있었는데 중학교 공부도 제대로 못한 애가 언제 영어를 배워서 익혔는지 의아했다. 그러나 남자로서 의당 치러야 할 병역의무인데 일단 자기 재주로 시험에 통과되었다고 하니 아무튼 반가운 소식이었다.

어차피 군에 가야 하고 또 군에 가서 고된 군사훈련을 받고 나면 인내력도 기르고 세상물정도 많이 배워서 새사람이 되려니 하고 장실댁은 희망했다. 그러면서도 한편으로는 해병대 훈련이 대단히 혹독하다는 말을 들은 바 있어 아들이 불쌍하고 걱정이 되었다.

강인한 정신력으로 인구는 힘든 훈련기간을 무사히 마치고, 1959년 초 해병대 수병으로 최전방인 김포 주둔 부대에 배치되어 근무를 시작하였다. 그곳은 한강 하구 건너편의 적진을 바라보며 북한군이나 간첩이 한강 하구를 건너 침투할 가능성에 대비하여 철저히 감시하는 임무를 띤 부대였다. 따라서 적정을 살피는 경계를 한시도 늦출 수 없어 항시 군기가 삼엄했다.

어느 혹독하게 추운 초봄, 인구가 어려운 여건에서 근무에 익숙해질 즈음 상관이 아침에 인구를 불렀다.

"저기 아래 마을에 가서 김치 좀 얻어와라."

인구는 명령에 따라 면장갑만 손에 낀 채 상당히 떨어진 마을에 내려가서 김치를 얻어 돌아왔다. 그릇을 양손으로 들고 사정없이 불어오는 찬바람을 맞으며 쉴 새도 없이 곧장 걸어왔다. 걸어오는 길에 그릇에 얼어붙은 손가락이 감각이 무디어지더니 부대에 도착했을 땐 그릇에 붙어 잘 떨어지지 않을 정도였다. 그릇에서 손을 뗐을 땐 그릇에 얼어붙어 있던 손가락이 심한 동상을 입어 퍼렇게 색깔이 변해 있었다. 동상에 걸린 손가락은 곪기까지 해 심한 통증에 시달려야 했다. 급히 의무실에 찾아가 엄지손가락에 심지를 박는 등 한 달 이상의 집중치료를 받아 인구의 동상 상처는 점차 회복되었다.

동상이 거의 다 나아갈 즈음 인구가 근무하는 김포 주둔 해병대대는 병력을 동원해 야간 상륙작전훈련을 실시했다. 이런 훈련은 자주 있는 일이었다. 그런데 5월 중순 하루저녁에는 특별 참가자를 선발하여 비상훈련을 실시한다고 했다. 인구는 해당 부대원이었으나 동상이 완치되지 않아 이 소집에서 제외되었다.

이들이 5.16 군사혁명군으로 한강 다리를 건넜고 군사혁명을 성공시킨 핵심부대가 되었다. 인구 수병은 손가락 부상 등의 사정으로 이날 저녁 출동인원에는 빠졌으나 이틀이 지난 후 교대병력으로 시청 앞에 나와 그곳에 설치된 포대에서 무력시위를 하는 데 참가했다.

군사혁명을 지지하는 육군 사관생도들의 가두행진과 시청으로 모여드는 시민들의 환호와 열광이 울려 퍼지는 가운데 군사혁명이 성공했다는 소식이 병사들의 입으로 전해졌다. 혁명의 핵심부대로 출동한 인구 대대 장병들은 혁명 성공 소식에 모두 기뻐 어쩔 줄 몰랐으나 인구는 그것이 무엇을 의미하는지 큰 관심이 없었다. 단지 자기 부대원들이 밖으로 나오면 시민들이 박수로 환호하는 것이 신기했고 나라를 위해 좋은 일을 했나 싶었다. 수일 동안 시청 앞 근무 후 인구 부대는 의기양양해하며 모두 김포 대대본부로 철수하였다.

삶의 터전을 잃은 남편의 별세

동옥은 이미 1년 전부터 쌀장사에 전적으로 매달렸다. 시골 쌀을 사서 대구로 운반해 팔았다. 정직한 사람으로 알려져 있어 외상으로 쌀을 사 큰 자본금 없이도 이 일을 시작할 수 있었다.

그러나 장사가 당초 생각과 같지 않고 여러 가지 애로에 부닥쳤다. 대구 내당동 미곡상들은 우선 시골에서 도정한 쌀을 받지 않겠다 하여 시골에서 수집한 벼를 가마니에 넣어 가져와야 하고 여기에서 도정한 쌀을 창고에 보관해야 하니 보관료가 만만치 않았다. 빨리 팔아넘기지 않으면 보관료 부담에 마음을 쓰지 않을 수 없는 동옥 영감의 약점을 안 도매상인은 이 핑계 저 핑계로 가격 인하를 요구하니 이에 응하지 않을 수도 없었다. 시골에서 온 영세상인의 비애를 톡톡히 당하는 것이었다. 모두 팔고 시골로 돌아가면 겨우 본전 건지기도 힘들었다. 이런 장사를 계속 해야 하는 동옥은 삶이 재미가 없었다.

식구들이 사는 대구 집으로 와보니 자신이 안락을 찾아 돌아올 곳이 아니고 동옥은 마치 자기에게서 멀리 떨어져나간 남의 집에 온 것 같은 생각이 들어 마음의 안정을 찾을 수 없었다. 그리고 도시의 각박한 생활에서 불안을 떨쳐버릴 수 없어 도시에서 살기가 싫었다.

동옥은 원체 말수가 적고 남의 재미있는 말을 듣기를 좋아했다. 그러니 자식들에게도 별로 애정 표현을 못하는 편이었다. 동옥은 이미 삶에 대한 안락과 애착을 잃어버리고 마음까지 텅 비어버린 듯 점점 삶의 재미를 잃어갔다.

진구가 공부를 잘해서 월반을 하고 좋은 고등학교에 들어갔다는 말을 들어도 "그래?" 하며 얼굴에 밝은 빛을 보일 뿐 감동을 나타내지 않았다. 진구가 전면 장학생으로 대학에 들어갔다는 기쁜 소식을 장실댁이 전해도 "잘되었네."가 고작이었다. 진구가 옆에서 인사를 하면 "너는 키만 삐죽하게 커가지고 어깨가 구부정하고 그러느냐?" 하면서 공부 잘하는 것만으로는 흡족하지 않다는 듯한 표정이었다. 아마 잃어버린 큰아들처럼 건장하고 듬직하며 당당하게 보이는 이미지를 원한 것 같았다.

동옥은 동생 태옥의 사랑방에서 숙식을 하며 가끔 대구를 왕래했다. 동옥은 대구에 오면 마음속 깊숙이 미안함을 가지고 있는 동생 경옥을 간혹 찾아갔다. 동생이 화병에 시달리는 모습을 보고 눈물을 글썽이며 다정하게 말을 하면 화병이 중증 상태에 있는 경옥은 자기 울화를 주체치 못하고 치솟아 오르는 분노에 휘말려 동옥에게 비난을 퍼부어 마음을 상하게 했다.

이럴 때면 동옥은 동생에 대한 애틋했던 마음은 사라지고 서운하고 우울한 생각이 엄습해 왔다. 그러나 젊을 때 자신의 결단력 부족으로 잘못 판단하여 동생이 큰 손실을 입었다는 데 대해 평생 죄의식을 느꼈다.

1959년 음력 2월, 동옥은 대구에 머물면서 가족과 며칠을 지냈다. 이때 동생 경옥의 병세가 악화되었다는 소식을 전해 듣고 위로의 말이라도 하고자 동생 집으로 문병을 갔다. 동생 경옥은 화병으로 몸져누워서 기침을 자주 하면서도 방 안으로 들어서는 형님을 보자 분을 참지 못하고 벌떡 일어나 욕설을 퍼붓고 주먹을 휘두르며 "형님 죽고 나 죽자."며 달려들었다. 동옥은 깜짝 놀라 몸을 피하지 못하고 있는데 마침 제수씨가 뛰어와서 경옥을 제지하여 화를 면했다. 동옥은 너무나 기가 막혀 정신이 혼미한 듯 비틀거리며 경옥의 집을 나왔는데 제정신이 아니었다.

집으로 힘없이 돌아온 동옥은 힘이 빠지고 삶에 지친 표정이 역력한 데다 검푸른 빛이 유난히 돋보였다. 마루에 걸터앉아 가족의 위로를 받던 동옥이 저녁상을 받으며 아내에게 힘없이 말했다.

"벼 사들인 돈도 갚아야 하고, 나는 내일 시골 갈란다."

"돈벌이도 안 되는 쌀장사 인제 그만두고 집에서 자식들하고 살면 안 돼요?"

장실댁이 장사 그만하고 같이 살자고 사정을 했다.

"답답해서 나는 여기 눌러 살 수 없다."

저녁상을 물리고 동옥이 멍하니 천장을 바라보고 있는데 막내딸 점순이 다가왔다.

"아버지, 오늘 저녁에 사진 찍으러 갑시다. 여태 아버지 사진 한 장 없어요. 여기서 가까운데 사진관이 있는데 저하고 같이 갑시다."

"그래, 그럼 한 번 가보자."

동옥은 세상이 모두 귀찮았지만 딸아이가 가자고 졸라대니 할 수 없이 털 잠바를 걸치고 집을 나섰다. 장실댁도 같이 나섰다.

점순이는 아버지 어머니가 같이 앉아 사진을 찍으라고 사정했으나 장실댁은 돈이 많이 든다는 이유로 극구 사양을 해서 동옥 영감 혼자 독사진을 찍었다.

동옥은 약 20년 전에 일본에서 동생 경옥의 웃옷을 빌려 입고 한 번 독사진을 찍었다. 진구는 옛날 시골에 살 때 장실댁이 가끔 사진을 꺼내 들고 "니 아버지 이목구비가 큼직큼직한 게 참 미남이지?" 하면서 미소를 머금곤 하던 모습을 본 적이 있다. 그러나 그 사진은 이미 오래 전에 없어졌다. 그 이후 처음으로 사진을 찍은 것이다. 별세하기 3개월 전에 찍은 이 사진이 훗날까지 남은 동옥의 유일한 사진이다.

동옥은 장사를 관둘 수도 없는 사정이어서 다시 쌀을 수거해서 실어오기 위해 시골로 갔다. 식사도 제때 챙겨 먹지 않고 허기진 상태에서 자주 막걸리를 마셨는데 그날도 빈속에 과음을 해 그만 복통이 나 태옥의 사랑방에 몸져누웠다. 장사로 돈을 벌기보다는 오히려 빚을 진 데다 가족을 떠나 외지로 다니면서 따뜻한 식사도 제대로 먹지 못하는 처지에서 그만 몸져눕게 된 것이다.

장실댁은 이 소식을 듣고 급히 시골로 갔다. 자식들 신경쓰느라 남편에게 너무 무심했다고 후회를 하며 시골에 사는 큰딸 무순이와 함께 정성껏 병간호를 했다. 동옥은 약 2개월간 앓아누웠다. 하루는 쇠잔해진 몸을 일으켜 장실댁의 부축을 받고 마루에 나와 동쪽 산을 보며 앉았다.

"나 인제 대구에 가서 자식들과 함께 살란다."

장실댁은 그 말을 듣고 이제 기력을 차리는가 보다 했는데 3일 후 그만 세상을 하직하고 말았다. 장실댁은 대구에서 애들 뒷바라지하느라 매일 고단하게 살아가는 터라 며느리가 대구로 와버린 이후에 동옥이 식사를 잘 해결하고 다니는지 걱정이 되었지만 세심한 관심을 쏟지 못했다. 이렇게 객지에서 돌아가게 하니 영감을 따뜻하게 감싸주지 못한 자신의 불찰과 이에 대한 회한으로 가슴이 메었다.

동옥은 자식들 때문에 애지중지하던 논도 모두 정리하고 가족과 자리잡고 제대로 한 번 살아보지도 못 한 채 장사한다며 혼자 타관으로 다니다가 임종도 자식에게 보이지 않고 별세하고 말았다. 자식들 장래만 생각하며 시골을 떠나서 도시에서 살 수 없는 남편을 도외시한 장실댁은 죄를 지은 심정이었다. 시골에서 농사짓는 것을 천직으로 생각하며 살아온 동옥의 주검은 마치 변화하는 새 세대에 적응하지 못하고 세상을 떠난 구세대 사람들의 비극의 표본 같았다.

장실댁은 큰아들 봉구가 경찰에 들어가 집을 떠나고, 막내 인구는 군대에 가 있고, 또한 삶의 큰 보람이고 희망인 진구가 대학에 진학하자 마치 당면한 걱정들이 사라진 듯하여 모처럼 마음에 여유가 생겼다. 막내딸 점순이도 섬유공장의 양단 직조기술 직원이 되어 많은 보수를 받으니 이제 살림 걱정 없어 행상을 나가지 않아도 되었다. 장실댁은 이때까지 자식들 장래를 생각하며 달려오느라 차분히 스스로의 몸과 마음을 되돌아볼 여유가 없었다.

남편을 만나 오로지 자식들 잘되는 것을 보고 사는 것이 삶의 모든 것인 양 열심히 살아왔는데, 남편을 여의고 보니 허무하기도 하고 왜 이렇게 살았는지, 사는 것이 무엇인지 되씹어보게 되었다. 삶이 이렇게 허망하다는 감정을 장실댁은 처음 느꼈다. 엄하기만 하던 시어머니와 살며 괴로움에 부닥칠 때에도 자식들을 키우면서 인내하고 열심히 살면 보다 나은 내일이 올 것이라는 믿음이 있었다.

장실댁은 행상을 나가지 않으니 이웃의 같은 나이 또래의 할머니들과 자주 만나 살아가는 일, 자식 키우는 일 등을 소재로 이야기를 나누며 웃음꽃을 피웠다. 그런 어느 날 친숙하게 지내는 한 할머니에게 장실댁은 자주 마음이 불안하고 쓸데없는 걱정으로 울적해진다고 이야기했다. 그러자 그 할머니는 천주님을 마음에 모시면 좋으니 자기가 다니는 성당에 같이 다니자고 권유하였다.

그 할머니는 예수를 믿고 때로는 성모님께 기도하며 도움을 청하면 마음의 아픔이 치유된다고 하였다. 장실댁은 이들의 전도에 귀가 솔깃해 성당에 다니기로 마음을 먹고 그 할머니를 따라 대구 비산동 성당에 나가기 시작했다. 처음에는 남 따라 하는 미사 전례가 어색하고 생소했으나 차차 다니니 익숙해졌다. 무엇보다도 엄숙한 미사 분위기 속에서 은은하게 퍼지는 성가 노래가 마음을 편안하게 하면서 하늘나라를 동경하게 되었다.

장실댁은 주일이면 빠짐없이 성당에 갔고 교리 공부도 열심히 했다. 다닐수록 자기는 옛날의 자기가 아닌 다른 사람이 되어가는 듯하고, 미사 중에는 세상의 모든 고뇌를 잊고 마음의 평화를 찾는 것 같아 좋았다.

고등학교를 졸업하고 꼭 대학에 가겠다는 결의에 차 혼신의 힘을 모아 열심히 공부를 하던 진구는 전면 장학생 시험에 합격하고 대구대학에 입학했다. 이제 거침없이 앞으로 나아가 졸업장을 쥐고 사회에 진출해 좋은 자리에 취직할 수 것이라 생각하니 장실댁은 정말 기뻤다.

진구는 대학에 들어가서도 공부를 참 열심히 했다. 영어 공부를 좋아해서 영문학과에 들어가더니 영어소설책을 읽는 데 푹 빠졌다. 여름방학 기간 중에는 책상에 책을 몇 권 쌓아두고 지글지글 끓는 한여름에도 식사시간 이외에는 하루 꼬박 방 안에 들어앉아 책을 읽었다. 더위가 심해 윗옷 내의가 땀으로 완전히 뒤범벅이 되면 그때서야 밖으로 나와 후줄근하게 젖어 있는 옷을 벗어 두 손으로 짠 후 다시 입고는 들어가 책을 읽었다. 집에 오는 인척들은 진구의 이런 열성을 보며 저애는 공부에 미친 녀석이라고 하였다.

진구는 가난한 가정환경에서 자라 공부를 열심히 하지 않으면 장래가 없다고 오래전부터 생각했다. 그러다 보니 하루라도 책에서 손을 떼면 불안했다. 이런 집념과 집착의 생활이 이어지다 보니 어느 날부터 신경쇠약 증세를 보였다. 마음이 아무런 이유도 없이 불안하고 초조하며 또 긴장이 되면서 깊은 잠을 잘 수가 없었다. 그동안 온전히 자신의 노력으로 미래를 개척해야 한다는 강박관념이 무서운 열정의 바람이 되어 가슴을 짓눌렀던 모양이다.

진구는 대학에 입학한 후 마음의 여유를 찾자 자기 자신을 조용히 돌아보았다. 대학 진학이라는 목표를 이루었으니 자신감이 충만하고 마음속에 즐거운 삶이 펼쳐지기를 바랐다. 그러나 희열을 느끼는 그의 마음속에는 또 다른 욕구가 꿈틀대며 마음을 어지럽혔다. 그것은 이성에 대한 열정, 사랑에 대한 충동이 바람이 되어 마음에 갈등을 일으키며 새로운 충만을 갈구하였다.

진구는 이런 충동을 승화하고 장래를 위한 준비나 창조적인 일에 몰두하면 얼마나 좋을까 하고 생각하였다. 그래서 아침에 일찍 일어나 운동을 더욱 열심히 하고 가능하면 책을 들고 교외나 산으로 가서 나무 그늘에서 책을 읽거나 기분이 우울하면 영화관에 가서 재미있는 영화를 보며 기분을 전환했다.

이런 시기에는 또래의 친구들과 어울리면서 젊음을 한껏 발산하는 것이 대단히 중요하다. 당시 진구의 친구들은 대부분 가난한 집안의 시골 출신이어서 입주 가정교사를 했다. 진구는 입주하여 가정교사를 하는 친구들 집을 가끔 방문했다. 그들은 남의 집에서 그나마 윤택하게 살면서 생활했는데 부럽기도 하였지만 남의 눈치를 받으며 불편하게 사는 것을 싫어하는 진구로서는 가난하지만 집을 떠나 남의 집에 입주해서 사는 것은 싫었다.

장실댁은 진구가 잠을 잘 못 자고 안색이 밝지 않자 걱정이 되어 하루는 책상에 앉아 열심히 책을 뒤적이며 앉아 있는 진구의 방으로 갔다.

"너는 먹는 것이 살로 안 가고 얼굴색도 밝지 않으니 웬일이냐? 용돈이 부족해 친구들과 자주 어울리지도 못해 마음이 그런 것이냐? 그래서 신경이 불안한 거야? 진구야, 나와 같이 성당에 나가자. 몸에 병이 생긴 것도 아닌데 마음이 괴롭고 울적할 때는 마음의 병이 난 것이니 천주님을 믿고 도움을 청해야 한다. 나도 다녀보니 참 좋더라. 오는 일요일에 성당에 가자."

어머니의 간곡한 전도를 받아들여 진구는 성당에 다니기 시작했다. 주일에 열심히 성당 미사에 참석하면서 교리공부도 열심히 해서 그해 12월 크리스마스 때 영세를 받았다.

진구는 절대자에게 매달리는 심정으로 성당에 나갔고, 교리를 익혀 영세를 받은 것이다. 사실 많은 사람이 신앙에 입문하는 동기는 비슷할 것이다. 삶의 어려운 고비를 맞아 하느님께 기도하고 청원하며 이를 타개하고 희망을 찾으려는 몸부림이라고나 할까. 어느 유명인사는 새벽에 이웃에서 들려오는 성당 종소리가 심금을 울려 성당을 다니기 시작했다고 한다.

진구는 자기 혼자의 힘으로 장래를 개척해 나가야 한다는 무게에 짓눌려 종교 교리를 수용하는 데도 융통성이 없었다. 그것은 물론 성격 때문이기도 했다. 그러나 부모에 대한 효도와 같은 의무감으로 성당에 열심히 다녔다.

성당에서 또래의 신자들과 친구가 되어 어울리는 가운데 신학교에 다니는 신부 예비생도 만났다. 서로 가까이 살았으므로 몇 번 만나고 집에 놀러 간 적도 있다. 진구는 신학생의 삶도 특이하구나 생각했다. 한창 젊은 나이에 교리나 계명에 따라 절제의 삶을 살고 있어 젊은이로서의 자유분방한 삶의 면모는 외면하고, 인간적인 유연한 삶으로부터 초연한 듯했다. 따라서 대화도 젊은이들이 보통 즐기는 범주를 넘어 단조로웠다.

진구는 당시 영어 소설을 읽으며 서양 사회를 동경했다. 서양 사람들은 자연스러운 인간의 욕구를 꿰뚫어보고 한계를 인정하면서 교회 율법과 인간의 기본 욕구를 잘 조화해서 삶을 보다 합리적인 바탕 위에 각기 행복을 느끼며 살아갔다. 죄를 범하는 인간들임을 인정하는 바탕 위에서 잘못을 회개하고 갱생하도록 노력하는 것이 보다 중요한 것이라고 생각했다.

무조건 피하기보다는 왜 피해야 하는 것인지 투시해 보고, 사실 인생의 욕망이 얼마나 찰나적인가. 따라서 얼마나 허무한지 실제로 체험해 보고 깨달을 때 완전히 자기 것이 되는 것이 아닌가 하는 생각도 들었다. 모르면 공연히 신비감만 자극하고 마음을 어지럽게 만들며 솟구치는 갈등으로 마음의 평화를 잃고 더 큰 상처를 입을 수도 있을 것 아니겠는가 하는 생각도 해보았다.

진구는 공부도 좋지만 침체된 삶의 틀에서 벗어나 활달하게 살고 싶어서 사회봉사활동이나 그룹미팅 같은 데도 자주 나가고 기회를 찾아 대화에 참여하고 체험도 해보고 싶었다. 당시 나이에 이성에 대한 호기심과 사랑에 대한 동경심이 강렬했다. 진구는 아직 햇병아리 젊은이인데 이미 남녀 간의 사랑에 빠져 헤어나지 못하고 고민에 빠진 가까운 친구의 이야기도 들었고, 막상 여학생과 사랑에 몰입한다면 어떨까 하고 상상하면서도 장래를 생각하며 열심히 살아가는 자기의 삶이 일시적인 충동에 못 이겨 이성과의 깊은 관계에 휘말리면 정신적으로 너무 큰 부담이 될까 하는 두려움도 없지 않았다.

진구는 같은 영문과 친구들과 학교 앞에 가까이 위치한 고아원에서 자원봉사활동을 하기로 했다. 원생들을 일주일에 서너 번씩 방문하여 어린애들과 놀아주기도 하고, 학교 다니는 애들에게 공부 지도도 해주었다. 그 고아원은 재산을 가진 독지가가 운영하며 정부의 지원도 받았다. 원생들은 부모의 버림을 받은 아주 어린아이에서부터 고등학교에 다니는 애들까지 망라되어 있었는데 60~70명 정도의 규모였다. 부모의 사랑을 모르고 자란 애들은 역시 마음을 쉽게 열지 못하고 우울해 보였다. 성격이 좀 폐쇄적이면서 소극적이어서 공부에도 열의가 부족한 듯했다.

이들을 만나서 같이 놀고 영어를 지도하면서 진구는 부모의 사랑이 개인의 인격형성과 삶에 대한 자신감, 적극성을 심어주는 데 얼마나 중요한 역할을 하는지 새삼 느꼈다.

큰아들 봉구가 경찰학교를 졸업하고 처음 배정받은 근무지는 함양 경찰서였다. 특별한 배경이나 학교 교육 성적이 돋보이지 않는 경우 출신 지역 근처 벽지 경찰서로 배정받았다. 산수가 수려한 산골 마을이라 사람들이 순박하고 강력범죄들이 일어나는 경우가 드물어 일상적인 대민 치안을 돌보는 비교적 조용한 근무처였다. 근무하는 경찰서 가까운 곳에 셋방을 얻어 살며, 식사는 주로 사먹었다.

항상 용모가 단정하고 예의 바른 젊은 경찰이 혼자 살고 있다는 소문이 퍼지자 그 지역에 사는 처녀들은 봉구에게 관심을 보이기 시작했다. 혼자 사는 봉구로서도 여자들의 눈총을 의식하고 좋은 아가씨를 만났으면 하고 은근히 기대했다.

이런 과정에서 한 아가씨를 만났다. 키가 자그마하고 앳되어 보이는 아가씨였다. 퇴근하다 보면 그 아가씨가 지나가며 눈여겨보는 듯하여 그곳으로 머리를 돌려 보면 아니나 다를까 그 아가씨가 자기를 바라보다 얼굴을 돌렸다. 이런 일을 몇 번 되풀이하자 봉구도 호기심과 기대감에 가슴이 설레었다. 그러던 어느 날, 그 아가씨가 다시 나타났는데 이번에는 얼굴을 들고 쳐다보는 것이 아닌가. 그래서 봉구도 그쪽으로 걸음을 옮기며 말을 걸었다.

"여보시오, 나하고 이야기 좀 합시다."

그 아가씨는 살짝 웃는 얼굴로 봉구를 쳐다보더니만 계속 걸었다. 봉구는 아가씨가 참하고 예쁘게 생겼구나 생각하며 옆으로 다가가 말을 계속했다.

"우리 상림숲으로 같이 놀러 가지 않을래요?"

봉구는 과감하게 그곳으로 가는 쪽으로 방향을 잡으니 그 아가씨도 따라왔다. 이렇게 하여 그들 둘의 데이트는 시작되었다. 그 아가씨는 이제 봉구가 기거하는 셋방을 찾아올 정도로 서로 좋아하는 사이가 되었다.

봉구는 처음으로 사랑하는 여인을 만났고 시일이 지나자 서로 헤어지기 싫어 동거를 시작했다. 이렇게 달콤한 시일을 보내던 어느 날 아가씨가 봉구의 처지를 알게 되었다. 아가씨는 봉구에게 이런 상태로 동거를 계속하기 어려우니 결혼하자고 요청했다.

봉구는 어머니에게 도움을 청하기 위해 자기가 사는 곳으로 한번 와달라고 연락을 했다. 장실댁은 큰아들이 객지에서 혼자 살면서 고생이 얼마나 되는지 궁금했는데 와달라고 하니 마침 잘되었다고 생각했다.

봉구는 대구에서 오는 버스정류장에서 어머니를 영접하여 함양 읍내 식당에서 점심을 대접한 후 집으로 모셔왔다. 어머니를 혼자 방에서 쉬게 하고는 일이 바쁘다며 직장으로 돌아갔다.

혼자 남은 장실댁은 봉구의 거처를 눈여겨보았다. 그런데 남자 혼자 사는 방 치고는 너무나 깨끗이 정돈되어 있고, 옷도 다림질해서 잘 정리되어 있는 게 좀 의아했다.

오후 늦게 봉구가 근무를 마치고 돌아왔다. 장실댁은 원체 큰아들이 깔끔한 줄은 알지만 방 정돈상태나 옷가지 정리가 심상치 않아 발을 씻고 옷을 갈아입고 방으로 들어온 봉구에게 여인이라도 생겼는지 물어보았다.

이 말에 봉구가 짜증 섞인 투로 말했다.

"그 원수 같은 것하고 이혼할 수 없을까? 여기서 좋은 처녀를 만났는데 나는 이 여자와 결혼하고 싶은데 어쨌으면 좋겠어요. 이 여자는 이런 관계를 계속 유지할 수 없고, 차라리 결혼하여 살자며 나를 조르는데 어떻게 해."

봉구가 화를 삭이지 못하다가 한숨을 쉬었다. 이런 봉구를 보니 장실댁도 아들이 불쌍해 위로부터 해주었다.

"그래, 내가 왜 니 마음을 이해 못 하겠노. 마음이 답답하기는 나도 마찬가지다마는 일이 쉽지 않을 것 같다. 우선 며느리는 죽어도 이혼하지 않을 끼다. 일단 시집왔으니 우리 집에 뼈를 묻을 각오가 되어 있더라. 그리고 이제 자식도 생기고 자식과 떼어놓을 수도 없는 것이니 더욱이나 쉽지 않을 것이다. 그러니 좀 더 시간을 두고 천천히 생각해 보자."

봉구는 절망에 몸부림치며 또 한 번 신세 한탄을 했다. 그다음 날 봉구가 출근한 후 무료하게 방에 있는데 밖에서 인기척이 났다. 그래서 문을 살짝 열고 보니 참하게 생긴 아가씨가 서성거렸다. 그러다 장실댁과 눈이 마주치자 계면쩍은 모습으로 목례를 한 후 돌아갔다. 봉구가 만나는 아가씨임이 틀림없는 듯했다.

장실댁이 온 줄 모르고 방으로 들어오려다가 여자 신발이 보여 멈칫 하는데 장실댁이 문을 열어 눈을 마주친 것이다. 아가씨는 참한 얼굴에 단정해 보이는 것이 장실댁도 호감이 갔다. 그러나 쉽게 맺을 수 있는 상대가 아니라 마음의 혼란과 안타까움만 더할 뿐이었다.

결혼을 약속하고 가족의 동의를 얻어야만 계속 만날 수 있으니 어서 결단을 내려달라고 하는 아가씨의 요청을 봉구는 쉽게 들어줄 수 없었다. 그러자 아가씨는 못 믿을 사람이라고 불만을 토로하면서 토라져서 떠나더니 찾아오지 않았다.

봉구가 마음의 갈등을 이기지 못하고 술로 허전한 마음을 달래고 있을 즈음 경찰서 근무기간이 2년 정도가 되어 인근 벽지 파출소로 전출 명령을 받았다. 전라북도 남원으로 넘어가는 국도에 접한 동네에 있는 파출소는 양쪽을 왕래하는 사람들과 상인들이 가끔 문제를 일으켜 어려움이 있었다. 그러나 지리산이 시작되는 지점이라 산세가 웅장하고 아름다워 마음을 다잡고 열심히 건강도 챙기며 생활했다. 봉구는 어느덧 산골의 순박한 사람들의 지팡이가 되어 그들과 어울리며 생활의 보람을 찾았다.

5.16혁명에 참가한 주역부대인 인구의 대대는 개편되어 포항 외각 포항제철 인근으로 이전되었다. 군사혁명에 공로를 세운 장교와 하사관들 상당수는 제대와 더불어 정부나 정부기업에 취직을 했다. 남아 있는 현역들은 의기소침해 사실 부대 분위기가 어수선했다. 그러다 보니 해병대가 자랑하는 군기는 엉망이었다. 이 소식이 알려지자 새로 온 지휘관들은 위기의식을 느끼고 훈련을 더욱 강화했다. 사병들의 군기를 잡는다는 명목하에 기합을 심하게 주니 이를 견디지 못한 수병들이 수시로 탈영을 했다. 탈영소식이 있는 날이면 으레 남아 있는 수병들은 심한 몽둥이질과 발길질 기합으로 밤잠도 제대로 자지 못하고 괴롭힘을 당했다. 이런 상태가 계속되니 어떤 수병은 차라리 도망치다 죽겠다며 필사의 탈출을 하게 되고 남은 수병들은 또 심한 기합을 받는 일이 연속되었다.

이 지경이 되자 참을성이 남다른 인구도 이런 어려움을 도저히 견딜 수 없어 탈출을 결심했다. 탈출을 결심한 날 오후 늦게 부대가 한가한 틈을 타 인구는 큰 나무 앞에 있는 높은 경계방벽으로 뛰어가 나무를 버티고 담으로 발을 옮겼다. 그때 그만 순찰병에게 발견되어 신고를 받고 출동한 주임상사와 병사들이 벽을 잡고 넘어가려는 인구를 잡아 내렸다.

인구는 앞으로 엄청난 기합을 받을 생각을 하니 그만 이성을 잃고 말았다. 수갑을 채우려는 헌병을 제치고 욕설을 하며 주먹질을 하는 상사에게 같이 주먹을 휘두르며 달려들었다. 이에 수병들이 달려들어 인구의 양팔을 잡자 주임상사는 미친 사람처럼 성 수병을 마구 때리고 발길질했다. 그래도 분이 안 풀리는지 몽둥이를 가져다 얼굴, 어깨, 몸통 할 것 없이 사정없이 내리쳤다. 얼굴에 피가 낭자한 채 인구는 힘없이 땅에 나동그라졌는데 주임상사는 그칠 줄 몰랐다. 그는 지독한 정신착란증 환자 같았다.

드디어 인구는 몸이 축 늘어져 신음만 할 뿐이었다. 옆에 있던 하사 한 사람이 이제 그만 하라고 만류하자 정신이 들었는지 입에 거품을 물고 가쁜 숨을 몰아쉬었다.

"이런 놈들 때문에 우리가 편히 잘 수가 없어. 겁도 없이 나한테 주먹으로 달려들어. 이런 놈은 죽도록 몽둥이로 쳐야 돼."

인구 옆에서 인구를 살피던 수병 중 상급자는 "아무래도 기절한 것 같습니다." 하며 주임상사를 쳐다봤다.

누구인가 어디서 벌써 물통에 물을 담아 왔고, 상사의 지시에 따라 찬물을 끼얹었다. 그런데 그렇게 해도 별 반응이 없었다. 깜짝 놀란 주임상사는 어서 의무실로 데려가라고 명했다. 한 수병이 들쳐 업고 의무실로 가 병실에 뉘었다. 심한 구타에 의한 기절이었고 응급조치를 서둘렀다. 일주일간 입원치료를 받고 겨우 회복하여 인구는 퇴원을 했다. 인구는 회복 후에도 얼마 동안 심한 훈련을 받을 수 없어서 주임상사의 특별 배려로 당분간 훈련을 면제받았다.

정상적으로 회복한 인구는 휴가를 받고 대구에 있는 가족들의 집으로 왔다. 장실댁이 있는 집에서 며칠을 보낸 후 인구는 좀 일찍 귀대해야 한다며 갑자기 집을 떠났다.

그리고 한 5일 정도 지났는데 인구의 해병대 부대에서 장교 한 사람이 수병을 대동하고 대구 인구의 집으로 찾아왔다. 장실댁이 의아해하며 이들을 맞았고, 집에 머물고 있던 진구가 밖으로 나가 그들을 안으로 안내했다.

"성 수병이 귀대 기일이 2일이 지났는데도 복귀하지 않았어요. 어디 있는지 알려 주십시오."

너무나 엄중하게 요구해 모두 깜짝 놀랐다.

"부대에 들어간다면서 벌써 5일쯤 전에 집을 떠났는데 무슨 일로 이러는지 모르겠는데요."

진구가 나서서 대답을 했다. 장실댁도 근심된 표정을 지으며 맞장구를 쳤다.

"그렇고말고. 벌써 떠났는데."

"아무튼 성 수병이 귀대하지 않았으니 부모님들이 책임을 져야겠습니다. 소재를 모르시나요?"

해병 중위가 말했다.

"우리도 어디 갔는지 모르지요. 참으로 걱정이구먼. 어쨌든 우리도 찾아보겠습니다."

"아무튼 이 사건은 간단하지가 않습니다. 지금 당장 찾지 못한다면 가족 중의 한 사람이 우리 군 부대로 가서 성 수병이 돌아올 때까지 머물러야 합니다. 빨리 나타나지 않으면 군법회의에 회부될 수도 있습니다. 지금 당장 가족 중 한 사람이 같이 가야겠습니다."

상황이 이렇다 보니 대학생으로 집에 머물고 있던 진구가 부득이 동행하지 않을 수 없었다.

장실댁은 인구가 갈 곳이라고는 시골 딸네집밖에 없다고 판단하고 시골로 급히 갔다. 과연 그곳에 인구가 머무르고 있었다. 방 안에 틀어박혀 있던 인구가 눈이 퀭한 상태로 어머니를 맞았다. 장실댁은 부대에서 사람이 왔고 진구가 붙들려갔다는 이야기를 하면서 빨리 부대로 돌아가지 않으면 큰일 날 것이라고 일러주었다. 별로 반응 없이 천장만 쳐다보고 있던 인구는 다음 날 군복을 챙겨 입더니 부대로 돌아가겠다며 시골을 떠났다.

한편 진구는 부대에 안내되어 우선 대대장을 만나 사건 전말을 이야기하고 인구가 곧 귀대할 것이라고 말하면서 선처를 요구했다. 부대장은 종씨인 성 수병이 말은 없는 편이지만 맡은 일은 피하지 않고 잘하는 부대원인데 왜 수일간 미귀하였는지 모를 일이라면서, 성 수병이 돌아올 때까지 부대에서 성 수병의 자리를 지키고 있어 달라고 말했다. 부대장은 낮에는 부대에 머물러 있다가 밤에는 포항 민가에 가서 자고 다음 날 다시 부대로 와달라고 당부하면서 미안하다고 했다. 결국 인구가 귀대할 때까지 진구가 인질로 잡힌 꼴이 되었다.

부대장 입장으로는 부대 이탈 사실이 부대 밖으로 알려져 군법재판의 대상이 되는 것을 원하지 않았다. 그래서 일단 가족을 머물게 하여 인구의 조속 귀대를 촉구하고 동시에 사건이 비화되는 것을 막을 속셈이었다.

인구는 다음 날 오후에 귀대하였고, 진구는 말로만 들어오던 해병대 대대본부에 이틀간 출근하여 군인들 사회 내부를 잠시 접해 보는 진귀한 경험을 가졌다. 진구는 이 기회에 대학 동기 친구의 집을 찾아 이틀 저녁 신세를 지며 그 친구의 안내를 받아 추운 겨울의 포항 해수욕장을 둘러본 후 집으로 돌아왔다.

장실댁은 인구가 걱정이었다. 어릴 때부터 말수가 적고 고집이 황소같이 센 아이였다. 어릴 적의 일인데, 하루는 장실댁 디딜방앗간에서 동네 동서들과 이웃들이 함께 방아를 열심히 찧고 있는데 담장 너머 건너편 감나무에서 툭 떨어지는 소리가 나더니 땅바닥에 어떤 어린애가 떨어져 소리도 지르지 못한 채 몸을 뒤틀고 있었다. 이상하게 생각한 동서가 그 모습을 보고 "저애가 왜 저러노." 하고 소리를 질렀다.

방앗간에서 일하던 장실댁의 큰딸 무순이가 달려가 보았더니 인구가 나무에서 떨어져 너무 괴로운 나머지 고함도 지르지 못한 채 파들파들 손과 발만 휘젓고 있었다. 익은 감을 따러 약한 나뭇가지를 의지해 기어가다가 나뭇가지가 부러지는 바람에 약 5미터 높이에서 떨어진 것이다. 다행히 바닥이 흙길이어서 큰 외상은 없었으나 대단한 충격과 고통으로 오줌을 싸기까지 했다. 급히 업고 와서 방에 누이고 황급히 구해 온 상비약을 먹인 후 안정을 취한 결과 수일 후 정상으로 회복되었다. 장실댁은 정신적으로 이상한 행태를 보이는 인구를 보며 그때 그 사고 때문에 이상해졌나 하는 생각이 들기도 했다.

인구는 귀대 후 별 탈 없이 근무를 마치고, 그 이듬해 가을에 제대하여 집으로 돌아왔다. 고생스런 군대생활을 끝내고 집으로 돌아왔는데 인구는 더욱 말수가 적고 방 안에 혼자 있는 날이 많아졌다.

불행한 멍에를 벗은 봉구

봉구는 시골 경찰서에 근무한 지 4년여 후에 부산경찰서로 영전했다. 합천중학교에 다닐 때 같은 하숙방을 쓰던 친구의 형이 경찰 고위 간부여서 그이를 찾아가 부탁을 한 모양이다. 봉구는 깔끔한 성격이라 일처리도 매끄럽고, 상사에 대한 매너도 좋아 근무평가가 좋았다.

부산에 오자 봉구는 앞으로 이런 대도시에서 계속 근무하고 싶어 일에 열정을 쏟았다. 경찰서 하급 직원으로 일하면서 궂은일도 마다하지 않고 상사의 눈에 들기 위해 재빠르게 움직였다.

한 번은 경찰서 관내 강도살인 사건이 발생했다. 복층 주택에 강도가 들어와 집을 지키는 할머니를 포박, 살해하고 고액의 현금과 패물을 강탈해 간 사건이었다. 경장이던 봉구는 인근 시장에서 장사를 하며 수입이 좋던 이 집에 현금을 많이 보관하고 있다는 것을 알고 있는 면식범 소행일 것으로 생각하고 전과자 관리부를 조사하여 동료 순경과 함께 시장 근처를 순찰해 오다가 용의자로 의심되는 자를 붙잡아 형사계장에게 보고했는데 그의 수사지도로 결국 범인을 잡게 되었다.

이로 인해 사건을 지휘하던 상사는 특진에 해당되기도 했다. 그리고 경장 봉구의 공도 인정되었다. 하루는 서장이 봉구를 불렀다.

"성 경장은 이번 강도사건 피의자 체포에 공로가 인정되는데 특진에는 해당시킬 수 없는 형편이고, 경찰서 수사 부서에서 내근한 지도 이제 1년 이상 되고 했으니 희망하는 부서라도 있으면 얘기해 보게."

봉구는 부산에 와보니 교통경찰이 참 좋은 자리라는 것을 짐작했다.

"교통경찰 부서로 갈 수 있도록 배려해 주십시오."

서장이 이 말을 듣고 알았다고 하면서 나가 보라고 했다.

이렇게 하여 봉구는 교통경찰이 되었고 특유의 제복과 긴 장화를 신고 부산에서 교통이 복잡하기로 이름난 서면로터리 시장 통로에서 근무를 시작했다. 서면로터리는 각종 차량과 인력거, 행상 등 사람들로 북적거렸는데 그곳에서 차량 소통과 사람 소통을 지도하고 통제하며 하루 종일 이리저리 뛰어다녔다. 교통정리, 길을 막는 주차 단속, 과속 단속, 길거리 행상들의 교통방해 단속 등 정신없이 바쁜 하루를 지낸 후 곤죽같이 피곤한 몸을 이끌고 집으로 돌아오는 일이 다반사였다. 이렇게 열심히 일하는 과정에서 한 번은 서서히 지나가는 자동차가 장화를 착용한 봉구의 발등 위를 지나가는 바람에 발등이 으스러져 얼마 동안 고생한 적도 있다.

1962년 말, 인구는 제대한 후 대구에서 가족들과 같이 살 생각이 없는지 집에 온 지 얼마 되지 않아 시골로 내려가 누나 집에 머물면서 농사나 지으며 살겠다고 했다.

장실댁은 이 일을 어떻게 풀어야 할지 또 걱정거리였다. 큰아들도 원하던 대로 부산에 와서 근무하게 되어 안도했건만, 이번에는 막내아들이 걱정이었다. 그러나 당장 해결 방도가 없어 인구를 시골 딸네 집에 내버려두기로 했다.

장실댁은 진구가 공군 장교로 입대하자 이제 세 자식이 모두 떠나버려 마음이 텅 빈 듯했다. 집에는 며느리 모자와 점순이가 장실댁 곁을 지켰다. 점순이는 처음 대구로 옮길 때부터 가족들과 함께 대구에 나와 직조공장을 다니면서 돈을 벌어 집 살림에 도움을 주더니 이제 뛰어난 양단 직조 기술자가 되어 가정의 생계를 크게 도왔다. 지난 10여 년 동안 불평하는 법이 없이 열심히 일하면서 가정 살림을 도와준 막내딸이 장실댁은 참으로 고마웠다.

큰아들 봉구는 6년 이상 경찰로 일하면서 저축한 돈으로 부산에서 하숙생활을 청산하고 '할라리아' 미군 부대 뒤쪽에 조그만 집을 하나 마련했다. 장실댁은 이 기쁜 소식을 듣고 부산으로 내려갔다. 언덕 쪽에 있는 조그만 집은 부엌과 마루방이 두 개 붙어 있었다. 열심히 살아온 덕분에 자기 집을 마련하였으니 대견스러웠다. 집을 장만했으니 이제 살림을 차려야 하고 또 가사를 돌보아주어야 할 사람이 있어야 하니 우선 대구에 있는 며느리를 데려다 같이 살도록 하자고 넌지시 말을 꺼냈다.

"그 원수 같은 것을 다시 봐?"

봉구는 싫다고 하였다.

"너 직장일로 아침 일찍 나가 저녁에야 돌아오는데 식사도 해주고 집안 살림할 사람이 있어야 하지 않겠나? 며느리는 집 안에 틀어박혀 살림만 알뜰하게 살아줄 터인데 네가 편하기 위해서라도 나는 네가 그렇게 하는 것이 좋겠다고 생각한다. 설마 너 날더러 여기에 와서 밥이나 하고 살림을 살아 달라는 말은 아니겠지?"

봉구는 고단한 하루 일을 마치고 집으로 돌아오면 너무 피곤하여 곤죽이 되었다. 그리고 빨래도 문제였다. 우선 이런 어려움을 좀 면해 보기 위해서는 살림을 살아줄 사람이 필요했다. 그래서 또다시 어쩔 수 없는 자신의 팔자를 원망하면서 어머니 눈치를 살피며 마지못해 동의했다.

"그럼 그렇게 한 번 해봐요. 어쩔 수 없이 애만 타는 내 마음을 누가 알아주겠어."

장실댁은 며느리와 세 살 된 손자를 데리고 부산으로 왔다. 이들 네 식구는 이 집에서 같이 살게 되었다. 장실댁이 겪어보기에는 며느리는 참으로 보기 힘든 좋은 행실을 가진 여자였다. 남편이야 있건 없건 상관하지 않고 이 집 며느리로서 나무랄 데 없이 성실했다. 가정 살림을 맡아서 시어머니를 극진히 모시고 친척들에 대한 행실도, 음식 만드는 솜씨도 뛰어났다. 장실댁은 이런 며느리가 안쓰럽기도 하고 무척이나 고마웠다. 그리고 인종하는 자세가 누구의 추종을 불허하였다.

부산에 도착하여서도 며느리는 단시간에 집안을 깨끗하게 정돈했다. 하루 일을 마친 후 저녁에 집으로 돌아온 봉구는 마누라를 본체만체 하며 양은그릇에 떠다준 물에 발을 씻은 후 방으로 들어왔다. 봉구는 오랜만에 본 자식도 쳐다보기만 할 뿐 애정표시가 없었다. 장실댁은 봉구 가정이 일단 안정을 찾은 것 같아 마음이 놓였다. 그러나 그들 둘만 남겨두면 무슨 일이 일어날지 몰라 한동안 같이 살았다.

이렇게 평온한 가운데 세월이 흘러가니 장실댁은 시골에 간 인구가 걱정이 되었다. 일단 시골에 가서 인구의 마음을 확인한 후 다음 일을 생각하기로 했다. 장실댁은 인구가 시골에서 계속 살고 싶어 한다면 그렇게 하도록 삶의 터전을 마련해 주어야겠다고 생각하니 또 걱정이 많았다.

장실댁은 대구에 가서 용환이를 맡겨두고 시골 둘째 딸 집으로 갔다. 인구는 주로 방 안에 틀어박혀 무엇인가를 골똘하게 생각하며 멍하니 앉아 있거나 때로는 혼자 황매산을 다람쥐같이 올라갔다 밤이 되면 돌아오고, 어떤 날에는 갑자기 기분이 내키는지 자형의 농사일을 거들어준다고 했다. 어머니를 보고도 그저 "어머니 왔어?" 하고는 말문을 닫았다. 장실댁은 저녁을 든 후 인구를 불러 앉혔다.

"너는 농촌에서 계속 살고 싶으냐? 인제 일도 조금 거들 줄 아네."

그러자 인구가 고개를 슬며시 들었다.

"나는 우리 고향에서 살 끼요. 대구에 가서 살기 싫어요."

"그래, 알겠다. 시골에 살려면 집도 있고 농토도 있어야 할 텐데 걱정이다."

장실댁은 어떻게 해결해야 할지 생각해 봤다.

"문 서방, 우선 이애를 좀 데리고 있게. 내가 시골 동네로 다시 돌아와 이애하고 같이 살아야지."

장실댁은 옆에 있는 사위에게 말하고는 이내 한숨을 쉬었다. 며칠을 쉰 후 장실댁은 인구를 그곳에서 농사를 도와주며 살게 하고 대구로 돌아왔다.

사위 문영문은 참으로 부지런하고 알뜰한 사람이었다. 맨주먹으로 시작한 신접살림인데 논과 밭을 일구고 일을 열심히 하여 이제 농토도 꽤 많이 가졌다. 장모님으로부터 이제 인구를 여기에서 같이 살도록 인계받자 문영문은 인구를 일꾼으로 부려먹기 시작했다. 꽤 많은 농사일을 혼자서 하려니 일이 힘에 부쳤는데 인구가 방 안에 틀어박혀서 빈둥거리는 모습을 그냥 두고 볼 수 없었다. 우선 인구를 불러 따끔하게 경고부터 했다.

"놀면서 밥을 먹을 수는 없다. 농사를 지으면 해야 할 일이 너무 많다. 우리 집에서 같이 살려면 나를 도우며 농사일을 해야 된다."

그러고는 오늘은 무슨 일부터 하라고 지시를 하고는 부지런히 농기구를 챙기고 일터를 향해 집을 나섰다. 그러더니 그 다음 날부터 문영분은 매일 아침 인구에게 할 일을 지시하고는 재빠르게 자기 일터로 나섰다. 인구는 그 집에 사는 한 그 지시를 따르지 않을 수 없었고, 고된 일이 짜증스럽기도 했지만 그렇게 해서 서서히 농사일을 배우게 되었고, 나름대로 재미도 느꼈다.

장실댁은 대구로 돌아오니 이제 자식들은 모두 떠나고 결혼을 앞둔 딸만 남겨두어 집이 텅 빈 듯했다. 딸이 시집을 가면 이 집을 정리하고 시골에 가서 인구와 함께 살기로 작정을 했다.

마음씨 착한 작은딸은 이미 과년이 되었고 장실댁은 이 딸에게 걸맞은 신랑감을 찾아주어야겠다고 생각하며 지인을 통해 마땅한 혼처를 알아보기 시작했다. 마침 알맞은 자리에 중신이 들어왔는데 마음에 썩 들지는 않아도 건실하게 살림을 꾸려갈 총각으로 짐작되어 혼사를 허락하고 결혼을 시켰다.

장실댁은 서운하지만 이제 홀가분한 심정으로 집을 팔기로 했고, 시골로 움직이기 전에 부산에 사는 큰아들이 별 탈 없이 살아가는지 궁금해서 가보기로 했다.

보기 싫다며 큰아들 봉구가 며느리에게 또 어떤 행패를 부렸을까 생각하면 한시도 마음이 놓이지 않았다. 손자 용환이를 대구 큰딸에게 맡겨두어 이 문제는 일단 해결되어 다행이고 이제는 마음이 좀 놓이는 듯 두 자식 사이를 이리저리 움직이며 보살피는 것이 장실댁의 당면한 과제였다.

부산에 내려가 보니 과연 예상했던 대로였다. 물론 엄격하게 각방을 쓰고 있고 며느리는 남편이 자기를 어떻게 대하든 자기 할 일만 잘하면 된다는 일관된 자세를 유지하면서 집 안도 깨끗하게 치우고 살림도 야무지게 했다. 그러나 봉구는 여전히 아내를 바로 쳐다보지도 않고 말도 하지 않는 냉전 상태를 보냈다. 며느리는 아침에 깨끗하게 다림질한 제복과 빨래한 속옷을 미리 방에 들여놓거나 급하면 방문을 살짝 열어 방 안에 넣어주었다. 둘이서 사는 꼴을 보면 장실댁은 참으로 가슴이 답답하고 조마조마하면서 안타까웠지만 어찌할 재주가 없었다.

장실댁을 보자 봉구는 또 못난 마누라 보기 싫어서 불평을 늘어놓고는, 이렇게 계속 살 수 없으니 이혼할 수 없느냐고 하소연을 했다. 장실댁도 이런 불행한 살림을 계속하는 것을 두고 보기 싫었으나 며느리가 죽어도 이혼을 해주지 않는다는데 어찌 하겠느냐고 대답할 수밖에 없었다. 아무래도 그대로 둘을 두고 가면 불상사가 또 날 것 같고 마음이 조마조마하여 장실댁은 큰아들 집에 얼마 동안 살기로 했다.

봉구는 며느리만 보면 울화를 참지 못했다. 자제하려고 애를 쓰는데도 며느리 말소리만 들려도 화가 치민 얼굴을 했다. 그러나 며느리는 내색하지도 않고 노예처럼 자기 할 일만 했다.

어느 날 시골에 살고 있던 며느리의 남동생이 부산으로 이사를 왔는데 누나가 남편으로부터 심한 구박을 받으면서 고생스러운 삶을 살고 있다는 소식을 전해 듣고는 찾아왔다. 누나가 이렇게 어렵게 살 줄은 몰랐다며 위로를 하고는 누나에게 차라리 헤어져서 마음 편하게 사는 것이 좋겠다고 호소를 했다고 한다. 부산에서는 혼자서도 마음만 다잡아먹으면 얼마든지 잘 살 수 있다고 간곡하게 이야기한 모양이었다.

시집와서 시골 아녀자로 집 안에서만 살아와 세상물정이라고는 너무 모르는 며느리는 남편과 떨어지면 당장 거지 신세가 될 것이 두려워 이혼은 상상조차도 못했는데 이 말을 듣고는 귀가 솔깃했던가 보다.

어느 하루는 봉구가 저녁을 먹고 어머니와 앉아 있는데 며느리가 부엌 쪽 문 밖에서 방을 향해서 "다듬이질을 하려고 하는데 옷 좀 내줘요." 하고 말을 하자 봉구가 또 화를 냈다. 봉구는 워낙 깔끔함을 떨어 경찰 제복을 아침에 다림질해서 입고 가기 때문에 저녁이면 옷을 미리 내주어야 한다. 그런데 자기가 듣기 싫어하는 말을 건넸다는 것 때문에 또 기분이 상했다. 한참 분을 참지 못하고 있더니, "저거하고 이혼하는 것이 나의 소원인데 왜 못 들어준다는 거야." 하며 소리를 질렀다. 그런데 잠시 후 "이혼합시다. 인제 나도 지긋지긋하다. 왜 못해." 하는 대답이 밖에서 들려왔다.

이 말을 들은 봉구는 자기 귀를 의심했다.

"니 정말이가. 그러면 이리 한 번 들어와 봐라, 이야기 좀 하자."

잠시 후 이미 각오를 한 듯 며느리가 방 안으로 들어왔다. 보통 때 볼 수 없는 당당한 자세였고, 무서운 것이 없다는 자세였다. 장실댁도 저애가 왜 저렇게 변했나 싶어 어리둥절해 있었다. 며느리가 들어와 자리를 잡고 앉았다.

"네가 이혼에 응한다고 했더나? 그러면 나 이 집 너한테 다 줄 수 있다.”

“나도 이대로 계속 못살겠다. 이혼하자.”

“그래, 잘 생각했다.”

봉구는 싱글벙글해하며 어머니를 보았다.

“어머니, 나 인제 해방되는 거네요.”

그러나 장실댁은 갑자기 벼락을 맞은 심정이었다. 이 집을 다 준다면 당장 어디 가서 살려고 그러나 걱정이 되었지만 장가 잘못 가서 저렇게 한이 맺혀 있던 자식이 날아갈듯이 좋아하니 좋기도 하고 마음이 놓이기도 했다.

그 다음 날 장실댁은 봉구가 출근하고 나서 며느리를 불러 앉혔다. 우선 항상 자기 곁에 있을 것 같던 며느리가 갑자기 이혼을 꺼내며 헤어진다고 하니 며느리 모습이 너무 불쌍하고 애처로워 보여 위로부터 했다.

“우리 집에 시집와서 10년 넘게 온갖 어려움 다 겪으면서 고생이 참으로 많았다. 인고 속에서도 웃어른들을 극진하게 잘 모셨고, 살림살이도 나무랄 데 없이 잘했는데, 네 서방이 저러니 나도 항상 애간장이 탔느니라. 이 도시에서 너만 부지런하면 먹고 사는 데 큰 어려움은 없을 끼다. 우리 모자가 들어가 살 전세방이라도 마련하면 이 집 바로 비워주마.”

장실댁은 목이 메어 더 이상 말을 못하고 한숨으로 대신했다.

하루가 지난 다음 날 봉구는 오후 좀 일찍 집에 들어오면서 어머니에게 들어가 살 수 있는 전셋집을 찾았으니 떠나자고 했다. 봉구는 하루라도 빨리 이 꼴 안 보고 자유를 찾고 싶었는지 서둘러 일을 처리했다. 장실댁은 끌려갈 수밖에 없었다. 당장 입을 옷가지며 이불과 그릇,

냄비를 챙기고 나니 밥 먹을 숟가락과 수저를 잊고 있었다.

장실댁은 보퉁이를 싸다 말고 봉구가 차를 부르러 나가고 없는 틈을 이용하여 며느리를 불러 앉혔다.

"우리 용환이가 있으니 너와 인연을 완전히 끊을 수도 없을 것이다. 용환이가 종래에는 아무래도 자기 어머니인 너를 찾지 않겠느냐?"

말을 잠시 그치더니 한숨을 내쉬었다.

"그럼, 잘살거라. 우린 갈 끼다. 아, 참 숟가락과 수저 두 개씩만 주거라."

그러는데 그만 참던 눈물이 쏟아졌다.

장실댁은 갑자기 이 꼴이 된 자기 자신이 처량하고 그토록 정이 들었던 며느리가 불쌍했다. 며느리는 마음이 착잡해선지, 혹은 눈물을 보이기 싫어서 그랬는지 우중충한 얼굴로 숟가락을 전해주고 감정을 자제하려고 노력하는 듯했다.

"어머니, 죄송할 뿐입니더. 안녕히 가십시오."

장실댁은 저 아이의 마음이 얼마나 착잡하고 후련하기도 할까 생각하며 돌아서서 걸음을 옮겼다. 장실댁은 봉구의 소원을 풀어주어 잘되었다고 애써 생각하면서도 이게 무슨 인생살이의 연극인가 싶었다. 애들 다 키워놓고 지금 와서 이 무슨 기막힌 일인가 말이다.

봉구는 서면 쪽에 부엌과 조그만 마루가 달린 셋방을 용케도 계약을 했다. 오랜만에 어머니와 단둘이 사는 것도 좋다며 밝은 얼굴로 직장에 나갔다. 연로해 가는 어머니에게 가사 일을 시키는 것이 마음이 아프겠지만 우선 꼬리 잡힌 새가 풀려난 것처럼 잃어버린 자유를 찾은 기쁨을 즐겼다. 그리고 좋은 자리에만 가 있으면 어려운 살림이야 곧 해결될 수 있을 것이니 살림 걱정은 하지 않았다.

어머니와 자유롭게 살던 봉구 집에 얼마 후 아가씨가 집으로 찾아왔다. 한창 젊은 나이에 모처럼 해방된 심정이었을 테니 이상할 것도 없지만 장실댁은 봉구 혼자 두어도 이제 별 문제가 없을 것 같아 시골에 있는 인구가 자리잡고 살 수 있도록 주선해 주러 시골로 갔다.

인구는 생각보다 농사일을 잘하고 있었고, 안정을 찾은 듯하였다. 물론 식사 습관은 여전히 특이했고, 시간 여유가 있으면 혼자서 방안에 앉아 골똘히 생각에 잠기는 버릇 또한 여전했다. 그러나 무엇보다도 사위 문영문이 철저히 일을 시켜 힘들었는지 장실댁을 보자 자형이 너무 일을 시킨다고 불평을 털어놓았다.

아무튼 장실댁은 인구가 농사일을 열심히 한다니 마음이 놓였다. 이제 저 아이는 시골에 집이 있고 논이 있으면 살겠구나 하니 어려운 문제가 풀리는 듯했다.

장실댁은 막내딸을 결혼시켜 시집을 보낸 후 대구에서 살던 집을 팔아 시골 고향동네로 와서 인구가 살 집을 장만했다. 그리고 형들의 도움을 얻어 농토도 조금 마련했다. 인구를 데리고 시골에서 살아야 할 사정이 되었으니 대구에서 초등학교에 입학시킨 용환이도 시골 학교로 전학시켰다. 부모 곁에 있을 수 없는 손자의 교육을 할머니가 맡아 시키지 않을 수 없었다.

그 시기에 공군 장교가 되어 평택에서 훈련 후 제주도에 근무 발령을 받고 부임하기 전에 진구가 휴가를 받아 시골로 찾아왔다. 장실댁은 용환이가 도시에서 사촌들과 어울려 놀다 연고도 없는 조용한 시골 학교에 들어가 제대로 공부를 할지 걱정이 앞섰다.

장실댁은 진구를 보고 말했다.

"용환이를 이 할미가 데리고 가서 초등학교에 입학을 시켰는데 그

학교에서는 부모도 없는 고아라고 괄시할지 모르니, 휴가 나온 차제에 네가 학교에 한 번 가서 용환이를 잘 부탁한다고 인사하고 오너라."

장실댁은 진구가 그 초등학교를 나왔고, 지금 공군 장교가 되어 제복을 입고 나타나서 학교 선생을 만나면 도움이 많이 될 것으로 생각한 모양이었다.

사실 진구는 그럴 필요가 없는 일이어서 별로 내키지 않았지만 어머니의 부탁을 저버릴 수 없어 10년 세월도 훨씬 지난 지금 처음으로 옛날 자기가 다니던 초등학교에 가보았다.

오랜만에 학교에 들어가 보니 학교 건물과 운동장, 그리고 학교 운동장 경계로 흐르는 수로 등은 옛날 그대로였다. 그런데 옛날 학교 다닐 적에 애들이 줄지어 앉아서 잡초를 뽑을 때는 그렇게 커 보이던 운동장이 참 조그마하게 보였고, 학교 건물도 왜소했으며, 많은 학생으로 붐비던 학교가 도시 진출을 위해 시골 주민들이 이농하고 있는 사정 때문인지 몰라도 아주 조용하다는 생각이 들었다.

학교 운동장에 들어와서 사방을 둘러본 후 뒤를 돌아보니, 황매산이 정면으로 위압적인 자세로 내려다보듯 서 있었다. 중천에 솟은 아침햇살을 맞은 황매산은 시커먼 괴물같이 보였다.

진구는 상념에 잠겼다가 운동장에서 계단을 올라 학교 교무실에 들어갔다. 아는 선생님은 한 사람도 없고 젊은 선생들이 공군 장교 제복을 입고 들어서는 진구를 이상한 눈초리로 바라보았다. 진구는 용환이 담임선생을 만나서 우선 이 초등학교 졸업생임을 말하고 용환이가 시골에 와서 공부를 하게 된 실정을 말한 후 관심을 가지고 잘 보살펴 달라고 부탁했다.

진구는 이 휴가 시기에 시골에 돌아와 어머니와 그리고 오랜만에 동생 인구와 같이 한 방에서 지내게 되어 즐거웠고 시골 고향에서 아련한 추억을 떠올리며 감회에 젖기도 했다. 인구는 혼자 다니거나 말수가 적어 답답해 보이지만 조용한 시골 삶에 잘 적응해 나가는 듯했다. 진구는 인구가 산에 잘 다닌다는 말을 들은 적이 있어 이 기회에 황매산에 같이 등산해 보고 싶었다. 가을이니 맛있는 산과일도 따먹고 싶었다.

진구는 어릴 적부터 장엄한 황매산의 모습을 신비스럽게 바라보았다. 한때는 어른들이 깊은 산골에 호랑이가 있다고 해서 무서워한 적도 있다. 6.25전쟁 후 몇 년간 공비들이 산꼭대기 바로 밑 바위 아래 아지트를 만들어 살면서 가끔 연기가 그 지점에서 피어오르고 하여 주민들을 공포에 떨게 하였다. 또 그 당시 괴물같이 보이기도 했던 산이었지만 지금은 저렇게 당당한 자세로 우뚝 솟아 있는 황매산을 한 번 오르고 싶었다.

산 중간에 길게 뻗은 등성이에는 바위 덩어리가 돌출하고 그 모습이 아름다워 초등학교 다닐 때 소풍도 간 적이 있다. 어머니와 누님들을 따라 물통골이라는 제일 긴 골짜기까지 나물과 약초를 캐러 따라다니기도 했으나 진구는 정작 정상에 올라가본 적은 없었다. 그래서 인구에게 제의를 했더니 쉽게 호응해서 같이 등산길을 나섰다.

간단한 도시락을 준비해서 출발을 했는데 인구는 빠른 걸음으로 앞질러 갔다. 한동안 걸어서 흰등골(정상 오르는 길목에 흰 석회석이 드러나 있는 등성이)을 오르니 벌써 낮은 산들은 눈 아래 보이기 시작했다. 여기서 좀 쉰 후 가파른 정상을 향해 비탈길을 올랐다. 힘든 비탈길을 20여 분 오르니 정상 3봉이 눈앞에 나타났다. 다시 계곡으로 내려갔다가 낮은 잡목들과 이끼로 덮인 정상을 올라갔다. 정상 3봉이 마치 처녀

유방 봉우리처럼 같은 높이로 연이어 솟아 있는데 앉아서 쉴 만한 공간은 없는 듯하였다.

지척으로 보이는 덕유산, 저 멀리 웅장한 자태로 아련히 솟아오른 지리산 연봉을 멀리서 바라본 후 진구 형제는 가파를 뿐 아니라 이끼로 미끄러워 오르던 길로 내려가기를 포기하고 서편으로 걸어갔다가 정상 등성이에 솟아 있는 바위에 쉬며 점심을 먹었다.

황매산 뒤쪽은 약 150미터 정도 경사지로 이어져 있고, 여기에는 키가 작은 잡목들이 자라고 있거나 드러난 바위 덩이들로 연결되어 있어 조심스럽게 내려가야 했다. 구릉에는 뻘동 나무들이 많았다.

진구와 인구가 황매산에 오른 이유도 구하기 힘들어진 뻘동을 따서 먹어보고 싶은 욕심 때문이었다. 계절이 10월 중순이었으니 뻘동이 익을 시기였다. 이 등성이에는 호랑이가 산다는 옛 이야기도 있고, 산돼지가 자주 출몰한다고도 알려져 있다.

진구는 동생과 함께 구릉으로 내려갔다. 주변을 두리번거리며 살핀 후 지천으로 널려 있는 뻘동 나무에 빨갛게 열려 있는 조그만 산과일을 이리저리 다니며 열심히 따서 광주리에 채우니 꽤 오랜 시간이 지났다. 각자 광주리에 반 이상을 채운 진구는 인구에게 어서 떠나자고 했다. 인구는 아무 말 없이 계속 구릉 언저리를 다니며 과일 따는 데에만 열심이었다. 계곡 속을 들어가니 진구는 산짐승들이 혹시 나타나 공격하면 어떻게 하나 하는 무섭증이 갑자기 일어나는 듯하여 인구를 불러 빨리 떠나자고 졸랐다.

그래도 갈 생각을 하지 않기에 진구는 먼저 간다고 말한 후 산등성을 향해 발걸음을 옮겼다. 그때서야 인구는 마지못해 따라왔다. 계곡을 나와 길을 잡으니 인구는 그만 또 빨리 내달리기 시작했다. 진구는 혼자 뒤떨어져 따라가자니 무서워서 달리기 시작했다.

인구는 무서움을 느끼는지 혹은 무슨 생각을 하는지 말없이 앞서 걷기만 했다. 진구는 그때 왜 갑자기 무서운 생각이 불현듯 났을까 하고 생각을 했는데 혹시 사나운 산돼지가 그 근처에 있었던 것이 아닌가 하고 생각해 보기도 했다.

장실댁은 15년여 동안 자식들 공부시키고 사회에 진출시키느라고 바쁘고 고달프게 도시생활을 해왔다. 또 애들을 제 갈 길을 보내고 나니 허전하면서도 이제 좀 편안히 살 수 있으려니 생각했다. 그런데 이번에는 막내자식이 무슨 병을 앓고 있는지 이상한 행보를 계속하고 있어 돌보아주어야 할 처지가 되었으니, 이것이 자기의 업보려니 생각하면서도 삶의 곡절이 기이하고 꿈만 같았다.

시골에 삶의 터전을 잡자 인구는 이상한 행동을 더 많이 했다. 분명 정신이 이상하긴 한데 광증을 부리거나 남에게 해를 주는 것은 아니었다. 아마 머릿속에서 일어나는 무슨 생각에 시달리는 것이 아닌가 하는 생각이 들었다. 방 안에서 사색을 하는가 하면 무엇을 열심히 쓰기도 하고 방 안에 물이 가득한 그릇들을 이곳저곳에 얹어놓기도 하고, 가끔 집을 떠나 하루 종일 어딜 갔다가 저녁에 돌아오는 기행을 했다. 어디 갔다 오느냐고 물으면 대답도 없었다. 무언가 골똘히 생각하다가 잘 안 풀려 머리가 아파 바람에 날아가듯 어디로 무작정 가버리는 것 같았다.

농사일도 꼭 필요한 일은 잘하는데 한 번 시작하면 단숨에 해치웠다. 장실댁은 이 병은 남을 해치거나 분탕을 일으키는 것이 아니고 단지 자기 혼자 만든 병 같아 결혼을 시키면 달라질 것이라는 생각이 들었다. 아직 형인 진구가 미혼이고, 또 큰형이 이혼하고 재혼을 하지 않은 상황이라 무리일 수도 있지만 장실댁은 인구를 어려움에서 구해야 한다는 강박감 때문에 결혼을 시키기로 마음을 굳혔다. 나이로 치면 인구도 22세가 넘었으니 결혼할 나이도 되었다.

혼사 의사를 발설한 지 얼마 되지 않아서 중신이 들어왔다. 시골의 가난한 집 딸이지만 키도 크고 얼굴도 그만하면 괜찮은 편이라고 했다. 장실댁은 인구에게 어울리는 색시는 무엇보다 성격이 좋고 남편을 잘 위할 줄 아는 사람이 중요하며 외모도 무시하지 못하니 직접 찾아가 보기로 했다. 큰아들이 결혼할 때의 악몽이 떠오르기도 해서 이번에는 직접 가서 확실히 보고 결정을 하겠다고 생각했다.

시골 사는 막내 동서를 거느리고 그 아가씨가 사는 집을 찾아가서 아가씨를 정식으로 대면해 보았다. 어머니를 보면 딸의 성품을 짐작할 수 있다고 했는데 그 어머니도 성격이 좀 개방적이고 적극적이어서 좋았고, 큰 키에 외모도 그만하면 마음에 들었다. 너무 못사는 집안인 것이 좀 흠이긴 했지만 이쪽에서도 애로가 없는 것도 아니어서 응낙하기로 했다.

인구는 결혼한다는 데 대해 자기 일이 아닌 것처럼 별다른 의견을 나타내지도 않았고 싫은 기색도 보이지 않았다. 그저 떠오르는 생각들에 홀린 듯 표정 변화도 없이 어머니 제의를 듣고 피식 웃는 표정을 보였다. 그래도 장실댁은 인구에게 선을 보았다는 사실도 알려주고 처녀 집에 다녀와서 이것저것 이야기해 주면 그저 수긍하는 듯한 눈빛으로 바라보며 "어머니가 좋다면 하는 거지 뭐." 하고 대답을 했다.

이렇게 해서 인구는 장가를 가고 새 며느리가 들어와 집안 살림을 맡았다. 새 며느리는 성격이 적극적이고 시어머니에게 애교를 부리며 접근도 잘했다. 그리고 친척과 이웃 여인들과도 스스럼없이 잘 사귀었다. 부부간의 관계도 원만한 듯하였다. 인구는 농사짓는 일에 좀 더 재미를 붙이는 듯하였고 새색시가 언질을 주면 이에 따르면서 대꾸도 잘하는 편이었다. 장실댁은 마음이 놓이고 인구 장가보낸 것을 참 잘했다고 생각했다. 그러나 아직 마음을 쉽게 놓을 수 없어 아들 내외가 아기를 가질 때까지 시골에 살아야겠다고 생각했다. 몸이 무거워지고 쉽게 피곤해 장실댁은 편안한 시골에서 며느리가 해주는 밥을 먹으며 한동안 살고 싶기도 했다.

인구는 집에 조용히 머물면서 일에 정신을 쏟다가도 갑자기 휑하니 나갔다가 지치고 힘이 빠져 돌아오는 날이 비일비재했다. 그러더니 한 번은 합천 군청에 다녀왔던 모양이다. 인구가 합천 군청에 갑자기 나타나 군수님을 면회하고 싶다고 하자 남루한 옷차림을 보고 군청 직원이 왜 그러느냐고 물으니, 농사짓는 문제에 대해 좋은 생각이 있어 이야기하고자 한다고 했다. 시골 옷차림에다 말을 횡설수설하는 것을 보니 정신이 이상한 사람 같아 결국 설득을 해서 돌려보냈고 인구는 나름대로 실망한 채 먼 길을 걸어서 집으로 돌아왔다.

또 한 번은 서울의 관청 사무실에서 일하고 있는 형 진구에게 시골 동생이 서울에 올라와 있다는 연락을 해서 진구가 급히 나가서 만나보니 수척하고 피곤한 모습에다 풀이 죽어 중앙청 잔디밭 의자에 앉아 있었다. 사전 연락도 없이 갑작스럽게 나타난 인구에게 왜 연락도 없이 왔냐고 물었더니 “배가 고프니 밥을 먹어야겠다.”고 했다. 진구는 수척한 얼굴에 다급하게 밥을 먹겠다는 말을 들으니 너무 불쌍한 생각이 들어 빨리 식당으로 데리고 가서 밥을 사주었다.

“서울에는 갑자기 무슨 일로 왔느냐?”

"농림부장관을 만나려고 왔다."

"무슨 일로 농림부장관을 만나?"

너무나 뜻밖의 말에 진구가 물었다.

"농업정책에 대해 이야기하려고."

그러면서 큰 봉투를 포켓에서 꺼내 보였다.

"그런데 입구에서 무조건 들여보내 주지 않아 실랑이를 하다가 할 수 없이 그만 나왔지. 집으로 돌아가려니 배도 고프고……."

차비와 용돈도 떨어진 모양이었다. 진구는 동생이 너무 측은해 보여 눈물을 글썽이며 식사를 거뜬하게 마치고 난 동생에게 차비와 용돈을 좀 주었더니 서울역으로 향하였다.

시골로 돌아온 후 어느 날 점심을 먹은 후 인구가 또 집을 나갔는데 밤이 되어서도 돌아오지 않아 걱정을 많이 했다. 다음 날 오후 늦게 피곤하고 초췌한 얼굴 모습으로 집으로 돌아왔다. 물어보니 밤중에 황매산을 넘어 갔다가 반대편으로 돌아왔다고 한다. 그래서 왜 그랬느냐고 물어본즉 대답을 하지 않았다.

그 이외에도 자기가 거처하는 안방에 물이 가득 찬 그릇을 곳곳에 즐비하게 놓아두어 마누라가 핀잔을 주어도 그런 기이한 행위를 계속했다. 세월이 지난 후 이 증세를 이야기해 본 결과 인구는 일종의 자폐증 증세를 가진 환자였다.

결혼 후 인구는 부인이 적극적으로 살림을 살고 위해주어 부부관계는 좋았고, 세월이 흐르면서 삼남매를 낳아 잘 길렀다. 아들 딸 모두 머리가 우수하다고 칭찬을 받았다. 인구의 머리에는 끝없이 아이디어가 떠올라 괴롭힘을 당하는데 공부를 해서 이를 풀어내지 못하고 괴로움과 싸우면서 이를 물리치기 위해 기행을 거의 주기적으로 하는 것이라고 생각하는 사람들도 많았다. 인구에게는 자기 내면에 펼쳐보려는 욕망과 욕구가 세찬 바람이 되어 일어나고 있으나 출구를 제대로 찾지 못해서 괴롭힘을 당하고 있는 것이 아닐까?

바람 잘 날은 없는가?

봉구는 교통경찰 일을 끝마치면서 경사로 진급해 일도 좀 여유가 생겼다. 그래서 장실댁은 봉구에게 새장가를 들라고 권유했다.

"얘야, 인제 재혼문제를 한 번 생각해야 하지 않겠느냐? 여태 일이 너무 바빠서 그랬지만 혼자 사는 기간이 너무 길었다. 너의 식사까지 걱정을 해야 하는 내 사정도 좀 생각해야지."

"마땅한 사람을 만나기도 쉽지 않고, 그러다 보니 세월이 좀 흘렀네요. 마음에 드는 사람이 나타나면 저도 재혼문제를 생각해야지요."

"한 번 실패하였으니 이번에는 우선 네 마음에 드는 사람이 나타나야 할 터인데, 잘 알아보자."

봉구가 재혼하겠다는 의사를 비치자 장실댁은 친지들과 딸들에게도 좋은 혼처를 알아보라고 했다. 일찍 결혼을 시켜 풍파를 겪고 이혼을 했지만 아직 나이가 30대 중반이고, 직장이 번듯하니 처녀장가도 갈 수 있을 것으로 생각했다.

이렇게 얼마 동안 알아보고 있던 중 대구에 있는 노처녀로부터 중신이 들어왔다. 대구의 여동생이 수소문을 해보던 중 관심을 표명한 처녀를 만난 것이다. 키는 자그마하나 야무지게 생기고 예쁘장한 데다 성격이 밝아 오빠에게 제격이라고 생각했다. 그래서 부산으로 연락을 해서 당사자들을 만나게 했는데 서로 좋은지 결혼으로 이어졌다. 봉구가 결혼했다가 실패하고 나서 재혼한다는 사실은 당초부터 발설을 했고 신부 쪽에서도 이를 이해하고 받아들였다.

봉구는 명색이 처녀장가를 드는 입장이라 용환이가 딸려 있다는 사실을 시초에는 알려주기가 쉽지 않았다. 그래서 시기를 저울질하다가 서로 결혼 의사를 굳혔을 때 이 사실을 알렸다. 정옥이라는 이 처녀는 당초 이야기와 다르다며 화를 내고 마치 배신을 당한 듯 고심을 하더니 이내 어쩔 수 없는 현실을 받아들였다. 봉구는 용환이 때문에 마음속에 지우고 싶던 불행했던 과거가 다시 살아나는 듯하여 또다시 화가 치밀었다.

봉구는 이정옥이란 나이든 처녀와 결혼을 했고, 안정된 가정을 꾸려갔다. 무엇보다 살림에 알뜰하고 정성을 다해 남편을 받드는 부인이 마음에 들었다. 그들 부부는 직장이 가까운 장전동 부산대학 정문 근처에 살림집을 마련하였다.

봉구는 경찰로 근무하면서 성실히 일한 결과 경사까지 순탄하게 진급하였다. 그러나 중요한 고비인 경위 진급은 고과점수도 좋아야 하지만 필기시험도 합격해야 해 어려움이 따랐다.

이 어려운 관문을 앞두고 봉구는 열심히 대비했고 정성을 다해 보필하는 새색시 덕분으로 어려운 필기시험을 잘 치러 시험에 합격하였다. 경찰로서 치르는 마지막 필기시험에 통과하여 봉구는 물론이고 장실댁도 기쁘기 한량없었다.

경찰로 근무하다 경위로 승진하는 것은 신분상의 커다란 약진이다. 일정기간 교육을 받은 후에 각 동 단위에 소재하는 파출소의 장이 되는 것이다. 봉구는 경찰이 되어 많은 고생을 했지만 성실하게 근무한 경력을 바탕으로 보수교육 과정 후 곧 파출소장으로 발령을 받았다. 봉구는 이때까지 맛보지 못한 삶의 보람을 한껏 누렸다.

장실댁은 봉구가 결혼을 하고 안정된 생활을 하는 것을 보니 마음이 놓였다. 그래서 이제 좋든 싫든 큰자식 집에 살아야겠다고 생각했다. 그러나 자기가 보살펴주어야 할 전처 자식 용환을 어떻게 해야 할지가 문제였다. 물론 자기 아버지 집에서 같이 사는 게 당연한 것이지만 재혼한 지 얼마 안 된 지금은 시기적으로 적절치 않았다. 장실댁은 일단 봉구가 새 며느리와 살면서 자식을 낳고 안정을 찾을 때까지 기다렸다가 합류하는 것이 순리라고 생각했다.

용환은 초등학교를 시골과 도시로 옮겨 다니는 바람에 안정을 찾지 못했다. 공부에 별로 관심을 두지 않으니 성적 또한 좋지 않았다. 장실댁은 용환의 장래가 마음에 걸렸다. 용환은 장실댁이 시골로, 부산으로 옮겨 다니는 바람에 시골 학교에서 일년 남짓 공부를 하는 둥 마는 둥하다가 결국 대구 큰딸 집에 수년간 맡겨져 그곳에서 초등학교를 마쳤다.

봉구는 경찰로서 보람을 느끼며 열심히 일하는 한편 부지런하고 헌신적으로 남편을 섬기는 아내와 더불어 딸과 아들을 낳고 잘 살았다. 장실댁은 이제 봉구도 아버지로서 전처소생인 용환을 거두어야 하니 대구 고모 댁에 살고 있는 용환을 데려오겠다고 말했다.

장실댁은 어쨌든 용환은 집안 종손이고 중학교부터는 공부가 중요하니 아버지가 책임지고 공부를 시켜야 한다고 타일렀다. 그러나 봉구는 아직도 용환을 보면 얼굴이 굳어지고 심기가 불편한 듯했다.

봉구는 직장 특성상 아침 일찍 출근해서 저녁 늦게 돌아오기 때문에 처음 얼마 동안은 용환의 학교 문제를 할머니에게 맡겼다. 그래서 용환에 관한 건 모두 할머니가 도맡았다. 학교에서 학부형을 호출하면 손자가 또 무엇을 잘못했을까 걱정하며 담임선생을 만나기도 했다. 그러자 담임선생이 용환에게 부모님이 안 계시냐고 물었다. 그때마다 아버지는 경찰이라 바쁘고 어미는 병고에 시달리는 처지라고 둘러댔다.

장실댁은 차츰 기억력도 떨어지고 조금만 움직여도 몸이 고단했다. 어느 날은 용환의 학비 내는 것을 잊어버리는 바람에 그만 학교에서 쫓겨날 지경이 되었다. 장실댁은 이런 상황을 이야기하면 큰아들이 화를 낼까봐 아주 조심스럽게 말을 꺼냈는데 의외로 아무런 타박 없이 학비를 챙겨줘 고단한 몸을 이끌고 부리나케 학비를 냈다.

또 한번은 용환의 학비를 내기 위해 버스를 탔는데 그만 날치기를 당했다. 학교에 도착해 핸드백을 보니 모퉁이가 칼로 찢어져 있고 돈이 없어졌다. 장실댁은 눈앞이 캄캄했다. 적은 돈도 아닌 데다 봉구가 곱게 생각하지 않는 용환의 학비를 잃어버렸으니 마음도 아프고 걱정이 되어 한동안 운동장에 멍하니 서 있었다.

학교 관리인 아저씨가 다가와서 왜 그러냐고 묻었을 때에야 장실댁은 정신을 차리고 힘없이 집으로 돌아왔다. 장실댁은 어쩔 수 없이 봉구에게 뛰는 가슴을 진정시키며 설명을 했다. 봉구는 화난 표정을 억누르며 다시 장실댁에게 돈을 건넸다. 이 일 이후 장실댁은 한동안 혼이 나간 사람처럼 멍해 있었다.

봉구는 결혼 후에 좀 넓은 다가구 주택으로 이사를 했다. 방 두 개에 다락방이 있는 구조였는데 봉구 내외와 그들 사이에서 태어난 딸과 아들을 합쳐 여섯 식구가 살았다. 새 며느리는 성격이 부드럽고 살림을 열심히 살며 남편을 지극한 정성으로 살폈다. 다만 성격이 좀 영악스러운 면이 있고 전처 자식에게는 따가운 눈총을 보냈다. 장실댁은 장손인 용환이 불쌍해서 각별히 주의를 기울였다.

봉구는 용환이 중학생이 되자 대견스럽기도 하고 어머니가 용환이 뒷바라지하느라 애를 많이 쓰는 게 죄송한지 점차 용환에게 관심을 보이기 시작했다. 저녁 식사 후에는 용환에게 건너와 어떻게 공부하는지 보고 마음에 들지 않으면 주의를 주거나 꾸중을 하기도 했다. 간혹 시험성적이 나쁘면 심하게 꾸짖어 장실댁은 마음이 쓰였다. 이럴 때는 차라리 자주 건너오지 않는 편이 좋을 것 같았다. 새 며느리도 봉구가 용환에게 가서 공부를 지도한다고 오래 머물러 있으면 벌써 싫은 기색을 내보였다.

이후부터 봉구는 용환이 공부하는 것을 자기 일처럼 심하게 관심을 가졌다. 그러다 보니 용환이 조금이라도 게으름을 피우면 애를 들볶았다. 퇴근해서 집에 오면 옷을 갈아입자마자 우선 용환이 공부하는지 알아보고 시키는 대로 따르지 않으면 꾸중을 했다. 화가 많이 나면 매질도 서슴지 않았다. 봉구는 직장이나 사회생활은 항상 깔끔하고 예의 바르며 남에게 잘 대하는데 유독 집에 오면 울화를 참지 못할 때가 많다. 이 때문에 집안은 평온하지 않고 용환은 너무 강압적인 아버지에게 불만이 쌓여 아예 자포자기 심정이 되어버렸다.

용환이 중학교에 들어갈 때도 한바탕 큰 소동이 났다. 학교에서는 용환이 성적으로는 좋은 학교 그룹에 속하지 못하는 학교를 지정해서 진학시험을 보라고 통고했다. 이 경우 학교의 평가 결과를 따르지 않을 수 없다. 이 사실을 알자 봉구는 애에게 또 한바탕 소동을 부렸다. 하지만 어쩔 수 없는 현실이었다. 장실댁은 용환이 좋은 학교에 입학하고 안 하고의 문제가 아니라 이러다가 아주 빗나가면 어떡하나 하는 게 걱정이었다.

제4부

보금자리를 떠나 비상하는 아들

공군 장교

진구는 대학을 졸업한 후 전공을 살려 일단 대학원으로 진학을 해서 대학교수가 되기를 희망했다. 그러기 위해서는 학비를 마련해야 하고 따라서 직장을 가져야 했다. 그래서 평소 잘 보살펴주는 주임교수에게 도움을 요청하였다. 전면 장학생 출신이라는 유리한 간판으로 진구는 대구 시내 한 사립고등학교에 채용됐다.

1963년 초, 군사혁명 정부는 병역을 기피하는 젊은이들이 많아 사회적으로 큰 문제를 일으킨다는 이유로 병역 기피자를 색출하기 위한 정부의 특별 지침을 발표했다. 이에 따라 병역 연령의 젊은이는 병역의무를 수행하지 않고는 취직도 할 수 없는 상황이었다. 진구는 일단 병역의무를 수행하는 게 급선무라고 판단했다. 그래서 육군에라도 입대하려고 병무청을 방문하여 알아보니 사병 입대 지원자가 너무 많아 이미 초과된 상태라고 했다.

진구는 당장 해결책도 없고 하여 고심하고 있는데 해가 바뀌면서 이듬해 2월 대구 시내 거리 곳곳에 공군 각종 장교 후보생 모집공고가 나붙었다. 진구에게 구세주 같은 소식이었다. 대학 졸업생을 자격요건으로 한 이 선발시험은 5대 1의 공개경쟁 시험이었다.

진구는 이 시험에 응시하여 선발되었다. 그리고 곧이어 대전 인근 공군 항공병 학교 장교 후보생 과정에 입교했다.

장실댁은 진구가 군복무를 위해 처음으로 집을 떠나는 것을 보니 한편 장하면서도 마음이 허전하고 슬펐다. 지금까지 삶이 고달프고 어려울 때 옆에서 항상 위로가 되어주고 희망이 되었던 자랑스러운 아들이 곁을 아주 떠나는 것이 아닌가 하는 생각이 문득 들었다. 진구는 가난한 살림형편에도 저 혼자 노력으로 공부를 열심히 해서 대학까지 졸업했다. 이제 성공하여 잘사는 일만 남았는데 이렇게 떠난다고 하니 부모로서 큰 힘이 되어주지 못한 것이 못내 아쉽고 미안했다.

진구는 대전에서 고된 4개월간의 군사훈련을 마치고 장교로 임관되었다. 곧이어 전문기술 훈련을 받고 평택으로 옮겨 약 10개월간 현장 실습 훈련을 이수하였다. 이곳에서 요격관제사 자격을 습득한 후 1964년 8월 제주도에 기지를 둔 공군 관제부대에 배속받아 내려갔다.

공군 관제소는 우리의 영공을 감시하기 위해 주로 높은 산 정상에 있어 근무와 생활환경이 어려운 데다 어떤 부대는 최전방에 위치해 있었다. 진구는 최전방에 가는 것이 싫어 차라리 남단에 위치한 제주도 부대에 가겠다고 자원하였는데 희망대로 된 것이다.

제주도 공군기지는 섬의 서쪽 끝 모슬포 뒤 조그만 산 아래에 위치해 있었다. 주로 서남쪽에서 들어오는 적의 항공기를 식별하는 것이 임무이나 적의 항공기가 출현하면 우리 공군의 요격기를 유도해 주는 임무도 부여받았다. 유사시 남쪽에서 침공하는 적기를 식별하고 전라도 지역에 주둔하는 공군부대에서 출격하는 우리 공군 전투기들을 유도하여 공중에서 격퇴하는 공동작전을 수행하는 것이 주 임무이다.

진구가 부임할 당시에는 남쪽 오키나와 섬에 주둔하는 미국 공군이 작전이나 실습을 위해 북으로 우리 영공으로 진입하는 경우가 많았고, 이들 항공기와 남쪽에서 비행하는 여타 비행물체를 포착하고 필요시 무선통신을 통한 식별과 우리 영내 진입하는 항공기에 대한 항법보조를 제공하는 임무를 주로 수행하였다. 진구가 제주도 기지에 부임할 당시 제주도 모슬포 기지의 관제 장교는 사이트의 운영 책임 장교로 근무하면서 여유로운 시간을 많이 활용할 수 있었다.

요격관제부대는 미군과 부대를 같이 쓰며 공동근무를 했다. 진구는 힘든 훈련 후 이렇게 좋은 환경에서 근무하게 되니 기분이 즐거웠다. 이런 외딴 부대에는 미군 부대가 사용하던 '콘세트' 막사가 즐비했는데 이 막사가 병사들의 숙소이고, 그 안쪽에 총각 장교 기숙사가 있었다.

기숙사에는 각 지역에서 온 10여 명의 선후배 총각 장교들이 기거했다. 그래서 분위기가 독특하고 재미있었다. 구수한 경상도 사투리로 좌중을 느닷없이 웃기던 미남 총각 최 중위, 주말이나 공휴일이면 함께 놀러 다니는 프로그램을 꼼꼼히 짜고 준비를 잘하던 깔끔한 서울 총각 염 중위, 전축을 틀어놓고 춤 파티를 이끌던 통신장교 이 중위, 재담으로 청중을 압도하던 김 중위, 짓궂은 아이디어로 동료들을 잘 골려대던 나의 동료 임 중위, 키가 작고 못생겨 20차례 이상 선을 보았는데 한번도 성공하지 못했다며 껄껄 웃던 군위관 이 중위, 투박한 사투리로 웃음을 자아내던 정 소위, 게 눈 감추듯 밥을 후다닥 먹어치워 옆 사람을 놀라게 하는 양 중위 등 각양각색의 총각 장교들이 모두 재미있게 잘 어울렸다. 재담가 김 중위는 강릉 주둔기지에서 전임해 왔는데 이야기를 아주 잘 꾸며 실화라고 동료들을 속이곤 했다. 독신 장교 숙소의 총각 장교들은 기지 근무가 끝나면 제주시로 서귀포로 몰려다니며 낭만을 만끽했고, 추억거리를 많이 남겼다.

당시 제주도는 개발되기 이전이어서 수려한 자연 풍치를 자랑했다. 제주도 사람들에게는 육지 총각이 인기였는데 특히 푸른 제복을 입은 공군 병사들에 대한 시선이 각별했다. 진구와 동료 장교들은 군복무기간 동안에는 특수 신분에 매여 있으므로 장래 걱정은 잠시 잊고 젊음의 날개를 마음껏 펼치며 살고 싶었다. 그래서 그들은 기회만 있으면 제주도 이곳저곳을 찾아다니며 즐거운 시간을 보냈다. 공군 부대원들은 여름이면 부대 근무 후 조용하고 깨끗한 모슬포 해변 백사장에 설치된 하계 수련장에 교대로 나가 여름바다를 즐겼고, 또 격년에 한 번 교대로 체력단련을 위한 한라산 등반훈련에도 참가했다.

제주도에서 1년 반 정도 자유분방한 군대생활을 보낸 진구는 1965년 9월 초 소위에서 중위로 진급하였다. 결격 조건이 없으면 자동적으로 한 계급 올라가는데 이 시기는 병역의무 근무를 중반 정도 한 기간이어서 제대 후 사회 진출을 생각하는 시기이기도 하다.

1965년 9월 말 남방의 외딴 섬인 제주도에 3인으로 구성된 무장간첩이 침투하여 섬 전체가 왈칵 뒤집혔다. 서해안을 뚫고 제주도 해안으로 침투한 무장간첩은 한라산 낮은 계곡의 토굴에 살면서 간첩활동을 은밀히 해오다 근처 밭에서 일하던 농부가 이들을 발각한 것이다. 이 사실을 상부에 긴급 보고하자 제주도에 주둔하는 가장 큰 군부대인 공군기지에 간첩을 토벌하라는 작전명령을 하달하였다.

진구는 그날 밤 근무를 마치고 아침에 숙소로 돌아와 잠이 들었다가

정오경에 잠시 깨었는데, 부대장으로부터 급히 호출명령을 받고 부대장실로 들어갔다. 부대장은 심각한 표정을 지으며 말했다.

"제주도에 무장간첩이 침투했다는 긴급 보고가 들어왔다. 방금 얼마 전 서울 본부에서는 현재 제주도에 주둔 병력이라고는 공군부대밖에 없으니, 토벌작전에 공군을 출동시키라는 명령이다. 지상전투 훈련을 받지 않은 특수 부대이기 때문에 어려움이 있다고 했지만, 사정이 긴박하고 불가피하여 우리가 출동해야 한다. 상부의 명령이니 어쩔 수 없다. 귀관이 지금 비번이고 상급자이니 오늘 저녁 병력을 이끌고 출동할 준비를 하기 바란다."

진구는 숙소로 돌아와 잠을 청했으나 평소 상상하지도 못한 무장간첩 토벌작전에 나가야 한다고 생각하니 두려움도 몰려오고 착잡한 심정이 되어 잠을 이룰 수가 없었다. 오후 시간을 자는 둥 마는 둥 번둥거리다가 저녁을 들고 잠시 휴식 후 전투복으로 갈아입고 부대장실로 갔다. 부대장은 진구의 경례를 받은 후 엄숙하게 하명했다.

"무장간첩을 처음 발견한 마을에 토벌본부를 설치했다고 하니, 그곳으로 가서 합동작전 명령에 따르기 바란다. 완정무장한 일개 소대를 차출하였으니 잘 인솔해서 작전에 임하도록. 이제 소대병력은 성 중위의 지휘하에 있다. 전투 소대장으로서 임무를 차질 없이 수행하기 바란다."

진구는 장교 후보생 훈련 시 칼빈총과 권총 사격 연습을 조금 했다. 그 후 처음으로 완전무장을 하고 실탄을 장전한 권총을 차니 기분이 상기되고 마치 병정놀이를 하는 듯한 착각이 일었다.

별이 총총한 밤, 부대 연병장에 출동을 위해 집합한 장병들에게 진구는 비상한 어조로 훈시를 한 후 야음을 뚫고 출동하였다. 전투 소대를 실은 트럭은 한 시간 남짓 달려 제주시 동편 5킬로미터 정도

거리에 위치한 토벌작전 본부에 도착했다. 그날 밤은 마을 초등학교에 설치된 임시 숙소에서 취침하였다.

다음 날 아침 일찍 작전 소조를 편성한 후 간첩이 출몰했다는 지역에 산개시켜 수색작전에 들어갔다. 약 4킬로미터 지역에 일정한 간격으로 병력을 풀어 하루 종일 수색작전을 폈다. 진구는 병력을 풀어놓은 후 본부 지휘관들과 합류, 수시로 작전상황을 보고받았다. 병력을 풀어 작전을 벌인 지역은 간첩들이 출몰하였다가 이미 도피한 후였다.

성 중위는 다음 날 간첩들이 다시 출현했다고 신고된 마을로 이동하여 수색작전을 전개했다. 대원들에게 수색작전을 지시한 후 권총을 빼어 들고 앞장서서 마을 집 앞을 들어가는데 한 할머니가 집 앞으로 나오더니 진구의 군복을 잡고 통사정을 했다.

"대장님, 살려 주십시오. 우리는 아무 잘못 한 것도 없어요……."

할머니는 군인만 보면 겁부터 나는 모양이었다. 진구는 소대원들이 수색을 계속하도록 지시하고 바지를 잡고 늘어지는 할머니를 달래고 위로하였다.

이 마을에서도 별 전과가 없자 진구는 마을 아래쪽 수풀이 우거진 계곡을 수색하기로 하고 부대 대원을 이끌었다. 꽤 먼 계곡은 숲으로 가득 차 있어 간첩들이 잠복해 있을 가능성이 농후했다.

사실 전투지식과 경험을 가진 소대장이라면 면밀한 주의나 준비 없이 그런 숲 속에 들어가는 것이 얼마나 위험한 것인지 알 것이다. 그러나 진구는 위험에 대한 각별한 경계도 없이 소대장으로서 병력을 이끌어야 한다는 교과서적인 용기에서 권총을 빼어 들고 앞장서서 경계의 눈을 이리저리 굴려 살피면서 들어갔다. 조심하면서 숲 안 부분까지 들어갔으나 아무런 이상 징후가 없어 퇴각하였다. 무장간첩들이 그곳에 있었다면, 아마 진구 중위를 위시한 진격 소대는 많은 사상자를 내었을 것이다. 다행히도 숲속에는 간첩들이 없었고, 마음을 조이며 벌인 작전은 성과가 없었다.

작전 3일째 되던 날, 진구 일행은 간첩이 출몰했다는 다음 지역으로 이동하였다. 그곳 마을 사람들은 토벌작전을 하러 나온 군인들을 대대적으로 환영하기 위해 마을 입구에서부터 나와 있었다. 진구의 소대는 마치 해방군이나 된 듯 상기된 기분으로 마을에 당도했고, 출몰했다고 보고된 지역에 대한 수색도 해보았으나 간첩들이 나타났다가 이미 떠난 지역이어서 허탕을 칠 수밖에 없었다. 진구 중위와 부대는 토벌임무를 인계받으러 온 동료 소대장에게 작전 상황을 인계하고 그날 오후 귀대하였다. 진구에게는 제주도에서 벌인 3일간의 토벌작전은 특이한 경험으로 군대생활의 추억거리가 되었다.

제주도 부대에 근무한 지 2년이 훌쩍 넘어가는 1966년 9월 초 부대장이 진구와 임 중위를 호출하였다. 부대장은 경례를 하고 들어오는 두 장교를 앉으라고 하더니 얼굴에 미소를 지었다.

"좀전에 대정여자 중·고등학교 교장선생이 나를 찾아왔다. 지금 그 여학교에 영어선생이 결원되어 곤란을 겪고 있다고 한다. 영어선생 한 분이 전근을 가고, 후임 선생이 충원되지 않은 데다 남아 있는 영어 선생마저 병이 나서 출근하지 못하는 실정이어서 큰 낭패라고 하면서 우리 부대에서 당분간 영어를 지도해 줄 두 분의 선생을 보내달라고 요청했다. 우리 부대가 미군들과 합동근무를 하니, 모두 영어를 잘하는 것으로 생각한 모양인데, 그렇게 생각하는 것도 무리는 아니겠지. 자네들이 영문과 출신이니 그 여학교에 가서 수고 좀 하게. 교장선생의 부탁이 그처럼 간곡하니 소홀히 할 수도 없어."

진구와 임 중위는 이렇게 하여 여학교 선생 노릇을 하게 되었다. 진구는 중학교 3학년 영어 수업을 맡았다. 그리고 영어특강, 영어웅변대회까지 지도하게 되었다.

대정여자 중·고등학교는 공군 부대 경계와 담을 맞대고 있어 진구는 일주일에 4회 정도 수업지도를 하기 위해 돌담길을 넘어 다녔다. 정식 선생의 입장에서 진도에 맞추어 수업을 지도하고, 출석을 부르고 학기 시험도 치르고 성적을 학적부에 반영하였다. 달리 사복도 없는 실정이어서 군인 복장으로 수업에 들어가 강의를 하니 학생들의 주목을 받지 않을 수 없었다.

진구는 중학교 3학년 70여 명의 여학생을 맡았는데, 그 나이의 여학생들도 참 장난을 좋아했다. 여자 친구가 있느냐고 질문을 하는가 하면, 수업에는 관심이 없고, 강의하는 선생님 얼굴만 빤히 쳐다보는 학생도 있었다. 기말 시험 답안지에 답안과 동떨어진 하소연을 적기도 하였다.

상당히 추운 겨울 아침, 진구가 교실 교단 앞에 서고 학급 반장이 "차려, 경례" 구령으로 인사를 했다. 진구는 책을 펼치기 전에 학생들의 모습을 둘러보았다. 몇몇 학생은 아직도 목도리와 오버코트를 입고 있었다.

"어이 거기 학생들, 목도리와 오버코트를 벗어. 수업 받는 태도가 그래서는 안 돼."

그렇게 야단을 친 후 돌아서서 칠판에 글을 쓰려는데 한 학생의 말소리가 들려왔다.

"얘야, 팬티까지 벗어라."

그 말에 학생들이 킥킥거리며 웃어댔다. 진구는 이를 못 들은 척했다. 마음은 순진한 학생들의 장난기가 싫지만은 않았다.

진구는 제대 후 장래를 위해 열심히 책을 보며 준비하는 동시에 짧은 기간이나마 학생들의 실력을 향상시키고 또 수업 진도를 맞추기 위해 빠짐없이 착실히 지도해 주었다.

진인사대천명 盡人事待天命

진구는 젊음을 한껏 즐기면서도 같은 기지를 쓰는 미군 부대의 도서관에 들러 책을 빌려 읽었다. 제대 후 유학의 꿈을 이루기 위해서 미리 준비하는 마음으로 되도록 손에서 책을 놓지 않았다.

초가을 저녁에 식사를 하고 숙소 앞에 앉아 진구는 동향 학교 후배 정 소위와 장래 문제에 대해 서로 이야기를 나누었다.

"성 중위님은 항상 영어책을 끼고 사십니다. 가만 보면 영어공부 참 열심이세요."

"군대라는 울타리 안에서 마냥 즐겁게 지내다 보니 제대 후 장래 일이 문득 걱정이 되고, 뭔가 준비를 해야 한다는 강박관념이 떠나지 않아서죠. 시간 나는 대로 책을 읽으면 불안함을 잠재우지요."

진구가 잠시 멈추었다가 심각하게 다시 이어 말했다.

"나는 제대하면 우선 미국 같은 곳으로 유학을 갔으면 해요. 가능하면 미국에 유학해서 학위를 취득하고 싶은 게 나의 희망이지요."

"무슨 공부를 하려고 하는데요?"

"영문학 전공이니 교수가 되거나 혹은 영어를 활용할 수 있는 좋은 직장에 취직하기를 바라지요."

"그렇다면 외무부에 들어가세요. 외무부에 들어가면 외국에서 근무할 수 있다고 합니더. 우리 고등학교 때 영어 특강을 해준 선생님이 있는데 그 선생님이 외무부 시험에 합격해서 지금 거기에 근무한다고 했어예."

그러면서 외무부에 들어가는 데 필요한 시험 과목을 대략 알려주었다.

진구는 이 말에 귀가 번쩍 뜨였다. 해외로 유학을 가려면 외국학교도 알아보아야 하고 더욱이 학비를 어떻게 마련해 할지 상상만 해도 골치가 아팠는데, 정부관리가 되어 외국에서 봉급을 받으며 근무한다니 참 좋겠다는 생각이 들었다. 그래서 진구는 본격적으로 이 시험준비에 착수하기로 작정하고 자세히 알아보았다.

우선 휴가 때 서점에 들러 대학에서 공부하는 시험과목의 책을 사서 공부에 몰두하기 시작했다. 진구가 근무하는 관제부대는 24시간 영공을 감시하고 있으니 낮 당번, '스윙'이라고 하는 밤중까지의 근무당번, 밤샘 당번으로 나뉘어 있고, 연속 근무 후 하루 쉬는 근무 제도로 운영되기 때문에 개인이 활용할 수 있는 시간이 많았다. 더욱이 산정상 근무지에 올라가면 통제 장교는 저녁시간에 별일 없으면 차석하사관에게 유사시 긴급히 연락하도록 지시한 후 휴게실에서 계속 책을 읽을 수 있다.

진구는 대학에서 전공으로 공부한 적이 없는 생소한 과목의 책을 읽기 시작했다. 대학 재학 시 친하게 지낸 친구가 경제학과에 다니고 있어 가끔 경제학 원론강의를 청강하며 이해하는 데 애를 쓴 적이 있어 우선 이 분야의 책부터 속독하기 시작했다.

진구는 제주도에서 근무한 지 2년이 훌쩍 지난 1966년 10월 하순에 타 부대로 전출 발령을 받았다. 제대하기 전 마지막 근무처는 꼭 서울 근처여야 취직을 앞두고 유리할 것 같았다. 진구는 외딴 최남단 기지에 근무한 지 벌써 2년이 넘어 전출 대상이 될 것으로 예상하고 있었다. 그래서 사단본부를 방문할 기회를 이용하여 담당 상관을 찾아가 만났고, 오지에서 오래 근무한 사실을 얘기하면서 제대 말기에 가급적 서울 가까운 곳으로 발령해 줄 것을 간곡히 부탁했다.

다행히 새 임무 부서는 경기도 용문산 정상에 있는 방공관제부대였고 부임일이 12월 중순이었다. 발령이 나자 진구는 마음이 바빠졌다. 자신이 가르치는 학생들이 12월 중순 이전에 진도에 맞추어 학기말 시험을 치를 수 있게 지도해야 하고 학업성적을 학적부에 등재하는 등 학교 일을 마무리해야 하기 때문이었다.

진구는 제주도에서의 모든 것을 말끔히 정리하고 이제 정든 제주도를 떠나기 위해 모슬포 공군부대 잔디밭 활주로로 갔다.

조촐한 공항 타르막에 도착하자 교복을 입은 40명의 여학생들이 공항에 몰려나와 있었다. 조종사를 위시한 비행장 장병들은 이 여학생들이 누구를 전송하려고 몰려왔는지 의아했던 모양이었다. 진구가 도착한 후 차에서 내리는데 학생들이 몰려와 진구를 에워쌌다.

"자네가 주인공이었구먼. 학생들이 작별인사를 하러 이곳 공항까지 나오다니 처음 보는 풍경인데."

여학생들은 학교에서 4킬로미터나 되는 들길을 걸어서 이 비행장까지 왔다. 진구는 고맙기도 하고 미안하기도 한 착잡한 심정으로 아이들의 손을 일일이 잡으며 작별인사를 했다. 조종사가 출발을 재촉하여 진구는 학생들에게 손을 흔들며 쌍발 프로펠러 수송기에 올라탔다. 진구가 탄 C-46 수송기는 활주로로 이동하였고 요란한 소리를 내며 상공으로 치솟더니 기수를 북으로 향했다. 비행기가 이륙하여 상공에 오르자 창밖을 내다보니 자기를 배웅 나온 교복 입은 학생들이 무리지어 귀가하는 모습이 아련히 멀어져 갔다.

항공기가 북으로 기수를 돌려 모슬포를 멀리하자 아름다운 제주도에서 2년 4개월간 공군장교로 복무하면서 즐거웠던 일들, 다양하고 특이한 경험들로 점철된 추억들이 되살아나면서 작별의 아쉬움에 갑자기 눈시울이 뜨거워졌다.

새 부임지는 경기도 양평군에 있는 용문산 정상에 위치한 새로 설치된 방공관제부대였다. 1000미터가 넘는 용문산 꼭대기에서 추운 겨울을 견뎌낼 일을 생각하면 끔찍했다. 하지만 진구는 제대를 앞두고 서울 가까운 곳에서 근무하게 된 것을 다행으로 생각했다.

용문산으로 부임하는 도중에 외무부에 근무하고 있다는 고 선생을 만나기 위해 중앙청 4층 사무실로 갔다. 일에 몰두하고 있던 고 선생은 공군 제복을 입고 나타나 인사를 건네는 진구를 보고 약간 의아해했지만 곧 사정을 듣고 나서 선발 시험에 관해 아는 대로 알려주었다.

진구는 위압적인 중앙청 내부 분위기와 잘 정돈된 사무실 분위기 그리고 엄숙하게 일에 몰두하는 직원들의 모습을 본 후 열심히 공부해서 반드시 이런 환경에서 일할 것이라고 의지를 불태웠다.

양평여관에서 일박을 한 후 다음 날 아침 역 앞에 나가 용문산 정상 기지로 출발하는 '스리코터'라는 작은 트럭을 타고 용문산 부대에 도착했다. 12월 중순이었으므로 부대가 있는 산꼭대기에는 곳곳에 눈이 쌓여 있고, 영하의 추위로 쌀쌀했다. 장교 기숙사는 시멘트 벽돌로 된 건물이었는데 매서운 겨울 추위 때문에 이중 창문이었고 실내 중앙에는 디젤유를 연료로 하는 난로가 활활 타오르고 있었다. 직사각형의 실내 사방 구석에는 각각 침대와 그 머리맡에 사물함과 간이 책상이 코너에 붙박이로 장치되어 있었다.

아직도 방공관제업무를 위한 시설과 기재가 모두 설치되지 않아 관제사로 발령되어 온 진구는 간간히 사무실에 가서 기술교육 서류를 뒤져 읽었다. 게다가 식당 운영에 어려움이 있다며 특별임무로 부여한 식당 감독 장교로서 일하라는 특별임무를 부여받았다.

양평에서 조달해 오는 부식이 항시 모자라고 또 빈약하다며 사병들의 불평이 제기되고 있으니 식당의 조달물품을 검열하는 등 담당 하사관들을 잘 감독하는 것이 진구가 할 일이었다. 담당 하사관들이 식품을 구입하는 현지에 가서 가격과 물량을 직접 확인하지 않는 한 효과적인 감독은 실제로 불가능했다. 단지 형식적이나마 검열을 한다는 것만으로도 구매 식품 양을 속이는 데 능숙한 책임 하사관의 비행을 예방하는 경고가 되기를 희망했다.

용문산 꼭대기에는 공군부대 이외에 한국 육군 통신부대와 미군 부대가 이어 있어서 산 정상이 하나의 도시를 방불케 했다. 이런 부대들이 모여 있으니, 부대 철조망 외부에 조그만 촌락이 형성되고, 음식을 파는 식당과 술집도 터전을 잡았다. 높은 산꼭대기에서 여가를 즐길 수 없는 상황에서 부대 장병들에게는 이런 곳이 근무 후의 유일한 휴식처였다.

새해에 눈이 많이 와서 부식 조달 트럭이 다닐 수 없어 식품이 동이 났다. 찬이 없는 밥을 먹어야 할 상황이 되었을 때 진구도 옆자리에 있는 동료와 함께 그 식당을 가본 적이 있다. 그때 이런 곳에서 장병들이 위안을 받는구나 생각했었다.

외무부 외교관 채용시험은 대개 봄에 있기에 진구는 용문산 부대에 부임해 온 이후 시험 준비에 더욱 매진했다. 서울에서 대학을 다니지 않았기 때문에 시험에 관한 경향이나 참고서적에 관한 정보를 구하는 데 애로가 있어 불리한 처지에 있었다. 따라서 대학에서 배우는 응시과목 교과서와 참고서를 중심으로 열과 성을 다해 준비하는 방법밖에 없었다. 진구는 숙소에 남아 하루에도 많은 시간을 꼼짝하지 않고 책 보는 데 몰두했다. 이렇게 신명을 바치듯 열심히 책을 보는 진구를 보고 동료들은 저렇게 지독하게 공부하니 무슨 시험을 치든 합격할 것이라고 농담을 했다.

1967년 1월 초 진구는 제대를 앞둔 사람에게 허용하는 10일간의 특별휴가를 받았다. 이 기간에 집중적으로 시험공부를 하기 위해 양평읍에 있는 양평여관을 찾아갔다. 서울 등지로 외박을 나왔다가 귀대할 때 아침과 오후 2회 산꼭대기로 운행하는 통근 트럭에 편승하기 위해 양평에서 유숙해야 할 경우 주로 이 여관에 머물렀기 때문 이미 익숙한 곳이었다.

여관집 주인에게 조용한 귀퉁이 방을 하나 달라고 하여 그 방에서 공부를 시작했다. 매섭게 추운 겨울날들이 시작되어 모퉁이 방은 대단히 추웠다. 이불을 둘러쓰고 책을 숙독하면서 만년필로 메모하는데 잉크가 얼어서 입김으로 호호 불어가면서 해야 할 정도였다.

밤낮으로 책과 씨름하다 보니 낮에도 식사 시간 때 마루로 나가는 것이 고작이었다. 진구의 유일한 오락은 점심 식사 후 지참해 간 트랜지스터라디오로 '섬마을 선생님'이란 연속극을 앞마루에 걸터앉아 청취하는 것이었다.

이렇게 열심히 공부하는 것을 지켜본 여관 주인아주머니는 안쓰러웠는지 아줌마를 시켜 목욕물을 데워주기도 하고 따뜻한 안방에서 식사를 하도록 주선해 주기도 했다. 가끔 저녁 식사를 안방에 차려놓고 불렀는데 그때는 밥상머리에 앉아 이런저런 얘기를 하며 한숨을 쉬기도 했다.

"이렇게 열심히 공부하는 사람은 세상에 처음 보았어요. 우리 아들도 서울의 좋은 대학교에 다니는데, 요즘 공부를 열심히 하지 않는 것 같아 걱정입니다."

하루는 저녁을 안방에서 먹고 있는데 남편이 외출에서 돌아와 그 모습을 보았다. 안방에서 식사하는 모습이 좀 의아하다는 표정을 짓더니 이내 진구를 노려보았다. 진구는 아무 잘못도 하지 않았는데 왠지 당혹스러웠다.

진구는 이렇게 10일간을 집 문밖을 나가지 않은 채 공부에 몰두한 후 부대로 돌아왔다. 물론 장래를 개척하려는 강한 욕구 때문에 그렇기도 했지만 마치 무엇에 홀린 듯이 공부를 해야 한다는 강박관념에 얽매여 있었던 것 같다.

그해 2월 말에 원서를 접수하고 3월 초에 시험을 쳤다. 진구는 직속상관에게 요청하여 이틀 먼저 서울에 와서 청량리역 앞에 위치한 여관방에 들어앉아 문제집을 풀어가며 총정리를 했다. 3월 초에 이틀 동안 시험을 치렀는데 어려운 과목에서 중점적으로 익혔던 문제가 출제되어 자신감이 있었다. 전력을 다해 준비를 하면 운도 따르는구나 하는 생각이 들었다.

유일한 외교관 등용문이다 보니 이번 시험에 400여 명이 응시했다는 소문이 있었다. 이 시험은 영어 능력이 없으면 응시할 수 없어 응시 대상이 제한될 수밖에 없는데도 응시생이 많았다. 군복을 입고 현역으로 응시한 사람은 약 4-5명이었다.

3월 말에 27명이 필기시험에 합격했는데 진구도 포함되어 있었다. 곧이어 4월 초에 면접시험을 실시했다. 인품을 검정하는 과정 이후 영어 표현능력을 테스트하는 면접시험이 외무부 고위직 인사들의 질문에 대한 대답 형식으로 이루어졌다. 그간의 영어공부와 회화경력에 따라 진구는 자신있게 대답했다.

최종 합격자 발표는 4월 중순으로 예정되어 있었다. 진구는 최종 면접시험에 자신있게 응답하였기 때문에 마지막 시험을 치른 후 느긋한 기분으로 용문산 부대로 돌아왔다.

시험 발표일이 금요일이었는데 합격 여부가 궁금하여 빨리 서울에 가보고 싶었으나, 근무일에 또 빠질 수 없어 다음 날인 토요일 아침에 일찍 하산하였다. 양평역으로 와서 서울행 기차에 몸을 싣고 청량리에 도착하여 택시를 잡아타고 중앙청 앞 게시판으로 갔다. 발표 후 하루가 지났으므로 게시판만 외로이 서 있을 뿐 찾는 이 하나 없이 조용했다. 12명의 최종 합격자 명단이 게시판에 수험번호와 함께 붙어 있었는데 그 속에 진구의 이름도 있었다.

직업 외교관의 길

진구는 제대 후 외무 공무원으로 새로운 인생행로가 펼쳐진다는 것을 상상하니 정말 꿈만 같았다. 우선 공중전화로 부산 형님 댁에 계신 어머니께 기쁜 소식을 전했다.

"어머니, 나 외무부 공무원 시험에 합격했어. 이제 제대 후 공무원으로서 앞길이 열리었으니 얼마나 좋은지 모르겠어."

진구의 소식에 장실댁은 감격에 찼다.

"그래, 참 잘했다. 내 장한 아들. 나는 네가 어떠한 시험에도 합격할 줄 알았다. 온 정성을 바쳐 그렇게 공부를 열심히 했으니."

형 봉구는 이 소식을 듣고 시큰둥하였다.

"너는 너 혼자 잘되려고 외무부에 들어갔나?"

사실 경찰인 봉구는 사법고시나 행정고시를 통과해 권좌에 올라 행세를 하는 사람들을 부러워했다. 공부 잘하고 어려운 시험에 척척 합격하는 동생이 그런 시험에 합격해서 아직도 하위 경찰인 자기가 도움을 받을 수 있기를 은근히 기대하였는데 엉뚱한 방향으로 갔으니 그럴 만도 했다. 더 좋은 날을 고대하며 열심히 사는 형님에게 진구는 참으로 미안한 생각이 들었다. 하지만 그것도 잠시 이내 상기된 기분이 되어 미래의 꿈을 안고 초봄의 따뜻한 햇볕을 받으며 중앙청 앞 세종로 거리를 하염없이 걸었다.

진구는 합격자 등록 절차를 밟고, 5월 중순부터 신규 임용자들을 대상으로 실시하는 외교 연구원 교육과정에 참석했다. 약 2개월간 실시된 교육을 이수한 후 진구는 현역 군인으로 부대에 다시 돌아와 예정된 근무기간을 마친 후 8월 말 제대하였다. 4년 4개월 동안 청춘을 불사르며 국방의 의무를 마친 것이다.

같이 시험에 합격하여 연수를 받은 두 명의 공군 장교는 제대 후 추가발령을 받았는데 1967년 9월 20일부로 진구는 외무부 여권과로 발령을 받아 외무 공무원으로 근무를 시작하였다. 적은 봉급 사정을 생각하여 서대문 대로 근처의 하숙집을 구해 입주하였는데 조그만 방을 두 명이 같이 쓰는 형편이었다. 진구의 룸메이트는 한국일보 기자 수습생이었다. 그는 텔렉스로 들어오는 국제뉴스를 읽고 중요 뉴스를 발췌해 당일 신문에 기사화하는 일을 하는 모양인데 아침에 지친 모습으로 귀가하는 날이 많았다. 신문사 기자는 처음 입사하면 국제부에서 야근을 시키면서 고된 근무로 기사를 좇아 불철주야 뛰어야 하는 기자로서의 소양을 기르는 모양이었다.

1960년대 말 당시에는 여권 발급받기가 하늘의 별따기만큼 어려웠다. 우선 외화사정이 어려워 정부에서 해외여행을 엄격히 제한하였기 때문에 여권 신청서류 구비도 쉽지가 않고, 심사도 까다로웠다.

이런 사정이다 보니 새로 근무를 시작한 여권 발급 담당관들은 우선 창구 앞에 몰려든 신청자들과 이들을 도와주는 여행사 직원들로 북새통이 된 사무실 분위기를 보고 놀라지 않을 수 없었다. 미국 이민 신청자들과 미국으로 유학 가겠다는 운 좋은 신청자들, 외화벌이를 위해 해외로 진출하는 기업인들과 직원들, 해외로 취업 나가는 신청자들, 그리고 무엇보다 당시 고개를 쳐들기 시작한 월남 특수를 타고 다양한 목적과 사정으로 월남 여행을 신청하는 사람들도 많았다.

신청자들이 계속 늘어만 가는 사정에 따라 여권 담당 외교관들은 낮 근무시간에는 신청자들의 구비서류를 접수하고 문의사항을 설명하는 데 시간을 할애해야 하므로 접수된 신청서를 꼼꼼히 검토하기 위해 야간근무를 거의 다반사로 하였다.

여권과 근무를 시작한 지 얼마 되지 않은 시기에 진구는 전화 한 통을 받았다. 용문산 공군부대에서 룸메이트였던 손 영탁 소위였다. 그는 인사말 이후 급박하게 말을 이었다.

"성형, 제 말 잘 들어보세요. 여기 계실 때 서울 갔다가 부대에 올라가기 전에 가끔 같이 유숙하던 양평여관 기억하시지요? 성형이 떠난 이후 얼마 전에 내가 혼자서 일박을 하기 위해 그 여관에 들렀는데 아주머니가 나를 반갑게 맞이하면서, '같이 오던 중위님은 어디 가시고 이렇게 혼자 오셨어요?' 하고 묻기에, '아, 그분은 제대를 했고, 외무부 시험에 합격하여 지금 외무부 여권과에서 근무한다고 합니다.' 하고 알려주었소. 그랬더니 '그러면 그렇지. 휴가 받아 우리 여관에 와서 문밖에도 나가지 않고 밤낮으로 그렇게 열심히 공부를 하더니 드디어 공무원 시험에 합격했군요. 그렇게 지독하게 공부하는 사람을 나는 처음 보았어요. 나는 그분이 꼭 성공할 줄 알았지요. 그렇게 좋은 데 들어갔다니 내가 아들 보러 서울에 갈 때 꼭 한 번 찾아뵈어야겠네요. 그분 성함을 아직 모르니 그분 성함하고 근무하는 곳 좀 알려주세요.' 그래서 제가 메모지를 찢어 적어 주었지요. 그게 일주일쯤 된 것 같은데, 이번에 내가 그곳에 들렀을 때에는 기가 막힌 이야기를 하는 거예요. '그날 저녁이 되어 옷을 바꿔 입고 자려고 남편 앞에서 치마끈을 푸는데 그 쪽지가 그만 방바닥에 떨어졌어요. 나는 그것이 거기에 있는 것도 깜빡 잊고 있었는데 정말 당황스러웠지요. 그런데 그 쪽지를 이상하게 생각한 남편이 이를 잽싸게 주워 열어보았어요. 그러더니 얼굴색이 변하며 추궁을 하는 것이에요. 이게 뭐냐고 소리를 지르며 설명하라고 강요하여 사실대로 설명했는데도 믿을 생각은 하지 않고 급기야는 욕을 하는 거예요. 필시 이자와 무슨 통정을 한 것이 아닌가? 내 가만히 두지 않겠다 하면서 분을 참지 못하고 소리를 지르기에 다급한 마음에 그 사람 알고 보니 내 친정의 먼 친척이었소. 그래서 아들 만나기 위해 서울에 가는 길에 한 번 만나볼까 생각해 본 것이지요 하고 변명했는데도 화를 못 참는 거예요. 그러면서 가만히 보니 공무원인 모양인데 내가 그냥 두지 않겠다, 내 가까운 조카가 검사로 있는데 당장 연락해서 죄를 물어 목을 떼어버리겠다, 단단히 각오해라 하면서 분을 삭이지 못하더군요. 이 영감이 아무런 근거도 없는 일을 크게 벌려 생사람 잡을 것 같으니, 그분께 연락해서 사건의 전말을 이야기하고, 혹시 무슨 문의가 있으면 내가 엉겁결에 말한 대로 답변을 하라고 전해주세요. 우리 영감과 나이 차이가 좀 있어서 빌미만 있으면 나를 의심하는 버릇이 있어요.' 하면서 저에게 도움을 요청했습니다. 그래서 전화를 드린 것이니 혹시나 전화 오면 잘 알아서 하시기 바랍니다."

전화를 받은 진구는 어이가 없었다. 당시에는 공부에 전념하느라 다른 잡다한 생각을 할 여지가 없었는데 어떻게 이런 소극 같은 일이 일어났는지 어처구니가 없었다. 하지만 거리낄 것이 전혀 없는 진구로서는 전혀 개의치 않았다. 그리고 하루하루 바쁜 일과에 몰두하느라 이런 해괴한 일은 곧 잊고 말았다.

어려운 여권 발급을 대행하면서 수입을 올리는 여행사가 우후죽순 생겨났고, 여권 발급을 대행하는 업자들도 등장하면서 불미스러운 사건도 많았다. 이들이 담당관에게 접근하여 금품수수로 물의를 일으키는 일이 발생하기도 하였고, 미국이나 월남으로 진출하는 처녀들이 여권 발급 과정에서 총각 담당관과 여권 발급 관계로 접촉하다 사귀어 결혼하는 사례도 더러 있어 신선한 충격을 주었다.

진구는 방이 비좁고 식사도 너무 판에 박은 듯해 5개월의 하숙생활을 접고 신촌 쪽에 셋방을 얻어 옮겼다. 신촌에는 인척 형이 살고 있어서 그 형님네 이웃으로 셋방을 얻어 들어간 것이다. 진구 하숙집을 찾아온 친척 숙모가 살아가는 형편을 보고는 이런 협소한 곳에 있기보다는 자기가 사는 신촌 쪽이 집세가 헐한 셈이니 그곳에 널따란 셋방을 얻어서 사는 것이 좋을 것이라고 제의해서 얼른 옮긴 것이다. 식사는 숙모 집에서 하숙 형식으로 해결하기로 했다.

장실댁은 서울에서 직장을 잡고 잘 사는 아들을 보러 가고 싶었지만 비좁은 방에 하숙을 하는 형편이어서 엄두를 내지 못했는데 이제 숙모 댁 가까이 이사를 하였다니 아들을 보러 서울로 가기로 했다. 더욱이나 그 숙모는 젊은 시절에 같은 동네에서 같은 시기에 시집살이를 하면서 친해진 사이였다. 이 사실을 알고 나서 장실댁은 아들을 만나러 서울을 찾아왔다.

장실댁은 아들과 친구 같은 동서를 만나니 기분이 좋고 마음이 든든했다. 그러나 진구는 아침 일찍 출근했다가 저녁이 되어서야 돌아오는 바쁜 생활을 했다. 장실댁은 객지에서 혼자 살아온 사랑하는 아들과 오랜만에 오롯이 살아보니 감격스러웠다. 그러나 품을 떠난 지 너무 오래되었고 자기대로 독립된 삶을 꾸려가는 장년이 된 자식과 며칠을 같이 살아보니 마음은 든든하고 자랑스럽긴 하지만 이제 자식에게 해줄 게 없고 오히려 짐스럽지 않을까 하는 생각에 마음이 편하지만은 않았다. 진구 또한 따뜻한 어머니 품이 그리웠고 어머니에 대한 사랑이 남달랐지만 직장 일이 바쁘다 보니 어머니를 위해 좀 더 많은 시간을 할애하지 못하고 더 따뜻이 모시지 못해 안타까웠다.

"자식들은 장성하면 다 집을 떠나고 부모는 자식을 그리며 살지. 항시 내 마음에 든든하고 자랑스러운 아들인 네가 늘 멀리 떨어져 있으니 보고 싶을 때가 많아. 그러나 세상일이란 자기 욕심대로 되는 것이 아니지."

장실댁이 아들과 마주하며 탄식하듯 말하자 진구는 어머니가 측은해 보이고 자식으로서 도리를 다하지 못하는 것이 더욱 죄송스러웠다.

장실댁은 서울에 온 후 몸이 아파 며칠 누워 있다 부산 큰 손자가 궁금하다며 부산 큰아들 집으로 떠났다. 진구는 어린 시절부터 그렇게 좋아하던 어머니, 항상 장한 자식이라고 자랑하고 다니던 어머니를 이렇게 보내드리니 마치 죄를 지은 기분이었다.

시대를 앞서 산 여인의 비애

여권 담당관인 진구는 접수받은 여권 발급 신청서를 정리하고 심사해서 매일 두세 차례 최고 결재권자에게 들고 가 재가를 받았다. 긴급 발급 협조 지시가 있으면 당장 준비된 서류를 들고 가기도 했다. 당시 이 업무의 최고책임자는 관리관이었다. 관리관실에는 비서실이 있는데 그곳 비서는 서류를 지참하고 오는 담당관들과 내방 손님들을 안내했다. 관리관이 손님과 면담 중이거나 부재중일 때는 비서가 대신 여권 발급 신청서를 받아놓았다가 관리관에게 주어 결재를 받아놓았다.

당시 정부 고위직 비서는 대개 대학을 졸업한 아가씨들이었다. 그래서 이들 비서들은 총각 외교관들의 눈총을 받기 마련이고, 얼굴이 반반한 경우 총각들의 짓궂은 접근을 견뎌내야 했다.

1968년 초 이 관리관의 여비서로 일하던 아가씨가 애인을 따라 미국으로 떠나고, 그 후임으로 미스 박이라는 아가씨가 왔다. 대학 졸업을 앞두고 비서로 취직이 된 그녀는 아직도 학생이어서 대학교 배지를 자랑스럽게 앞가슴에 착용한 채 일을 했다.

미스 박은 날씬한 몸매에 예쁜 얼굴의 청순한 아가씨처럼 보였다. 세상물정에 순진한 아가씨가 찾아오는 직원들과 내방 손님들을 대하고 대처하느라 분주한데도 얼굴에는 항상 웃음을 잃지 않고 일을 잘했다. 결재를 받기 위해 관리관실을 방문하여 협조를 요청해야 하는 담당관들은 미스 박을 자주 만나다 보니 친해져 농담을 하기도 했는데 농담도 잘 받아주었다.

진구는 미스 박이 예쁘고 청순하면서도 온화한 모습이 마음에 들었다. 결재를 받으러 올라가 조금 기다려야 할 때 말을 걸면 웃는 얼굴로 응대하는 자세도 좋았다. 결재서류가 급하다며 책상에 이미 놓여 있는 서류철을 밀치고 앞으로 내어놓으면, "안 되는데요." 하면서도 웃으며 묵인하기도 했다. 기다리는 시간이 있어 앉아서 농을 걸면 싱긋 웃으며 간단한 응대도 잘 해주었다. 진구는 미스 박이 자기를 싫어하지 않는 것이로구나 생각하여 가끔 데이트 한 번 하자고 암시적인 농담을 하곤 했다.

한번은 미스 박이 그녀 어머니와 함께 그녀 어머니 것으로 생각되는 긴 밍크코트를 입고 사람들로 북적대는 여권과 사무실로 내려와서 어떤 사람의 여권 발급을 도와주었다. 아마 외교관 후보 총각들에게 과시하고 싶은 어머니의 욕심이 있었던 모양이었다.

진구는 결재를 받으러 비서실로 올라가 미스 박을 만나는 것이 즐거웠고, 그러다 보니 애틋한 연정을 마음속에 품게 되었다. 보스인 관리관이 자리를 비워 미스 박이 혼자 앉아 있을 때는 결재서류를 챙겨 올라가 미스 박과 이야기할 시간을 만들기도 했다. 진구는 미스 박과의 대화가 순조롭게 진행되고 또 이러한 기회가 자주 이어지자 드디어 용기를 내어 미스 박에게 데이트 신청을 했다.

"미스 박, 데이트 신청을 하고 싶은데 어디 밖에서 좀 만날 수 있겠어요?"

미스 박은 얼굴을 들고 야릇한 웃음을 지은 후 고개를 돌리더니 다른 일에 몰두했다. 반대 의사는 아닌 듯했다.

"소공동 입구 대한항공 빌딩 지하에 '봉주르' 경양식 집이 있는데 그곳에서 내일 퇴근 후 7시쯤에 만납시다. 기다릴게요."

"누구 맘대로요?"

미스 박은 그렇게 말하고 입을 삐쭉이며 살짝 웃었다. 진구는 단호한 거절이 아니라고 확신하고 다음 날 약속장소로 나갔다. 하지만 한 시간 반 이상을 기다려도 그녀는 나타나지 않았다. 진구는 그녀가 입구에서 나타날 모습을 상상하며 아쉬운 마음을 달래며 기다렸건만 결국 불발이 되자 실망이 대단히 컸다.

새 주일이 시작되어 출근한 진구는 서류를 들고 그녀가 있는 사무실로 올라갔다. 그녀는 상사의 방에서 지시를 받고는 자기 자리로 나오다가 진구를 보고는 살짝 웃으며 아는 척을 했다. 진구는 애써 태연한 척하며 그녀의 눈길을 피했다. 자기의 차례를 기다렸다가 관리관실로 들어가 결제를 받은 후 진구는 미스 박이 앉아 있는 쪽에는 눈도 돌리지 않은 채 나와버렸다. 이렇게 하루 이틀이 지난 후 진구는 여느 때와 같이 결재를 받으러 비서실로 들어섰다.

"화가 난 얼굴이네요."

그녀가 살짝 웃는 바람에 진구는 약간 긴장을 했다.

"나를 바람맞혀 놓고는 기분이 좋아요? 악취미구먼."

"누가 약속을 했나요? 그렇게 쉽게……."

그러고는 진구를 빤히 쳐다보았다.

진구는 나오면서 미스 박이 자기를 싫어하지는 않는다는 확신을 가졌다. 그래서 미스 박에게 다시 데이트를 제의하기로 마음을 먹고 시기를 기다렸다. 그 다음 날 진구는 이번에는 전화를 이용하기로 했다. 담당관들은 결재 서류를 가져가기 전에 가끔 비서실로 연락을 한다. 관리관께서 계시는지 지금 결재가 가능한지를 물어보기 위한 것이다. 진구는 전화를 걸었고 미스 박이 받자 형식적으로 관리관의 재실 여부를 문의한 다음 이번에는 확실하게 미스 박에게 데이트 제의를 하고 만날 장소와 시간을 알려주었다.

"글쎄……."

그녀의 목소리에는 장난기가 섞여 있었다.

"이번에는 꼭 나올 것으로 믿고, 계속 기다릴 것이오. 알겠지요."

진구는 용기를 내 다짐을 한 후 통화를 끝냈다.

금요일 저녁 약속된 시간보다 좀 일찍 '봉주르'에 나가 자리를 잡고 기다렸다. 이번에는 꼭 나올 것이라는 예감이 들어 입구를 잘 볼 수 있는 위치에 앉았다. 진구는 미스 박이 미소를 지으며 나타날 것을 간절히 고대하며 입구 쪽을 열심히 바라보았다. 그러나 이번에도 미스 박은 나타나지 않았다. 또 바람맞은 것인가 하는 생각이 들기도 했으나, 이번에는 꼭 나올 것이라는 예감이 있어 마음을 다잡아먹고 기다렸다.

한 30분이 지났을 무렵 미스 박이 입구에 들어섰다. 진구는 손을 들어 자신의 위치를 알려주었다. 미스 박은 활짝 웃으며 다가와 진구 맞은편에 앉았다. 진구는 미스 박이 처음 바람맞힌 날 저녁에 이 장소에서 미스 박을 반갑게 만나는 꿈을 꾼 적이 있는데, 오늘 이 장면이 꿈인지 하고 언뜻 생각해 보았다.

"내가 좀 늦었나?"

자리에 앉은 미스 박은 기다리고 있던 웨이터가 가져다준 물을 조금 마신 후 진구를 쳐다보며 미소를 지었다. 갑자기 행복에 젖어 오히려 어색해지고 조심스러워진 자신을 발견한 진구는 미몽에서 깨어난 듯한 심정이 되어 애써 태연한 체하며 대꾸를 했다.

"괜찮아, 여자들은 보통 그러는 거 아냐? 나와줘서 고마워."

"여자들 사정을 잘 아는 것 같네. 경험이 있나봐."

"그 정도는 알지……."

웨이터가 다가와서 주문을 문의했다.

미스 박과 진구는 각자 좋아하는 식사를 시켜 먹으면서 대화를 이어갔다. 일 이야기, 몇몇 동료 직원들이 결재 받으러 왔을 때의 일화 등 미스 박은 아주 재미있게 이야기했다. 진구는 테이블 램프 빛으로 미스 박의 얼굴을 힐끗힐끗 보며 각별히 매력적인 목소리로 말을 이어가는 그녀의 자세가 참 귀엽고 사랑스러웠다. 진구는 이 아가씨의 매력에 흠뻑 빠져버렸다.

진구는 사무실에서 일하면서도 마음의 여유가 생기면 미스 박 생각으로 가득했다. 결재 받으러 올라갈 시간을 기다렸고, 미스 박 사무실에 들어서면 미스 박 표정을 살피기에 바빴고 말을 걸어 응대해 주는 자세에 따라 즐거움과 우울한 기분이 엇갈렸다. 미스 박은 사람들이 계속 몰려드는 속에서 진구에 대해 특별한 눈치를 보이지 않으려고 애를 쓰는 것 같은데 그것이 또 진구의 마음을 안타깝게 했다. 그런데 은밀한 말을 걸어볼 기회도 잘 주어지지 않았다.

다시 전화를 이용하기로 하고 용기를 내어 데이트 제의를 했지만 너무 바쁘다며 거절을 했다. 진구는 그까짓 것 잊어버리자 하고 생각하다가 일주일이 채 지나기도 전에 다시 데이트 신청을 하기로 했다. 이번에는 만나서 다정하게 말을 해야지 하고 마음을 먹고 비서실로 올라가 보았으나 좀처럼 이야기 나눌 기회가 주어지지 않았다. 이런 상태로 거의 한 달간 초조한 세월을 보내야 했다.

그러던 5월 초 어느 날 진구가 연락을 하자 미스 박이 경쾌한 목소리로 전화를 받았다. 그래서 다짜고짜 토요일에 오전 근무 후 만나자고 제의를 했다.

"모레 토요일에는 대학교에 친구랑 같이 가서 졸업장을 받기로 했으니 돌아오는 길에 잠시 만날 수 있으려나."

치기 어린 말투였다.

"그러면 열두 시 반 소공동 '봉주르' 입구에서 만나요."

미스 박도 좋다고 했다.

파란 하늘을 배경으로 5월 햇살이 따스하게 감싸는 토요일 오후 진구는 당시 독일 유학을 준비 중이던 고교 친구 김대원과 함께 약속 장소로 갔다. 미스 박이 친구와 같이 온다고 하여 친구에게 사정을 설명하고 같이 놀자고 제의한 것이다. 미스 박은 친구와 함께 동그란 통에 든 졸업장을 들고 나타났다.

"어, 친구하고 같이 왔네. 우리는 오늘 따로 어디 가기로 했는데."

미스 박이 자기 친구를 보며 좀 멋쩍은 표정을 지으며 진구를 향해 입을 삐쭉거렸다.

진구는 5월의 싱싱하고 맑은 하늘을 쳐다보며 단호하게 대꾸했다.

"아니, 이 좋은 날 우리와 같이 놀러 가야지. 우리 인천으로 갑시다."

미스 박은 옆에 무표정하게 서 있는 친구에게 그렇게 하자고 눈치를 보냈는데, 그 친구는 마음이 내키지 않는 듯했다. 진구와 옆에 서 있는 친구 김대원도 함께 가자고 졸라대니 그 친구는 마지못해 응했다. 진구는 가까이 오는 빈 택시를 잡아타고 그들과 함께 인천 송도로 향했다.

택시는 경인가도를 달려 곧 인천에 도착하였다. 진구는 택시에서 내려 목적지를 향해 걷자고 제의했다. 그런데 꾸어다놓은 보릿자루같이 실려온 미스 박 친구는 불편한 심기를 감추지 못하고 "서울로 돌아가야 해."라며 미스 박에게 졸랐다. 이렇게 되자 미스 박도 서울로 보내 달라며 떠나려는 택시를 다시 부르더니 차에 올라탔다. 진구는 당혹스럽고 화가 났다.

"그러면 둘이서 가세요. 우리는 여기까지 왔으니 그냥 돌아갈 수가 없어. 미안해. 그럼 잘 돌아가요."

이미 택시에 타고 있는 그들을 보고 손을 흔들고는 진구는 친구와 함께 송도로 향했다.

이 일이 있은 후 진구는 미스 박과 냉전 상태에 들어갔다. 진구는 마음과는 달리 애써 사무적으로 대하니 이런 처지가 곤혹스럽기도 하였다. 그러나 진구는 미스 박이 여자인데 그토록 계속 태연할 수 있는지 지켜보기로 했다. 그녀는 많이 삐진 상태는 아닌 것 같고 그저 태연한 체하며 진구를 시험해 보려는 심사인 것 같았다. 이는 연정을 품고 있는 남자의 애를 태우기에 충분하였다.

진구는 7월 말 여권과를 떠나 다른 부서로 인사발령을 받아 이전하였다. 그렇게 되니 이제 더 이상 미스 박이 있는 비서실로 서류를 들고 갈 일도 없고, 사무실에서 미스 박을 대면할 기회도 없었다. 진구는 신경전을 벌이면서 얼마 동안 잠자코 있었다. 새로운 부서에 와서 새로운 업무를 맡아 일에 적응하려니 바쁘기도 했다.

9월이 되자 워커힐 호텔에서 '콜롬보 플랜 자문회원국 그룹회의'가 개최되었다. 40여 개국의 회원국 관계 장관들이 참석하는 국제회의인데 당시 우리나라에서 개최되는 최초의 가장 큰 국제회의였다. 외무부장관이 의장국의 대표가 되는 회의라 당시로서는 규모가 대단히 컸다. 진구는 이 회의의 공보담당 보좌 역할을 맡았다.

활발하게 움직이는 국제회의에서 이곳저곳을 바삐 다니며 주어진 임무에 매진하다가 좀 한가한 시간이 되자 진구는 미스 박 생각이 불현듯 났다. 마치 마음에 묻어둔 모닥불이 피어오르는 듯한 심정이 되고 또 호기심이 동하여 미스 박이 근무하는 곳으로 전화 다이얼을 돌렸다.

"여보세요, 비서실입니다."

여전히 미스 박이 전화를 받았다.

"납니다."

진구가 버릇처럼 대답을 하자 미스 박은 아무 말이 없었다. 진구는 좀 이상했으나 물러설 수가 없었다.

"별일 없이 잘 계신가 궁금해서 전화했어요."

그런데도 미스 박은 아무 대답이 없었다.

"어디 말 좀 해봐요."

진구가 답답해 재촉하니 미스 박은 아무 말 없이 수화기를 놓아 버렸다.

이후에도 진구는 전화를 여러 번 했고 미스 박은 듣기만 하다가 전화를 끊었다. 진구는 좀 기이한 생각이 들었다. 거절도 아니고 호의도 아니고 참 어정쩡한 자세로 전화를 받는 것이 이해하기 힘들었다.

얼마 동안 뜸을 들였다가 진구는 10월 초에 다시 전화를 했다. 이번에는 꼭 대답을 들어야겠다는 생각이었다.

"미스 박, 삐졌어? 그런데 왜 그렇게 오래 삐져? 무슨 대답을 해야 할 것 아닌가?"

"삐지긴 누가 삐져?"

"그런데 왜 남의 말을 듣기만 하고 아무 대답도 안 해."

"그땐 마음이 내키지 않아서 그랬던 건데."

"그럼 인젠 마음이 좀 풀린 거야? 그럼 밖에서 한 번 만나자."

"글쎄……."

진구는 다시 짜증이 났다.

"아니, 또 글쎄야? 이번에는 광화문 교육회관 옥상에 있는 경양식 식당으로 나와줘. 이번에는 바람맞히지 않겠지."

미스 박은 약속한 시간에 웃음을 띠며 즐거운 얼굴로 나타났다. 그들은 식사 후 교외로 나갔다. 처음으로 안아보기도 하고 뺨을 비벼보기도 했다. 이 데이트를 시발로 마치 잃어버린 세월을 만회하려는 듯이 진구는 미스 박과 자주 만나 사랑을 속삭였다. 헤어질 때는 정릉에 있는 집 앞까지 데려다주고, 집 앞까지 가서도 헤어지기 싫을 때에는 정릉 청수장까지 걸어갔다가 돌아오기도 했다.

10월 말 어느 날, 낮에 근무를 하는데 미스 박이 전화를 했다.

"내일 노는 날이니 오늘 저녁 근무 후 만나요. 중앙청 앞길에서 기다릴게요."

중앙청 앞 효자로 길가 쇼윈도 앞에서 미스 박이 화려한 옷을 입고 잔뜩 뽐을 내며 기다리고 있었다. 빨간색 코트에 빨간 하이힐을 신었는데 참으로 요염한 자태였다. 둘은 택시를 타고 광화문에 자주 가는 경양식 집으로 갔다. 미스 박은 자리를 잡고 앉자마자 화사하게 웃으며 자기 기분을 과시했다.

미스 박은 기분이 상기되면 이야기를 잘했다. 여자 고등학교에 교생실습 나갔던 이야기, 사무실에서 일어난 일들, 그리고 문학과 영어 시에 관한 이야기기도 재미있게 했다.

"엄마한테 자기 이야기를 좀 했어요. 그랬더니 외무부 아는 사람에게 알아보았나봐. 먼 친척이 외무부에 근무하고 있거든. 그리고 아버지가 아는 사람을 통해 관리관님께도 물어보았는데 자기를 안다며 씩씩하고 성실한 직원이라고 칭찬했다네요."

사실 미스 박 보스가 진구를 특별히 기억할 만한 일은 여권과 근무 당시 일어난 일과 관계가 있다. 어떤 신청자에게 여권 발급 구비서류에 대해 설명하고 돌아와 자리에 앉아 있는데 어느 신사 한 분이 거만한 모습으로 다가왔다.

"당신이 이 여권 발급 담당관이오?"

"네, 그렇습니다. 혹시 무슨 어려움이 있으십니까?"

"나 공화당 서울지구 위원장인데, 이 여권 복수여권으로 만들어 주시오."

당시에는 여권 발급 절차가 복잡하고 어려워 복수여권을 발급받아 외국을 드나들 수 있는 것은 커다란 특권이었다. 이 여권은 수출입 업무에 종사하면서 외화를 벌어들이는 사업자들에게 편의를 제공하기 위해 만든 제도인데 이 여권의 발급요건이 상당히 제한되어 있었다. 진구는 신청서류를 받아 들고 검토해 보니 발급요건에 도저히 미치지 못했다.

"죄송합니다만, 이 신청서는 복수여권 발급요건에 해당되지가 않습니다."

"왜 안 된다는 거요? 어떻게 좀 해결할 방법이 없어요?"

"담당자인 저로서는 달리 도와드릴 방법이 없습니다."

"내가 이렇게 와서 부탁을 하는데. 일언지하에 거절을 하다니 좀 건방지구먼. 혼이 나보아야 아나."

그 신사는 울분을 참지 못하며 사무실 밖으로 나갔다.

시간이 좀 지난 후 진구는 관리관실에 결재 받으러 올라가 관리관 앞에 신청서류를 제출하고 서 있었다. 서류를 뒤적이던 관리관이 고개를 들더니 진구를 보았다.

"자네가 공화당 지부장 요청을 거절한 직원이지?"

갑작스러운 질문에 당황한 진구가 고개를 숙이며 겸연쩍은 표정을 지었다.

"아주 잘했어. 남자가 그런 배짱이 있어야지."

진구는 책망을 받을 줄 알았는데 칭찬을 받고 나니 일에 대한 신념이 더 생겼다.

미스 박 아버지는 해방 후 전문학교(대학)를 나와서 일찍 군에 들어갔고 5.16혁명이 일어났을 때 서울 근처 군부대 요직에 있었다. 5.16혁명이 일어나자 여타 동료들과 달리 고집스레 혁명을 반대하며 결정적으로 중요한 시기에 병력출동을 방해한 사람으로 지목되어 혁명 성공 후 곧 반혁명으로 몰렸고 영어의 몸이 되었다. 미스 박 아버지가 출소된 이후 그분의 사정을 동정하여 주었고 그 가족을 도와주는 차원에서 미스 박이 고위직 비서로 채용이 되어 근무하게 된 것이란 이야기를 진구는 들어서 알고 있었다. 그러니 정부 요소에 아는 사람들이 있을 수 있고 부모도 딸이 유리한 조건의 총각과 사귀기를 많이 기대했을 것이다.

그런 면에서 자기를 그렇게 탐탁하게 받아들이지 않을 수도 있을 것이란 생각이 들었다.

"미스 박, 이제 자리를 옮겨보자. 어딜 갈까?"

"재미있는 곳으로 가요."

"요즘 타워호텔이 서울의 명물이라던데, 그 호텔 옥상 라운지에 한 번 가보자."

미스 박이 활짝 웃으며 좋아했다. 진구는 미스 박과 함께 택시를 타고 장충동 산꼭대기에 우뚝 솟은 타워호텔로 가서 당시 이름난 데이트 장소인 옥상 나이트클럽으로 들어갔다.

빨간 카펫이 깔린 실내는 은은한 불빛 아래 노래가 흘러나오고, 띄엄띄엄 떨어진 테이블에는 연인들이 둘씩, 더러는 넷씩 앉아 있는 모습이 어슴푸레한 불빛 아래 보였다. 진구는 미스 박과 함께 자리를 잡고 앉았다. 말을 잘하던 미스 박도 이곳의 낭만적인 분위기에 압도되었는지 눈을 두리번거리며 조용히 있었다. 진구도 흘러나오는 음악에 귀를 기울였다. 'Please release me let me go, for I don't love any more…….'

진구는 특이한 노래가사를 음미하다가 애절하게 자기를 놓아 달라고 호소하는 여인을 상상하며 참 무상한 남녀관계를 생각했다. 이 음악에 맞추어 외국인 한 쌍이 눈을 지그시 감고 춤을 즐겼다.

진구와 미스 박은 다가온 웨이터에게 '블라디 메리' 한 잔씩을 주문했다. 연한 술을 한두 잔 마신 후 미스 박은 말문을 열기 시작했다. 주로 자기 가족 이야기, 어머니 이야기 등을 했다.

"우리 어머니는 나와 같이 텔레비전을 보다 잘생기고 똑똑해서 마음에 드는 젊은 남자가 나오면, '우리 윤미한테도 저런 잘생긴 총각이 나타나야 할 텐데. 너는 어떠냐?' 하고 묻기도 해요. 참 욕심도 많지."

진구는 딸한테 자칫 허영심이나 자존심을 키워줄 여지가 있는 말이라고 생각했다.

"글쎄, 부모 심정이야 그럴 수 있지."

진구는 생각과 다르게 대답하면서도 속마음은 야릇했다.

미스 박은 일어나기 싫은 듯 테이블 램프를 응시하다 흘러나오는 음악소리에 취해 눈을 내리깔고 앉아 있었다.

"인제 집으로 가야 할 시간인데, 일어나지."

미스 박은 진구의 말에 아쉬운 눈초리로 쳐다보더니 마지못해 일어섰다. 미스 박을 집으로 데려다주려고 택시를 잡아타고 정릉 방향으로 달리는데 눈망울이 초롱초롱한 채 말을 하지 않고 있던 미스 박이 택시가 아리랑 고개를 넘으며 정릉에 가까이 오자 갑자기 입을 열었다.

"나는 밤에 부득이 집에 들어가지 못하면 엄마한테 핑계를 만들 수 있어. 나는 그런 처지에 있거든."

미스 박은 눈을 내리깔고 묘한 여운을 남기는 말을 했다. 진구는 자기 귀를 의심하다가, 나와 함께 밤을 같이 지낼 수도 있다는 암시임에 틀림없으니 이 기회를 놓칠 수 없다고 생각하고 얼굴을 돌려 미스 박을 본 후 택시 운전사에게 택시를 뒤로 돌리라고 말했다.

그들은 익숙한 지역인 광화문 쪽으로 되돌아와서 가끔 눈여겨 보아온 여관 앞에서 내렸다. 여관 앞에서 미스 박이 잠시 멈칫하더니 작심한 듯 진구가 이끄는 대로 따라 들어갔다. 이렇게 하여 진구는 그녀와 처음으로 같이 잤다. 그녀는 자신이 이렇게 쉬운 여자가 아니라는 것을 보이기 위해 애를 썼으나, 진구도 이것이 처녀의 필요한 제스처에 불과하다는 것을 어렴풋이 짐작했다.

이 일이 있은 후 진구는 미스 박이 자기 애인임을 확신했다. 자기가 사랑하는 여인을 이렇게 순순히 자기 것으로 만들 수 있어 너무 자랑스럽고 기뻤다. 그래서 신이 나서 사무실로 출근하는 시간을 고대했고, 미스 박의 예쁜 얼굴 모습을 머릿속에 그리며 한껏 기분이 들떠 있었다. 그러나 미스 박은 이상하게도 며칠이 지나도 아무런 연락이 없었다. 진구는 도대체 무슨 일인지 궁금해서 견딜 수가 없어 미스 박 사무실로 전화를 했다. 몇 번 통화 중이더니 드디어 전화가 연결이 되어 미스 박이 전화를 조심스럽게 받았다.

"난데."

여느 때처럼 진구는 전화에 대고 말을 걸었으나 미스 박은 전화 수화기를 받아든 채 아무 말이 없었다. 귀에 들리는 소리로 봐서 전화를 끊은 것도 아니었다. 전화 저편으로 무슨 소리가 들리는가 했는데 이후 곧 전화가 끊겼다. 진구는 참 이상하다고 생각했다. 수개월 전과 같은 일이 일어난 것이다.

약 2주일 후 다시 전화를 했다.

"지금 바빠요. 조금 있다가 전화해요."

진구는 시간이 조금 지난 후 재차 사무실로 전화를 하고 약속 날짜를 잡았다.

그 이후 미스 박과 다시 만났는데 진구의 의구심에도 불구하고, 미스 박은 왜 지난 2주 이상 자기를 기피했는지 별다른 해명을 하지 않았다. 진구는 미스 박이 외박 후 어머니에게 심한 꾸중을 듣고 근신하는 것이 아닌가 하고 생각했다.

진구는 미스 박을 데리고 남대문로 대한일보 뒤쪽 건물 옥상에 있는 '미라보'라는 경양식 집으로 가서 점심을 먹고 김포 가도에 있는 산으로 같이 산책을 갔다. 그날은 토요일인데 날씨도 온화했다. 둘은 잔디밭에 편안하게 앉아 이런저런 이야기를 나누었다. 그런데 갑자기 미스 박이 진구의 눈치를 살피더니 묘한 표정을 지었다.

"과거에 바보같이 잘못을 저질렀어."

"뭐길래 그리 심각하게 이야기를 해."

"바보였지. 내가 못되었어. 누굴 나무라겠어."

진구는 뜸을 들이는 것이 이상했다.

"뭐길래 그리 심각해졌어."

잠시 눈을 내리깔고 앉아 있던 미스 박이 작심한 듯 말을 시작했다.

"관리관님이 잘 아는 젊은 사업인이 여권관계로 자주 찾아왔는데 기다리는 시간에 나에게 친절하게 대해주고 말도 참 재미있게 했어. 그리고 올 때마다 선물도 사왔지. 그래서 호감을 가지고 잘 도와드렸어요. 그런데 지난여름 어느 토요일 날 점심을 사준다며 밖에서 만나자고 하는 거야. 나한테 너무 잘해주고 해서 그분을 실망시키는 것이 두려웠어. 그래서 나가서 점심 대접을 받았는데, 점심을 먹고 오후 시간인데 인천에 같이 놀러 가자는 거예요. 거절하기가 미안해서 머뭇거리는데 차를 불러 세우더니 타라고 하더군. 사실 그때 따라가지 말았어야 하는 건데. 그래서 같이 인천으로 간 거예요. 인천에 카지노가 있는 좋은 호텔에 가서 카지노장에 갔는데 저녁 시간까지 놀음을 즐기더군요. 나도 재미가 있어서 옆에 앉아 지켜보았지. 천천히 저녁을 먹고 나와서 나이트클럽에 가자고 하여 또 끌려가 무료하게 앉아 있다가 밤 10시가 되어 서울로 가자고 졸라대었더니, 조금만 기다리라고 하고, 그러다가

11시가 넘어 빨리 가야 한다고 투정을 좀 했더니 걱정 말라고 하면서 호텔로 안내했어요. 여기서 자고 내일 가자는 거야. 각방을 쓰기로 했으니 걱정 말라 했는데, 그게 아니었어. 내가 큰 잘못을 했구나 하고 후회했을 때는 이미 너무 늦었더군요."

진구는 미스 박이 여자로서 참 겁도 없이 사는구나 하는 생각이 들었다. 그리고 도대체 이 말을 하는 심리는 무엇인가 하는 의문이 났다. 정말 사랑을 느끼는 상대에게 순수해지고 싶어서일까? 상대가 누구이고 어느 시점까지 왔기에 스스로 범해버린 씻지 못한 잘못을 실토하는 것일까? 미혼 여성으로 바보 같은 짓이고 변명할 여지도 없는 일인데. 아무튼 황당하고 철없는 짓이고, 당시의 사회통념으로는 결정적인 손해만 볼 뿐 덕이 될 수 없는 짓이었다.

이 고백이 있은 후 진구는 미스 박에게 대단히 실망했으나 크게 개의치 않고 사랑놀이에 몰두했다. 우선 미스 박과의 엄청난 사랑의 감정을 쉽게 접어버릴 수도 없었고, 장래를 약속한 사이도 아니기 때문에 현재의 감정에만 충실하면 된다고 생각했기 때문이다. 미스 박도 오히려 잘되었다고 생각하는 듯 진구에 대한 사랑의 열기는 더해갔다.

11월 말경, 진구와 미스 박은 퇴근 후에 만나 저녁 식사를 하고 가끔 같이 가던 정릉의 청수장 뒤 유원지 한적한 곳에서 한참을 같이 지낸 후 집에 데려다주기 위해 택시를 타고 미스 박 집 앞 공터에 도착한 후 여느 때처럼 미스 박을 내려주었다.

미스 박이 문을 열고 내리는데 바로 그 자리에 어떤 청년이 택시에서 내리는 미스 박을 노려보고 있었다. 진구가 탄 택시가 방향을 돌려 나가는데 진구가 창문을 통해 보니 그 예쁘장하게 생긴 청년이 미스 박의 팔을 억지로 끌고 동행해 가는 것이 아닌가. 참 이상한 일이었다. 진구는 미스 박이 그 남자와 만나자는 약속을 해놓고 약속장소에 나타나지 않자 화가 나서 집 앞에까지 와서 기다린 것 같고, 더욱이 밤늦은 시간에 어떤 남자와 동행해서 오는 모습을 보니 분통이 터진 것이 틀림없는 것 같았다.

진구는 의구심을 떨쳐버리지 못한 상태에서 며칠을 기다렸다. 적어도 미스 박이 연락을 해서 그날 저녁에 일어난 이상한 일의 전말을 말해주기를 기대했다. 그러나 미스 박에게서 따로 연락이 없자, 진구가 전화를 했는데 그녀는 전화를 받고서 또 묵비권으로 일관했다. 그래서 전화를 끊기 전에 "우리 한 번 만나야 하는 것 아니야?" 하고는 진구 쪽에서 전화를 끊어버렸다.

이틀이 지난 후 진구는 일과 후 어둑어둑해지는 시간에 중앙청 서편 문으로 퇴근을 했다. 길을 건너기 전 건너편에서 보니 맞은편 상점 진열대 앞에 미스 박이 누굴 기다리는 듯 서 있었다. 좀 쌀쌀한 날씨여서 스카프로 얼굴을 감싸고 있었다. 진구는 놀라면서 서 있는 그녀에게 다가갔다.

"어째 여기 있어? 누구를 기다리든 일단 나와 같이 가."

손목을 잡고 이끄니 순순히 따라왔다. 큰길을 건너 걸어가면서 대체 누구를 기다리는지 물었는데 묵묵부답인 채 고분고분 따라왔다. 저녁을 시켜 먹으며 진구는 수일 전 저녁에 일어났던 일에 대해 물어보았다.

"그날 저녁 어떻게 된 일이었어? 그 남자는 누구야? 그 늦은 시간에 그 남자를 따라간 거야?"

"그럼 화가 나서 끌고 가는데 어떡해."

미스 박이 힘없이 대답했다. 진구는 어처구니가 없었다.

"그러면 그 남자하고 그날 저녁 같이 지냈다는 말이야?"

"빠져나갈 수가 없는데 어떡해."

참 기가 막힐 일이었다. 진구는 화가 치밀어 견딜 수가 없었다. 셈을 치르고 이미 기가 죽고 침울한 얼굴이 된 미스 박을 끌고 진구와 처음 갔던 여관으로 들어갔다. 진구는 입을 꼭 닫고 일체 대답하지 않는 미스 박에게 일방적으로 비난을 퍼부었다.

"너는 남자에 대한 욕구가 지나친 거야, 아니면 과욕을 부리는 거야? 그것도 아니면 마음이 약해 거절을 못하는 어리석은 여인인가? 명색이 처녀의 입장에서 하루 저녁에 두 남자를 만날 수밖에 없는 사정이라는 게 대체 뭐야? 참 찾아보기 힘든 열정이군. 아니, 대단히 간이 큰 여자라고 해야 하나. 너는 이미 깨어져버린 거울 같은 존재야. 깨어진 거울은 아무리 잘 맞추어도 온전한 얼굴을 볼 수 없어. 지난여름 첫 데이트 이후 네가 나와의 대화를 회피하였을 때 참 이상한 아가씨도 있구나 생각하였고, 그리고 지난 달 나와 같이 만리장성을 쌓아놓고서도 또 미심쩍은 태도를 보이길래 왜 그랬을까 했는데, 그때 그 일도 이제 짐작이 되는 바로군. 너의 순수하고 솔직한 성품을 높이 평가하고 있는 나는 너를 사랑했기 때문에 미심쩍었던 일들을 애써 뛰어 넘으며 오늘에 이르렀는데. 이건 두 남자를 동시에 가지고 노는 바람둥이 여자의 이야기잖아?"

진구가 비난을 계속하는데도 미스 박은 미동도 않은 채 돌아누워 있었다. 진구는 미스 박이 자기 쪽으로 돌아눕도록 계속 미스 박의 어깨를 일으키며, 화가 나서 비난을 퍼부었지만 자신이 왜 이런 용납할 수 없는 짓을 했는지 묵묵부답이었다. 진구는 쓸모없는 짓인 줄 알면서도 사랑하는 여자가 이 지경이 되었으니 대단히 밉기도 하고 또한 깊은 동정을 가지고 깨우쳐주고 싶었기 때문인지 계속 일방적으로 비난을 퍼부었다.

아침이 되자 미스 박은 일어나 옷매무새를 차리고 나가버렸다. 진구는 아무 말 없이 그냥 가는 대로 내버려두었다.

진구는 이제 미스 박을 잊기로 하고 한동안 실의에 차 마음을 고쳐먹으면서 하숙집에서 책을 읽으며 차분히 애틋한 심정을 달랬다. 비교적 포근했던 12월이 지나고 1월이 되자 본격적인 겨울 추위가 몰려왔다.

4개월 정도가 지난 3월 초 어느 날 아직 추운 화창한 봄날이었다. 진구는 일요일이어서 따뜻한 하숙방에서 이불을 쓰고 누워서 책을 뒤적이고 있는데 하숙집 아주머니가 밖에서 누가 찾아왔다고 말했다.

창문을 열고 대문 쪽을 보다가 깜짝 놀라지 않을 수 없었다. 문을 열고 미스 박이 들어서고 있었던 것이다. 웃음을 머금으며 들어서는 미스 박을 오랜만에 보니 반가워서 진구는 방문을 열고 나가 그녀를 맞아 들였다. 진구는 미스 박이 도대체 자기 하숙집을 어떻게 알았는지 참으로 궁금했다.

지난날 미스 박을 사직공원 앞 도로를 약속장소로 정해서 자주 만났고 그때마다 하숙집이 저쪽 골목 안이라고 알려주긴 했는데, 이렇게 하숙집을 용케도 찾아온 것이 참으로 신기했다.

미스 박은 방으로 들어오더니만 춥다면서 이불 안으로 들어와 둘은 나란히 누웠다. 오래간만에 서로 애타게 기다리던 만남이었다. 시간이 지난 후 숨을 고르고 앉더니 심각한 표정을 지으며 미스 박이 말을 꺼내기 시작했다.

"우리 어디 도망가서 살아요."

아가씨 입에서 이런 엉뚱한 제의를 들으니 진구는 어처구니가 없었다.

집안 좋고 좋은 직장에 자존심이 남다른 아가씨가 왜 이렇게 갑자기 망가졌을까 생각했다.

"허어 참, 그런 말을 함부로 하면 안 되지."

그러자 미스 박이 입을 삐쭉이며 말을 이었다.

"지난 번 그때 아침에 지친 모습으로 집에 들어가 말도 하지 않고 방문을 닫고 들어가니까 이상하게 생각한 어머니가 따라 들어와 화를 내면서 무슨 일이 있었는지 물었어요. 그래서 할 수 없이 사실대로 이야기했죠. 그랬더니, '그 녀석이 너를 강제로 끌고 갔단 말이야? 정말 나쁜 사람이네' 하고 다시 화를 내다가 내 다리에 생긴 멍을 보았어. '손찌검을 한 것이 틀림없구먼, 이 멍 좀 봐. 어떻게 이런 못된 녀석을 자꾸 만나고 다녔어. 이 못되어 먹은 것아. 앞으로 그 녀석 또 만나면 절대 가만두지 않겠어. 말 안 들으면 아버지께 일러서 다리몽둥이를 분질러놓겠다. 알겠어?' 하고 엄중 경고를 했어."

"내가 화가 나서 미스 박을 괴롭히기는 했지만 손찌검이라니, 그런 얼토당토아니한 말이 어딨어?"

하지만 마음속으로는 어쨌든 남의 집 귀한 딸을 괴롭혔으니 미안한 감도 없지 않았다.

이 만남 이후 미스 박은 진구와 다시 사랑에 빠졌다. 주말이면 서울 근교 명승지로 같이 놀러 다니기 바빴고, 점심시간에 미리 전화를 하고서 유부초밥을 사무실로 배달시키기도 했다.

진구가 일이 있어 사무실에 혼자 남아 있다거나 간혹 숙직 근무를 하는 날이면 미스 박은 용케도 이를 알고 전화를 하여 그날 일어났던 일을 재미있게 들려주었다.

어느 토요일 오후에는 영화구경을 마친 후 미스 박이 진구더러

자기 집으로 가자고 했다. 진구가 웬일이냐고 물었더니 가족이 모두 외출했고 저녁 늦게 돌아오니 괜찮다며 진구를 집안으로 이끌었다. 진구로서는 처음 가보는 것이어서 호기심은 있었지만 혹시 미스 박 어머니를 만날까 두렵기도 했다. 'ㄱ'자로 연이어서 잘 지은 한식이 줄지어 있었다. 미스 박의 집은 그중 마지막에 위치해 있었다. 집에 들어갔을 때 이미 저녁때여서 미스 박이 저녁상을 차려왔다. 각별히 신경을 쓴 듯 반찬이 푸짐했다.

여자 친구 집에 처음 와서 따뜻한 저녁을 대접받고 보니 참 묘한 생각이 들었다. 두 사람의 장래를 심각하게 생각해 본 적이 없는 진구로서는 감격하여 내가 과연 이래도 되는 것인가 싶기도 했다.

될 대로 되라는 식으로 사랑에 몰입하는 미스 박과 재미있게 지내는 가운데 봄이 훌쩍 지나가고 6월이 되었다. 그날도 밖에서 재미있게 놀다가 집으로 데려다주는 길에 북악스카이웨이 정상에 있는 정자에 들렀다. 미스 박이 진구를 은근히 쳐다보며 말을 꺼냈다.

"나는 캐나다로 떠나기로 했어. 관리관님께도 말씀드렸고, 도와주겠다고 했어. 우리 언니가 거기에 이민 가서 살거든. 인제 곧 여권 수속을 밟을 거야."

표정도 변하지 않고 담담하게 말하는 태도로 보아 미스 박은 이미 각오를 다진 모양이었다.

미스 박은 마지막 지푸라기를 잡는 심정으로 진구와 일단 사랑의 도피를 제의해 보았지만 진구의 대답은 단호했기 때문에 캐나다로 떠나기로 결정한 모양이었다. 진구는 아무런 기약이 없는 상태에서 방향을 잃고 자기에게 매달리는 미스 박이 일면 부담스럽고 또 애처롭기도 했기 때문에 그런 출구를 찾았다는 것이 일면 다행스럽기도 했다.

미스 박은 대학 졸업 후 바로 정부 고위관리의 비서로 들어와 우쭐한 기분에서 세상 무서운 줄 모르고 순진하게 분별없이 처신하다가 나락에 떨어진 듯한 심정이 되었을 것이다. 실망스러운 과거를 후회해 보아야 소용없는 일이고, 따라서 자기가 살아온 현실을 도피하여 외국에서 새로운 삶을 개척하기 위해 해외로 가는 것이 틀림없었다.

여름이 한창인 7월 말에는 여권이 나왔다고 하면서 즐거워하더니, 그 이후 출국 일정이 9월로 잡혔다고 했다. 진구는 본인이 기쁜 마음으로 떠난다니 다행스러웠으나 떠나는 미스 박의 마음 한 구석에는 얼마나 착잡한 심정이 교차할까 생각해 보았다.

1969년 9월 하순, 미스 박이 출국하는 날이었다. 진구는 미스 박 어머니가 자기를 못된 사람으로 생각하고 있는 상황에서 온 가족이 모여 마지막 인사를 나누는 김포공항에는 도저히 갈 수가 없었다. 미스 박도 물론 기대하지 않았을 것이다.

미스 박이 김포공항을 떠나는 시간이 점점 다가오자 진구는 갑자기 슬픈 표정으로 작별의 손을 흔들며 떠나는 미스 박의 모습이 상상되어 공항에 나가지 않은 것을 후회했다. 그래서 김포공항으로 전화를 해서 이리저리 부탁한 결과 탑승자 대기실의 승무원과 연결이 되었는데, 미스 박은 방금 항공기 안으로 들어갔다고 했다. 진구는 너무나 허전했지만 억지로 마음을 달랬다. 그때 마침 국제정세 정보자료를 전달하기 위해 청와대를 들어가야 해서 사무실을 나왔다. 경복궁 돌담길을 천천히 걸으며 이별의 아픔을 다스리다 문득 하늘을 올려다보았다. 가을 날씨는 쓸쓸한 진구의 마음과 달리 너무나 화창했다.

미스 박은 밴쿠버로 가는 항공기에서 항공엽서를 보내왔다. 캐나다에 도착한 이후에는 2-3일 만에 한 번씩 항공우편으로 진구 앞으로 편지를 보냈다. 외국에서 지내는 자기의 삶을 알뜰히 알려주기도 하고 지난날의 추억을 되새기며 아쉬워하는 이야기로 가득했다. 어떤 때는 편지 말미에 루주를 바른 입술을 꽉 찍어서 키스를 보내기도 했다. 낯선 이국땅에서 살고 있으니 한국에서 재미있게 지내던 생활이 많이 그리웠던 모양이다.

지나간 과거에 대한 아쉬움이 애절한 그리움이 되어 열정으로 타올랐으나, 먼 이역에서 그것은 잡을 수 없는 환상일 뿐 이미 현실로 발현될 수 없었다. 그러나 이미 선택한 이국의 생활이 고착되어 가면서 냉엄한 현실 속에 꿈틀대던 열정도 수그러드는 듯 미스 박은 새해에 접어들자 편지를 보내지 않았다. 진구는 미스 박이 빨리 현지 생활에 적응하기를 바라는 심정이어서 차라리 잘되었다고 생각했다.

새해 3월에는 콜롬보 플랜 계획에 의거 호주 연수생 선발시험을 실시했는데 진구가 공개 시험에 합격하여 호주 시드니에 연수유학을 가게 되었다. 진구로서는 처음 해보는 해외여행이었고 영어 사용국 사람들과 대화능력을 향상시키는 유익한 기회가 되었다. 진구는 호주 시드니에서 6개월간 연수를 마치고 12월 말에 귀국하였다.

1971년 3월 해외근무에 앞서 승진시험에 합격함으로써 해외근무 조건을 구비했다. 해외공관 근무발령이 목전에 닥쳐왔으므로 진구는 이제야말로 결혼을 서두르지 않으면 안 되었다.

진구는 호주에서 귀국 후 발령받은 부서가 마침 전례과 옆방이어서 전례과에 사환으로 오래 근무하던 미스터 김을 복도에서 만났다. 미스터 김은 성격이 유순하고 부지런하여 미스 박이 떠나기 전 담당과의 심부름뿐 아니라 미스 박의 심부름도 곧잘 해주었다. 따라서 진구와 미스 박의 관계를 잘 알고 있었다. 진구는 그를 보자 반가워 악수를 하면 인사를 했다.

"잘 지내죠? 참, 미스 박하고 지금도 연락을 하나요? 잘 있다지요?"

"네, 연락이 종종 옵니다. 성 선생님 혹시 만나보았는지도 물으시던데요. 다음 답장할 때는 성 선생님을 만났고 안부를 물었다는 것을 알려드려도 되지요?"

진구는 그냥 고개를 끄덕였다.

그 일이 있은 후 3주쯤 되었을까 미스터 김이 진구를 찾아와 편지를 하나 전해 주었다.

"미스 박이 보낸 거예요."

미스터 김에게 편지를 보내면서 동봉한 것이었다.

그 편지는 진구의 소식을 목마르게 기다렸다는 듯이 그리고 미스터 김이 어떻게 말을 했는지 진구와의 사랑을 다시 불 붙여 보려는 갈망이 드러나 있었다. 아예 그곳으로 발령을 받아와서 결혼을 하면 얼마나 좋을까 하는 희망도 은근히 비쳤다. 해외공관 근무를 앞두고 결혼을 서두르고 있는 진구로서는 부담을 느끼지 않을 수 없었다. 그래서 진구는 그녀에게 마지막 편지를 보내기로 했다.

그리웠던 옛날 일은 아름다운 추억으로 간직하고 많은 사람이 부러워하는 살기 좋은 외국에 갔으니 그곳에서 삶의 보람과 희망을 한껏 펼치며 행복한 삶을 살아가라고 당부하였다. 그리고 오랜 세월이 흐른 후 머리가 파뿌리처럼 하얗게 변하고 남녀 간의 부질없던 열정이 잦아들 때쯤에 지난 세월 서로가 어떻게 변했고, 어떻게 살아왔는지 사정이 허락하면 한 번 만나서 알아볼 수 있기를 바란다는 서신을 마지막으로 보냈다.

진구는 몇몇 동료들이 결혼을 해서 적은 봉급으로 단칸방에서 어렵게 살고 있는 모습을 보고 나서 자기는 해외근무를 나갈 때까지는 결혼을 보류하겠다고 다짐을 해왔는데 막상 해외공관 발령을 눈앞에 두고 있으니 결혼이 시급했다.

진구는 미스 박에게 마지막 편지를 보낸 후 마음의 정리를 했다. 그러고 나니 문득 미스 박 어머니가 생각났다. 미스 박 어머니는 해외로 이민을 떠날 준비를 하며 아직 서울에 살고 있었다. 딸이 진구와 얽힌 사연 때문에 마음고생을 많이 하셨을 것을 생각하니 마음이 죄송스러웠다. 그래서 진구는 이 기회에 사죄하는 심정으로 찾아뵙고 인사를 드려야겠다고 결심했다.

5월 초 어느 날 진구는 새해 품종으로 나온 서양 딸기를 사서 들고 정릉에 있는 집을 찾아 대문을 열고 들어섰다. 마침 마루에는 미스 박 어머니와 막내아들이 담소를 하며 앉아 있다가 대문을 열고 들어서는 진구를 보고 의아해하면서도 무슨 예견이나 한 듯 누구인지를 당장 알아보는 눈치였다.

"웬일로 여기를 다 찾아왔소. 여기 마루로 올라와서 앉지."

진구는 먼저 인사를 하고 마루로 올랐다.

"캐나다에 간 미스 박은 잘 지내고 있는지요?"

"그야 잘 있지."

그러고는 마루로 올라서는 진구를 아래위로 눈여겨보았다.

"자네는 키도 크구먼. 우리애보다 큰가?"

아들이 일어서며 키를 재어보자고 해서 자리에서 일어섰고, 둘이 서서 키를 재어보기도 했다.

이렇게 분위기가 자연스러워지자 미스 박 어머니가 한숨을 내쉬었다.

"내 딸은 자네하고 연분이 없나봐. 둘이 좋아하는 것 같아 내가 일생운수 보는 집에 가서 알아보니 내 딸과 자네가 결혼하면 자네가 죽을 팔자라는 거야. 그래서 다른 유명한 집도 찾아가 보았는데 똑같은 이야기를 하지 않겠나. 그러니 나로서는 둘이 맺어줄 수가 없지."

사실 진구는 '윤미'와 결혼을 간청하러 온 것이 아니었다. 단지 미스 박 어머니의 마음속에 딸을 괴롭힌 못된 사람으로 남아 있는 것이 싫었고, 또 미스 박이 저렇게 되니 가해자 심정이 되어 속죄하고 싶은 충동도 생겨 마음에서 훌훌 털어버려야겠다는 생각에서 찾아온 것이었다. 그런데 미스 박 어머니는 진구를 원망하기보다는 지금에 와서 오히려 진구를 동정하는 심정이어서 진구는 마음이 한결 가벼웠다. 애틋한 인간관계가 옛일이 되어버린 지금 서로 얽힌 원망 없이 가벼운 마음으로 헤어진다는 것이 얼마나 좋은 일인가 하고 새삼 느꼈다.

제5부

바람아 멈추어라

해외근무 떠나는 아들과 작별

진구는 몇 번 선을 보았으나 상대 아가씨가 마음에 내키지 않았다. 그런데 직장 동료 한 사람이 진구에게 좋은 아가씨가 있다며 소개를 해주겠다고 했다.

"성형, 우선 그 아가씨가 근무하고 있는 곳을 알려줄 테니 몰래 찾아가서 한 번 보세요. 그리고 마음에 들면 알려주세요. 정식으로 선을 보게."

참 재미있는 제의였다. 그 말은 결국 그 여자의 외모가 출중하다는 말 아닌가 하는 생각이 들었다. 그래서 진구는 그녀가 일하고 있다는 광화문 근처 조그만 여성잡지 출판사 사무실로 찾아갔다. 사무실 문을 열고 입구에 들어서서 보니 사장실 입구의 비서 책상에 한 아가씨가 앉아 잡지를 뒤적이고 있는 모습이 눈에 들어왔다. 진구는 저 아가씨가 틀림없다고 생각하고 좀 멀찌감치 입구에 있는 안락의자에 앉아 그녀의 일거수일투족을 열심히 살폈다. 책을 읽고 있는 옆얼굴만 보일 뿐 앞모습은 볼 수 없어서 계속 주시하고 있는데 그 아가씨도 진구의 눈총을 의식했는지 고개를 들어 진구를 잠시 쳐다보더니 머리를 손으로 다스리고는 다시 보던 책으로 눈을 돌렸다. 복스럽고 호감이 가는 얼굴이었다.

진구는 결혼할 상대로 여자의 얼굴 생김새도 중요하지만 체격도 중요시했다. 그리고 성격도 잠시 알아볼 수 있으면 좋겠다고 생각했다. 그래서 생각 끝에 일어서서 뚜벅뚜벅 아가씨 앞으로 가서 살며시 말을 걸었다.

"나는 ○○일보 기자인데요, 이 잡지사에서 예전에 발간한 책에 실린 기사내용을 확인하고자 합니다. 혹시 잡지를 열람할 자료실이 어디 있는지 알려줄 수 있나요?"

어떻게 해야 할 것인지 잠시 망설이던 아가씨가 일어서며 진구를 쳐다보았다.

"저를 따라오세요."

앞서가는 아가씨의 모습을 보니 키도 작지 않고 몸매도 날씬하였다. 그리고 무엇보다 공손하게 대하는 그녀의 너그러운 자세가 마음에 들었다. 복도를 지나 바로 연결된 계단을 올라가니 자료실에 눈에 띄었다.

"여기인데요."

"고맙습니다."

진구가 머리를 숙여 인사하자 아가씨가 자리를 떠났다. 진구는 곧바로 나올 수는 없어서 좀 머무적거리다가 나왔다.

진구는 기지를 발휘하여 그 아가씨를 충분히 관찰한 결과 그녀가 마음에 들었다.

진구는 사무실로 출근한 후 사무실에서 동료를 만나 이 사실을 알려주었다. 그런데 수일이 지나도 그 친구로부터 아무 연락이 없어 진구는 그쪽에서 별로 열성이 없는 모양이구나 하고 생각했다.

그러던 어느 날 하숙집 아주머니가 좋은 아가씨가 있으니 한 번 만나보라고 간청을 했다.

"성씨 총각, 우리집 아래 큰 기와집 주인아주머니와 이야기를 하다가 자네 얘길 했더니 자기 딸이 어떠냐고 하네. 나도 봤는데 아주 예쁘고 체격이 날씬하게 생긴 아가씨더라고. 어때, 선 한 번 보지?"

"아주머니, 전 좀 쉬었다가 볼래요. 이제 용돈도 다 떨어졌어요."

진구가 농담하면서 웃어넘기려 했다.

"아이고, 용돈은 내가 빌려줄 테니 꼭 한 번 만나봐요."

진구는 아주머니의 간곡한 부탁을 받아들여 선을 보기로 했다.

그 이후 집 근처 조촐한 다방에서 만남을 가졌다. 진구는 얌전히 앉아 있는 곱게 생긴 아가씨에게 마음이 끌렸다. 옆에 나와 앉아 있는 어머니의 인상과 자세도 아주 좋았다. 딸은 대개 어머니를 닮는다 하지 않는가.

같이 걸으면서 이야기도 해보고, 탁구도 쳐보고 했는데 성격이 온화하고 감정도 절제할 줄 알며, 상대방을 배려하는 자세가 돋보였다. 물론 외모와 체격도 마음에 들었다. 이 만남 이후 진구는 왠지 이 아가씨와 운명적인 인연이라는 생각이 들었다.

사실 결혼이란 생판 모르던 이성이 만나서 한 몸이 되어 가정을 이루고 자식을 낳고 사는 것이니 이런 특별한 인연은 결국 자기의 운명과 연결되는 것이라고 생각하였다. 진구는 결혼은 단순히 이성으로 이끌려 서로 사랑에 몰입하는 그런 관계와는 다른 차원이라고 생각하고 싶었다. 그리고 서로 믿고 의지하며 안정된 가정을 이루어 행복한 삶을 만들어가는 것이라는 생각이 들었다. 그래서 진구는 거리낌없이 이 기회를 잡기로 하였다.

다음 날 진구는 아가씨를 만나고 나서 그 아가씨 부모님을 찾아뵙고 청혼을 했다. 참으로 전광석화(電光石火) 같은 운명적인 결정이었다.

그러던 어느 날이었다. 서로 소원했던 그 직장 동료를 복도에서 만난 것이다.

"아차차, 그 아가씨 집에 바로 연락을 못했네요. 내 지금 바로 알아본 후 성형에게 연락하리다."

그 친구는 마치 잊고 있던 것을 갑자기 생각해낸 것처럼 말했다. 그리고 며칠 후 직장 동료는 바로 얼마 전에 찾아가본 잡지사 아가씨 쪽 부모들이 진구를 만나보고자 한다는 소식을 전했다. 진구는 시일이 얼마 지나지 않은 지금 갑자기 결혼을 할 아가씨를 정했다는 이야기를 해주자니 실없는 사람으로 비칠 것 같아 일단 이를 모면하기 위해 변명을 늘어놓지 않으면 안 되었다.

"지방에 계신 어머니가 좋은 아가씨가 있다며 결정을 서둘러야 한다고 연락이 와서 대단히 미안하지만 선보는 것은 좀 취소했으면 좋겠네."

동료는 성형이 그 아가씨에게 호감을 가지고 있다는 사실을 전해주었더니 지금 그쪽에서 선을 보자고 하는데 지금 와서 취소하라고 하면 난처할 것 같다며 당황스러운 표정을 지었다. 다음 날 동료가 진구를 다시 찾아왔다.

"그 아가씨 부모님이 성형을 한 번 만나봤으면 하니 내일 모 다방에서 꼭 만나보도록 해. 내 체면도 생각해야지."

진구는 어쩔 수 없어 만나기로 하고 지정된 장소에 나갔다.

다방에서는 그 아가씨의 부모가 이미 와서 기다리고 있었다. 그들은 부부가 모두 교수였다. 딸의 장래를 위해 이토록 애를 쓰는 이들 앞에 앉으니 진구는 숙연해졌다.

"총각, 우리 딸을 보았다며 어떻게 생각해요?"

우선 이것부터 확인하고 싶었던 모양이었다.

"참 좋은 아가씨를 두신 것 같군요."

"우리로서는 혼사를 결정했으면 하는데, 어떻게 생각해요?"

진구는 난처한 생각이 들어 어떻게 대처하는 것이 좋을까 궁리했다.

"저는 아직 결혼을 결정하기에는 너무 부족한 점이 많습니다. 서울에서 하숙을 하고 있고, 또 돈도 없는 가난뱅이구요."

진구는 이 곤혹스런 자리를 어서 피하기 위해 부족한 점이 많은 사람이라고 선뜻 말했다.

"아니, 돈이 없다고 결혼을 망설인다는 말은 아니겠지요. 우리가 결혼할 때는 어땠는지 알아요? 돈이 없어서 그 당시 결혼선물로 흔하던 만년필 하나 살 형편이 못 돼 엿가락을 사서 검은 잉크로 물을 들여 앞 포켓에 꼽고 결혼했답니다. 물론 그 당시는 해방 직후여서 참 못살기도 했지만."

교수 부부가 고개를 끄덕이며 말을 이어갔다. 그들은 진구가 한 말을 겸양의 미덕으로 받아들이고 더욱 좋아하는 듯하였다. 진구는 더욱 난처해져 자리를 피하고 싶었다. 자기가 여러 가지로 부족하고 따라서 좋지 않게 생각하며 물러서기를 바랐는데 오히려 점수를 따는 결과가 되어 안타까웠다.

"대단히 죄송합니다마는 지방에 사시는 어머니께서 꼭 좀 와서 보라는 아가씨가 있어서 지금은 결정적인 말씀을 드릴 수 없습니다."

"그럼 무슨 변화가 있으면 곧 연락을 주세요."

진구는 딸이 좋은 짝을 만나 행복하게 살기를 바라는 부모의 열망에 감탄하지 않을 수 없었고, 죄인이 된 듯한 심정이었다. 그러나 이미 이루어질 수 없는 일이 되어버렸다.

사실 이 일을 생각하면 결혼에는 연분과 운명이 있는 것 같다. 간발의 차이로 이 아가씨와의 연분이 빗나간 것이다. 잡지사에서 관찰해 본 이후 이 아가씨가 마음에 드는 상대라고 생각했다. 그런데 단 며칠 차이로, 이를테면 큐피드 화살이 다른 곳에서 날아와 박혀버린 것이다. 남녀 간의 결혼이라는 융합 과정을 생각해 보면 결혼 의지를 가지고 만나는 것은 서로 지향이 같은 전파 간의 접촉에 비유할 수 있고, 필연적으로 유사한 전파끼리 만나서 결합하는 것인데 운명과 인연이 작용해야 하는 것이 아닌가 싶다.

진구는 부산에 계신 어머니께 최근에 만난 정은주라는 아가씨가 마음에 들어 그들 부모님을 만나 청혼했다는 사실을 알려드렸다.

"그래, 나는 네가 알아서 잘할 것으로 믿는다. 정혼 상대는 집안을 잘 보아야 한다. 부모는 뭐하는 집안인데?"

진구를 항상 자랑스럽고 든든하게 믿고 있는 장실댁이 관심을 가지고 물었다. 이에 진구는 어떤 아가씨이며 어떤 집안인지를 간단하게 설명해 드렸다.

"궁합은 보았느냐?"

"아가씨 집에서 더욱 관심을 가지고 봤을 테니 걱정 안 해도 돼요."

진구는 6월 말에 간략하게 약혼식을 하기로 해서 어머니에게 연락을 드려 서울로 모셨다. 일 년이 넘게 만나 뵙지 못한 어머니를 약혼식 때문에 만나야 하는 현실이 진구는 못내 안타까웠다. 오로지 자식들을 위해 모든 것을 바친 어머니에 대한 감사함과 따뜻하게 옆에서 위로해 드리지 못하는 처지가 서럽기까지 했다.

장실댁은 다음 날 약혼식에 참석해서 며느리가 될 색시를 보았다.

"아가씨가 곱고 마음씨 착해 보이더라. 처갓집 부모들은 양반스럽고. 그만하면 내 마음에도 든다. 단지 고명딸이라니 너무 곱게만 자란 것은 아닌지 그게 걱정이구나."

그러고는 잠시 한숨을 쉬었다.

"네가 결혼을 한다는데 아무것도 해줄 것이 없어 미안타. 그리고 용환이 때문에 나는 내일 내려간다."

다음 날 장실댁은 서둘러 부산으로 내려갔다.

진구는 7월 초에 해외공관 근무 발령을 받았고, 8월 말까지 현지 공관으로 부임하라는 지시를 받았다. 그래서 8월 중순으로 결혼식 일자를 정했다. 명동성당에서 시행된 진구의 결혼식에 많은 친척이 참석했다.

진구는 재외공관 근무 준비로 바빠 신혼여행도 서울 근교 호텔에서 이틀을 보냈다. 출국 전 광관 실무 숙지 교육과 개인적인 출국 준비로 동분서주하는 처지가 되었다. 진구는 결혼 후 해외로 떠나기 전 2주 정도 기간을 처가에서 살았다.

출국일이 다가오자 장실댁은 건강상태가 좋지 않아 힘에 겨울 텐데도 해외로 떠나는 자식과 새 며느리를 봐야겠다며 서울로 올라왔다. 진구 내외가 해외근무를 떠나면 언제 돌아와서 만날지도 모르고, 잦은 심장 통증으로 고생을 하는 처지라 언제 무슨 일이 일어날지 알 수 없다면서 단 며칠이라도 같이 지내고 싶어 했다. 저녁이 되자 진구는 자기 옆에 이불을 깔아드리고 참으로 오랜만에 어머니 옆에서 자니 만감이 교차했다. 이불을 펴고 도란도란 이야기를 나누며 누워 있으니 마치 그립던 어린 시절로 돌아가는 것 같았다.

진구 색시도 옆에 누워서 어머니와 아들의 정감 어린 이야기를 들었다. 진구 색시는 처음으로 시어머니와 가까이 지내는 시간을 가져 조심스럽기도 했지만 잘해드리고 싶었는데 곧 해외로 떠나게 되어 죄송스럽기 그지없었다.

"지금 해외 나가면 언제쯤 한국에 돌아올 수 있을까?"

장실댁이 잠이 오지 않는지 몸을 움직이며 물었다.

"해외 근무기간이 3년이라 하니, 3년 지나면 돌아오지요."

한동안 조용하더니 장실댁이 말을 꺼냈다.

"새 며느리는 다 마음에 드는데 고명딸이라 귀엽게 자라기만 했을 터이니, 아무도 도와주는 사람이 없는 외국에서 살림을 잘하겠나? 나는 그게 걱정이다."

장실댁이 한숨을 내쉬었다.

"얘야, 자니? 너는 가정교육도 잘 받은 것 같아 알겠지마는, 아내로서 부덕이라는 건 남편을 잘 따르는 거다. 외국에서 둘이 외롭게 살 텐데 서로 뜻이 잘 맞아야 한다. 그러니 니가 잘하거라."

장실댁은 자기대로 지침을 새 며느리에게 전해주었다.

다음 날 진구 내외는 출국을 위해 어머니와 함께 공항으로 나왔다. 출영하는 가족들도 공항에 배웅 나와 있었다. 수속을 다 마치고 출국장으로 이동해서 우선 친지들에게 하직 인사를 하고 마지막으로 어머니에게 손을 잡으며 인사를 했다.

"건강하고 편안하게 계십시오."

진구는 손을 놓고 돌아서니 눈에 눈물이 고였다. 출국장 안으로 발걸음을 옮기다 어머니를 다시 한 번 더 보기 위해 돌아섰다. 어머니가 손수건으로 흐르는 눈물을 훔치고 있었다. 그 순간 진구는 머리에 감전이 일어난 듯했다. '혹시 지금이 어머니를 마지막으로 보는 순간이 되는 것이 아닐까?' 하는 생각이 전광석화처럼 뇌리를 스쳤다. 다시 한 번 더 보기 위해 또 돌아보니 어머니는 진구 장모의 부축을 받고 저쪽으로 가고 있었다.

이어 진구 내외는 출국장에서 출국수속을 밟았다. 이윽고 탑승 창구를 찾아 조금 쉰 다음 일본행 항공기에 탑승하였다.

그날 장실댁은 공항에서 진구 내외를 떠나보낸 후 오랫동안 서럽게 눈물을 흘리고 서 있어 보는 사람들을 안타깝게 했다. 평소에 근엄하기만 하던 장실댁이 슬피 우는 모습을 보고 인척들은 한동안 측은해 당혹스러웠다. 사돈댁이 점심을 대접고자 했으나 장실댁은 이를 거절하고 곧장 서울역으로 향하였다.

바람아 멈추어다오

장실댁은 사랑하는 장한 아들 진구와 새 며느리를 공항에서 떠나보내고 나니 실의와 슬픔에 겨워 눈물을 주체할 수 없었다. 진구를 떠나보냈다는 생각을 하는 순간 이것이 꿈이기를 바랐다.

집으로 돌아온 장실댁은 마치 넋이 나간 사람 같았다. 입맛이 없는지 저녁도 먹는 둥 마는 둥 하고는 방에 누워 있는데 큰아들 봉구가 들어왔다. 봉구는 어머니가 피곤하고 기력이 없어 보여 걱정을 했다.

"서울 다녀오더니 어째 기력이 빠진 것 같아요, 어디 아파요? 진구는 잘 떠났지요?"

"내사 몸이 편할 날이 없다. 그런데 진구 내외가 공항에서 떠나는 것을 보는 순간 내가 언제 재들을 다시 보려나? 혹시 이번이 마지막이 되지나 않을까 하는 생각이 불현듯 나면서 눈앞이 캄캄해지고 눈물이 자꾸 나서 혼이 났다. 애들은 떠나가고 사돈댁 마나님이 내가 너무 안 되어 보이는지 위로를 해주는데 미안하고 창피하더라. 내가 어서 돌아가겠다고 하니 서울역까지 안내해 주고 김밥을 사서 주었는데 먹을 수가 있어야지."

진구를 보내고 허전한 마음을 안고 집에 돌아오니 용환이는 여전히 공부를 등한시하고 있었다. 그 모습을 보니 또 걱정이 되살아나고 기가 죽어 있는 것을 보니 불쌍하였다. 장실댁은 봉구가 자기가 없을 동안 용환이를 얼마나 혼냈을까 짐작이 갔다.

어느 날 시골 5촌 아저씨가 찾아왔다. 그 아저씨는 집안에서 아버지 때부터 글을 깨우친 집안의 어른이라 한문 공부와 유교 예절 공부를 많이 해서 유식했다. 시골 살 때 제사나 묘사를 모실 때에는 전례를 도맡아 주선할 뿐 아니라 애들이 태어나면 면사무소에 가서 출생신고를 대신 해주는 등 관공서 일을 도맡아서 처리해 주는 분이어서 그의 도움을 항시 고마워하였다. 다만 너무 영악한지라 그를 좀 경계하긴 했다.

"얘 큰애야, 부산중학교에 다니는 우리 경주가 지 누나 댁에 사정이 어려워 나와야 할 형편이다. 그만 네가 우리 애를 좀 데리고 있으면 안 되겠나? 용환이도 있고 하니 말동무도 되고 할머니와 같이 살면 될 것 같은 생각이 든다. 우리 애가 먹고 살 양식은 내가 알아서 챙겨 보내주마."

봉구는 어머니를 쳐다보고 눈으로 동의를 구했다.

"그렇게 하지요. 용환이 저놈이 공부를 못하니 옆에서 지도도 좀 해주고."

"그럼 그렇게 하소. 잘되었구먼."

장실댁도 맞장구를 쳐주었다.

그렇게 하여 경주는 용환이와 같이 기거하게 되었고, 봉구도 장실댁도 용환이가 공부하는 데 제발 도움이 되기를 바랐다. 경주는 말수가 적고 얌전한 아이인데 배짱이 좋고 요령 부리기를 좋아하는 용환이와는 대조적이었다. 두 아이는 나이가 서로 비슷해서 평소에는 친구처럼 지냈다. 하지만 얌전하고 조용한 성격의 경주는 용환이를 유도하여 가르치기보다는 설득과 사정을 하면서 지도를 했다. 그러다 보니 용환이가 만드는 분위기에 이끌려 다니는 상황이 되어 용환이 공부에 큰 도움이 되지 않았다. 장실댁이 지켜보아도 서로 공부를 가르치고 배우는 사이는 아닌 것 같아 안타까웠다.

봉구는 용환이가 중학 2학년이 되자 용환이 공부가 잘 되어가는지 더욱 관심을 보이기 시작했다. 그러니 집 안에는 고함소리가 자주 들렸다. 장실댁은 용환이를 붙들고 공부를 열심히 하도록 달래도 보지만 용환이는 자포자기한 듯 책상에 앉아서 공부하는 시늉만 하거나 경주와 잡담하기를 좋아했다. 봉구는 새 부인으로부터 이런 사정 이야기를 듣고는 용환이를 사정없이 꾸지람을 하고 가끔 때리기도 했다.

장실댁은 불안하고 울적한 심사가 되어 가슴이 답답하면 성당에 가서 묵주기도를 했다. 그러면 마음이 평온해져서 집으로 돌아오는데 오랜 병으로 고착된 불안 증세는 쉽게 치유되지 않았다. 그리고 가끔 울적한 심사가 되면 큰딸을 찾아가서 속사정을 이야기하고 마음의 위안을 찾으려고 애를 썼다. 장실댁은 큰딸 무순이를 각별히 의지했다. 사리판단이 바르고 과단성이 있는 큰딸인데, 가까이 살 때에는 어머니를 자주 찾아와 집안 대소사의 어려움이 있으면 서로 의논했다.

겨울이 지나고 날이 따뜻해지자 장실댁은 대구 큰딸을 찾았다. 몸도 마음도 울적하고 피곤하여 방에 들어와 자리에 몸을 누이니 딸이 옆에 앉아 어깨와 등을 주물렀다.

"나는 요즘 자꾸 기력이 떨어지는 것 같다. 글쎄 내가 얼마나 살 수 있을랑가?"

"왜 또 그런 소리를 해요."

"나는 아랫배의 장이 있는 곳에서 불안한 생각이 바람같이 일어나면, 심장으로 곧 연결되어 가슴이 답답해진다. 인제 그것이 크게 치밀어오면, 나는 곧 죽을 것 같은 생각이 든다. 요즘은 외국 가 있는 진구 생각이 자꾸 나네. 외국에서 사는 것이 어떤지 모르겠지만 걔들이야 잘 살고 있겠지."

"지난 2월 설 때 진구가 외국에서 전화를 했다며? 그때 진구 목소리 들었잖아요. 살기 좋은 외국에 갔으니 잘 살고 있겠지요."

"그래, 설 때 전화 한 번 했더라. 외국 전화라서 그런지 목소리가 잘 안 들리더라. 목소리를 들으니 더 보고 싶기만 하데……."

장실댁은 대구에서 며칠을 쉬고 부산으로 돌아왔다. 용환이는 책상에는 앉아 있으나 불만으로 얼굴이 부르터 있었고, 말이 별로 없었다. 경주에게 무슨 일이 있었느냐고 물어보았더니 아버지로부터 두들겨 맞았다고 했다. 장실댁은 그 소리를 들으니 그만 또 가슴이 철렁했다. 저녁이 되어 봉구가 어머니가 있는 방으로 들어와 앉더니 어머니 들으라는 듯이 말했다.

"용환이 저놈의 자식 공부하라고 경주까지 붙여주었는데 공부는 하지 않고 놀기만 일삼으니 저놈의 자식 어떻게 하면 좋겠소. 저래서는 고등학교도 제대로 들어가지 못할 테니 걱정이 태산이다."

낮에 둘이서 공부는 하지 않고 밖으로 쏘다니다가 저녁때가 되어서야 돌아오는 것을 보고 며느리가 못마땅해하며 이를 일러바쳐 용환이 매질을 당한 모양이었다.

장실댁은 용환이 생각을 하면 마음속에 걱정이 바람처럼 일어나 가슴을 짓눌렀고, 그때마다 성당을 찾았다. 얼마 전에도 가슴이 답답해 성당을 찾아 기도를 열심히 드리고 성당을 나오는데 성당 보좌 신부가 다가와 빙긋 웃었다.

"할머니 모습을 보니 무슨 걱정이 많으신가 봐요."

장실댁은 천진하게 웃는 보좌 신부님의 따뜻한 말에 그만 자기도 모르게 눈물이 고였다.

"모든 걱정을 하느님께 맡기세요. 모두 해결해 드릴 테니까요. 그렇게 꼭 믿어 보세요. 그러면 걱정으로부터 해방될 수 있을 것입니다."

이후 장실댁은 '걱정은 잊어버리고 하느님을 믿고 맡겨야 한다'고 머릿속에 다시 떠올리며 마음에 일어나는 바람을 누르기 위해 많이 애를 써보았다.

6월 더위가 잠시 수그러지던 어느 날 장실댁은 봉구에게 시골을 다녀오겠다며 집을 나섰다. 이제는 아들의 역정도 참고 견디기에 힘들고 용환이 공부 때문에 일어날 불화에서도 벗어나고 싶었다. 그리고 불안과 고통의 심연에서 훌연히 떠나 시골 막내아들이 어떻게 사는지 가보고 싶었다.

약 5시간 동안 버스를 타고 도로변 정유소에 내린 후 피곤한 몸을 이끌고 걸어서 시골 동네로 들어서는데 어디서 보았는지 작은 며느리가 뛰어나와 장실댁을 반갑게 맞았다.

"어무이, 어서 오이소. 오랜만에 오셨네예. 왜 그리 기운이 없어 보이십니꺼?"

이 며느리는 성품이 적극적이고 어려운 살림에도 내색 한번 안 하고 열심히 살아 늘 든든했다.

"그래 민정이 애비는 잘 있나?"

장실댁은 우선 아들이 어떤지 궁금해서 물었다.

"어제 그저께는 어린 종환이를 업고 어딘가 휭하니 갔다가 반나절이나 지나서야 돌아왔는데, 어디 갔다 왔느냐고 물어봐도 말도 안 해예. 지금은 방에서 뭘 하는지 혼자 처박혀 있심더."

며느리가 별일 아니라는 듯이 대답했다.

장실댁이 집 문 안으로 들어서자 어머니 목소리를 들은 인구가 문을 열고 나왔다.

"어무이 왔어요."

인구는 인사를 하고 어머니를 방으로 모시고 들어갔다. 방 안을 휙 둘러보니 오래도록 장실댁 눈에 익어온 고리짝이 안 보였다. 진구가 어릴 때부터 학교에서 받은 상장, 사진 등 옛날 물건을 넣어둔 것인데, 아직 서울에서 독립된 가정을 가지지 못하고, 외국으로 떠나게 되어 장실댁이 이때까지 무슨 보물인 양 가지고 있던 것들이었다.

"진구가 아끼던 고리짝이 없어졌네."

"민정이 애비가 물을 가득 담은 그릇들을 방 안에 놓아두는데 그만 큰 그릇의 물이 엎질러지고 그 안의 물건들이 물에 흠뻑 젖은 채 얼마 동안 그대로 두었다 아입니꺼. 그래서 다 못쓰게 되어 버려버렸심니더."

며느리는 마치 별일 아닌 듯 웃으면서 말했다.

장실댁은 작은 며느리를 보면 늘 걱정이 없는 여인 같았다. 자기는 삶에 있어 도리와 사람 됨됨이를 중시하며 꼿꼿하게 살아와서 마음에 거리끼는 일을 쉽게 뒤로하지 못하는 성미라 걱정이 많아 병이 깊어졌는데 이애를 보면 부럽다는 생각도 들었다.

장실댁은 수년 전에 이 며느리를 맞아들였을 때 너무 적극적이고 외향적인 데다 사람들을 잘 사귈 뿐 아니라 나서기도 좋아해서 은근히 걱정을 했다. 아들 인구가 괴상한 성격의 사람이 되어 바보같이 사는데 저 며느리가 그런 남편을 잘 거두고 잘 살까 하는 생각이 들었던 것이다. 걱정이 병이었지, 오히려 며느리의 저런 성격이 가정을 밝게 하고 애들을 키우며 잘 살고 있었다.

이틀을 쉰 후 장실댁은 어린 손자를 데리고 가까이 있는 동뫼로 갔다. 참으로 오랜만에 찾아와 보는 곳이었다. 여름이면 온 동네 어른들이 나와 소를 매어두고 낮잠을 잤고 오후 한더위가 지나면 아이들이 소 풀을 먹이러 와서 쉬었다. 명절이나 동네 행사 때는 어린아이들이 모여 왁자지껄하게 놀기도 했다. 초여름에는 삼곳에서 데운 돌로 익힌 삼단을 가져다 동네 사람들이 함께 모여 삼을 벗기기도 했다.

등성이 높은 곳에 옛날에는 어느 문중의 커다란 묘가 있었는데 매년 초겨울이 되면 후손들이 모여와 묘사를 지낼 때는 묘사 음식을 얻어먹으려고 아이들이 모여들기도 했다. 그 묘지는 벌써 이장을 해가버렸다. 그 주위에 있던 큰 소나무들도 모두 없어졌다. 도시로 진출하는 인구가 하나둘씩 늘어나면서 동네에 폐가가 생기고 여기저기 무성하던 대밭도 잘 돌보지 않아 초라했다.

장실댁은 지난 30여 년 동안 애환을 함께하며 살아왔던 동네를 둘러보았다. 눈길이 마지막으로 머무는 곳은 자기가 오랫동안 아들딸 낳고 살던, 그리고 그 후 남에게 넘겨버리고 떠난 집이었다. 그 집은 그 동네에 계속 살아온 먼 사돈댁의 집이 되었다.

장실댁은 아련히 옛 생각들이 머리를 스쳐갔다. 호랑이 같은 시어머니를 모시고 살아온 갈등과 애증의 세월, 모두가 다 옛일이 되어버렸다. 자식 공부시키려 도시로 떠나며 미지의 세상에 대한 불안감보다는 자식들의 장래를 생각하며 열정과 꿈을 안고 떠났던 시골이었지. 그러나 시어머니 장례를 치르러 왔을 때, 남편을 저기 시동생의 사랑방에서 마지막 보낼 때는 삶에 찌들려 자기에게 눈물이 없을 줄 알았는데 왜 그렇게 슬피 울었는지 생각해 보았다.

다음 날 아침을 든 후 장실댁이 며느리를 불렀다.

"오랜만에 묘소에 좀 다녀와야겠다. 간단히 준비를 하거라."

며느리는 어느 묘지를 이야기하는지 알았다. 인구도 같이 가겠다고 나섰다. 장실댁은 시어머니 내외분 묘소를 찾아 산길을 올라갔다. 날씨는 더워 힘들고 땀도 났다. 인구가 잔을 올리고 절을 올리는 것을 지켜보더니 장실댁은 묘지 옆에 앉아 속으로 무슨 생각을 하는지 혼자서 "죽으면 이렇게 허무한 것을." 하고 중얼거렸다.

"인구야, 니 아버지 묘에도 한 번 가보자."

며느리는 시어머니가 잘 가지 않던 남편 묘소에 가보자고 하자 이상한 생각이 들었다.

"어무이, 웬일입니꺼. 생전 안 그러시더니."

가시덤불과 자갈밭을 일구어 농사를 짓던 경사진 들판이 한두 해 묵혀두니 길이 가시덤불로 덮여 찾을 수 없었다. 많은 사람이 자식들 공부시키러 도시로 떠나니 이렇게 변한 것이다. 장실댁은 남편을 안장한 묘소가 처음부터 마음에 들지 않았다. 별세했을 때 마땅한 장지를 찾는 것이 힘들었는데 지관이 알려준 이 장소로 묘지를 정했지만 주변이 비탈이고 땅이 넓지 않아 불만이었다. 그런데 그것도 이제

10년 이상의 세월이 흘렀다. 장실댁은 묘 앞에 지금은 경작을 하지 않아 잡초로 엉켜버린 밭을 보았다. 저 밭에 땅이 기름져서 고추 농사가 그렇게 잘되었는데 하고 생각해 보았다.

"이 묘소를 인제 이장해야 할 텐데."

장실댁이 며느리와 인구를 쳐다보았다.

"이장을 함부로 할 수 있습니꺼? 때가 되면 형제들이 모여 의논을 한 번 해보지요."

며느리가 대답했다.

장실댁은 무슨 생각을 하는지 한참을 앉아 있었다.

"목이 마른데, 저기 밭 모서리 밑에 물이 나는 데가 있다. 물 좀 받아와 봐라."

아마 옛날 고추밭의 김을 매면서 목이 마르면 엎드려 물을 마시던 생각을 한 것 같았다. 물을 마신 후 장실댁은 다시 묘지를 한 번 힐끗 보더니 걸음을 재촉했다.

다음 날 장실댁은 몸이 고단한데도 큰딸이 보고 싶어서 대구 큰딸 집으로 갔다.

"이 더운데 웬일이오."

땀을 흘리며 기운 없이 들어서는 어머니를 보고 큰딸이 걱정스럽게 맞았다.

"시골 인구한테 갔다가 왔다. 이제 부산으로 돌아갈 기다."

장실댁은 이틀 동안 힘없이 낮잠을 자거나 멍하니 앉아 있더니 좀 더 계시다 가라는 딸의 만류를 뿌리쳤다.

"좋아도, 싫어도 큰아들 집이 내가 살 집이다."

부산에 돌아오니 역시 마음이 편했다. 하지만 여전히 큰아들 집은 용환의 일로 편할 날이 없었다. 장실댁은 다시 언제 내가 이런 분란에서 해방될 수 있나 생각하니 마음이 무거워지고 불안해지기 시작했다. 집을 떠나 시골과 대구에 있을 때 마음을 좀 추스르며 안도했던 그 느낌이 벌써 그리웠다.

장실댁은 평일 성당에 갈까 하고 생각하다가 몸이 고단하여 포기하고 다가온 일요일에 성당 미사에 참석하였다. 조용하고 엄숙한 분위기에서 미사가 진행되고 전례에 몰두하고 보니 다시 마음이 평온해졌다. 이 순간이 계속되기를 희구하며 눈을 감았는데 깊은 마음속을 울리는 성가가 울려 퍼졌다.

주여 임하소서 내 마음에
암흑에 헤매는 한 마리 양을
태양과 같으신 사랑의 빛으로
오소서 오 주여 찾아오소서…….

장실댁은 평온한 마음에 희열이 일어 이런 상태가 계속 이어지기를 바랐다. 하지만 미사가 끝나자 장실댁의 마음은 허공을 날아갔다가 다시 돌아온 느낌이었다. 안타깝게도 다시 현실로 돌아온 것이다.

집에 돌아와 보니 용환이는 책상에 앉아 공부하기 싫어 주리를 틀고 있었고, 경주도 할머니 눈치를 보며 용환이 공부를 지도하는 척하다가 핑계를 잡아 같이 밖으로 나가버렸다. 장실댁은 배짱이 좋은 용환을 보니 활화산을 안고 있는 듯 불안하고 초조했다.

7월 초순이 지나자 용환이가 학교에 학비를 낼 때가 지났다고 말했다.

장실댁은 저녁에 집에 돌아온 봉구에게 학비를 달라고 했다. 다음 날 출근하면서 봉구는 방으로 건너와 늦잠 자서 허둥대고 있는 용환이를 보고 꾸지람을 한 다음 학비를 건넸다.

"그 꼴로 공부하면서 학비는 꼬박꼬박 잘 받아가네. 이놈아, 제발 정신 좀 차려라."

용환이와 경주는 학비를 받아간 후 지난 이틀 동안 밖을 쏘다니더니 힘없이 돌아왔다. 그러더니 걱정거리가 있는지 방 안에 앉아 공부는 않고 눈을 두리번거리며 안절부절못했다. 계속 우울해하더니 다음 날 용환이가 할머니에게 학비를 잃어버렸다며 겁에 질린 표정으로 말했다. 장실댁은 이 말을 듣고 깜짝 놀라지 않을 수 없었다. 어떻게 그런 일이 일어났는지 다그치며 물으니 이리저리 둘러댔다.

장실댁은 걱정도 되고 답답해서 경주를 불러 아무래도 이상하다며 물어보았더니 용환이와 함께 그 학비로 사고 싶은 것도 사고, 영화관에도 놀러 다니며 맛있는 것도 사먹느라 거의 다 써버렸다고 하였다. 장실댁은 기가 막혔다.

학교에서 학비납부 독촉을 받을 게 틀림없고 잘못하면 용환이가 학교에서 쫓겨날 판이니 장실댁은 걱정이 태산 같았다. 그러나 그냥 덮어둘 수도 없는 일이어서 다음 날 저녁 좀 일찍 집으로 돌아온 봉구에게 떨리는 가슴을 진정하며 자초지종을 말하고 다시 학비를 달라고 했다. 이 말을 듣고 봉구는 도저히 믿겨지지 않는 듯 화를 주체하지 못하더니 장실댁이 나간 다음 용환이 방으로 향했다. 최악의 상황을 이미 예견하고 장실댁은 떨리는 가슴을 진정시키며 좀 조용히 쉬려고 다락방에 올라갔다.

곧이어 불같이 화를 낸 봉구가 책상에 앉아 있는 용환이를 두들겨

패기 시작했다. 집 안은 온통 봉구의 고함소리와 때리는 소리, 그리고 용환이가 맞고 신음하는 소리뿐이었다. 다락방 문을 열고 이 광경을 본 장실댁은 가슴에 통증을 느껴 한동안 넋이 나간 사람처럼 앉아 있었다.

"내가 죄 많은 여인이로구나."

장실댁은 손으로 가슴을 움켜쥐고 일전 성당에서 잠시 느꼈던 마음의 평화를 갈구하며 통증을 진정시키려 애를 써 보았다. 애써 마음을 진정하고 보료에 기내어 몸을 누이니 전신에 힘이 빠지는 것 같아 한참을 그대로 있었다.

얼마를 이렇게 지났는데 애들이 자리를 펴며 잘 준비를 하고 있었다. 장실댁도 다락방에서 내려와 자리를 깔고 누웠다. 옆방에서 며느리가 문을 열고 들어왔다. 피곤하고 기력이 없어 보이는 시어머니를 보고 걱정이 되는지 어디 아프냐고 물었다.

"내 이 가슴이 너무 아프다. 뜨거운 다리미로 지지면 좀 나으려나."

봉구는 지 성질 다스리기에 급급했는지 어머니에게 또 고통을 줘 면목이 없었는지 오지도 않았다. 장실댁은 통증에 짓눌려 모든 것이 싫고 괴로웠다. 불을 끄고 잠을 자보려고 애를 쓰는데 가슴의 통증은 여전하였다. 그러다가 어찌 잠이 들었다.

새벽 미사에 갔다. 어슴푸레한 성당에서 성가가 울려 퍼지고 기도를 하고 있는데 신부님이 다가왔다.

"할머니, 가슴이 아프지요. 근심에 짓눌려서 그래요. 두려워하지 말고 주 하느님께 모든 근심 걱정을 맡겨보세요. 그리고 믿어보세요. 믿음이 온전한 마음의 평화를 가져다줄 것입니다. 평화로운 마음, 그것이 천국으로 가는 길을 열어줄 것입니다. 이 세상에 어떤 희생을 했어도 죽음을 맞아 마음의 평화를 가져야만 천국으로 가는 길이 보입니다. 지금은 평화, 평화 그것이 문제입니다."

장실댁은 꿈결에서도 마음에 불안을 일으키는 바람, 그 바람을 강하게 저주했다.

"바람아 이제 그쳐다오. 이제 평화를 주소서, 평화, 평화……."

장실댁은 그렇게 외치다가 눈을 떴다. 방금 꿈속에서 일어난 일이 너무 생생하게 귓전에서 울렸다. 이제 가슴의 통증은 좀 가신 듯했다. 장실댁은 방금 꿈속에서 일어난 일이 신기해서 용환에게 이야기해 주려는데 목소리가 나오지 않고 몸이 떨리며 숨이 잘 쉬어지지 않았다. 괴로움에 몸을 뒤척이니 잠시 후 전신에서 힘이 빠지면서 겨우 숨을 몰아쉴 수 있었다.

"용환……아, 용……환……아."

깜빡 잠이 들었던 용환이 벌떡 일어났다.

"할머니, 괜찮아요? 할머니."

용환이 놀라서 장실댁을 흔들었다. 장실댁이 갑자기 숨을 가쁘게 몰아쉬었다.

"용. 환. 아, 잘. 하. 거. 라."

그렇게 힘겹게 말을 잇더니 조용해졌다. 깜짝 놀란 용환이 할머니를 흔들며 불러보았지만 말이 없었다. 용환은 놀라 옆방으로 뛰어가 아버지를 깨웠다.

"할머니가, 할머니가……."

봉구는 옆방으로 뛰어왔고, 며느리도 옷을 여미며 따랐다. 어머니를 흔들며 불러보아도 말이 없었다. 봉구는 어서 응급차를 부르라고 지시하고 정신 잃은 사람처럼 허둥댔다. 봉구도 어제 저녁 소동을 피운 것이 후회되고 또 어머니를 괴롭게 한 죄책감으로 한참 뒤척이다 간신히 잠이 들었다. 봉구는 자기 마음에 바람처럼 일어나는 울화에 휘말리면 광증을 부리고는 후회를 했다. 문제는 그 바람이 다시 일어나면 또 이에 휘말린다는 것이었다.

응급차가 도착하여 장실댁은 링거를 꼽고 병원에 실려갔다. 잠시 회복은 되었으나 정신이 나간 사람처럼 멍하니 눈을 뜨고 있다가 가끔 진구가 보고 싶다고만 할 뿐 누구 말도 귀에 담아 응대하지 않았다.

사람들은 삶에 대한 애착을 쉽게 저버리지 못해 숨이 끊어지기 전에 기력을 잠시 차린다. 그리고 자기 삶의 의미와 보람을 찾아 되새기고 싶어 한다. 장실댁도 마찬가지였으리라. 열정의 바람이 종래에는 근심의 바람이 되어 가슴을 짓누르고 있으니, 바람아 이제 그치어 다오. 그리고 평안히 잠드소서. 장실댁은 이내 편안한 표정으로 눈을 감더니 운명하고 말았다.

봉구는 제정신이 아니었다. 자기 잘못으로 어머니가 돌아가신 것 같아 후회와 두려움에 휩싸인 듯 무엇부터 해야 할지 분간을 못했다. 우선 시신을 집으로 모시고 가족들에게 연락을 했다. 대구 큰딸부터 도착하기 시작하니 성당에서 레지오 단원들이 와서 성가를 부르며 시신을 수습하고 옷을 갈아입히는 등 어려운 일을 도맡아 해주었다.

큰딸은 누구보다 한참 구슬프게 어머니를 부르며 곡을 한 후 눈물 고인 붉은 눈을 닦으며 방을 나오더니, 마루에 멍청히 앉아 있는 봉구에게 다가갔다.

"너 진구한테 연락했나?"

"어떻게 연락하지?"

봉구가 난감해하자 며느리가 말을 받았다.

"해외에 있는 서방님에게 어떻게 연락해야 할지 모르겠어요. 연락해도 어차피 장례에 맞추어오기도 힘들 테고……."

며느리는 일단 급한 일부터 하자는 생각인 듯하였다.

봉구가 어머니에 대한 죄책감이 무섬증과 겹쳐 멍해 있는 동안 성당에서 온 사람들이 가장 어려운 일을 척척 해내고 집 안에 기도와 성가가 울려 퍼지니 어머니를 통해 듣기만 했던 성당 다니는 것이 이렇게 좋은 것이구나 생각했다.

큰딸 무순이 나서서 일을 챙기고 며느리가 부지런히 움직여서 장례를 잘 치렀다. 장실댁은 시골 인근 야산 줄기 양지바른 곳에 안장하였다.

진구는 1971년 8월 괌 영사관에 부임하여 10개월간 열심히 근무하고 있었는데 갑작스런 근무지 이동 발령을 받고 첫 근무지였던 괌 영사관을 떠나 1972년 6월 23일 호놀룰루 총영사관으로 부임해 왔다. 진구는 결혼 후 2주일 만에 신혼여행 온 것처럼 괌 영사관의 영사로 부임을 했고, 그 지역에 활발하게 진출하고 있는 한국 기업체와 인력 진출 관련 주재지 정청과의 협조와 민원업무 처리로 10개월간 분주하게 일에 몰두하였다. 그런데 갑자기 이동 발령을 받은 것이다.

괌에서 떠나기 전 지난 2월에 부산에 계신 어머니와 어렵게 통화할 수 있었지만 음질이 고르지 못해 어머니 목소리를 겨우 들었다. 그때 귀를 좀 잡수셨는지 국제전화로 울리는 진구의 목소리가 잘 들리지 않는다고 해서 대화를 많이 할 수도 없었는데 내내 참으로 안타깝고 걱정스러웠다.

진구는 호놀룰루 총영사관으로 영전한 것이 큰 기쁨이었으나 업무가 과중하여 눈 코 뜰 사이 없이 바빴다. 당시 미국행 대한항공은 호놀룰루가 종착지였고, 여기에서 미국 국내선으로 미국 도시들을 연결해 주고 있었다.

총영사관 부임 후 2개월이 지난 8월 어느 날 미국 우체부 아저씨가 정오경에 다녀갔고, 접수된 편지를 정리하던 비서로부터 국제우편으로 보내온 편지 한 통을 전해 받았다.

봉투를 보니 그 편지는 대구 장조카한테서 온 것이었다. 진구는 오랜만에 받은 편지를 열어 보았다.

"외삼촌, 외국에서 고생이 많으실 텐데 그간 안녕하십니까? 저는 염려해 주시는 덕분에 잘 있습니다. 외삼촌께서는 외국에 계시면서 공무에 너무 바쁘셔서 외할머니가 돌아가셨는데도 장례에 오시지 못하셨을 것으로 생각합니다. 외할머니는 지난 7월 27일에 돌아가셨고 벌써 장례도 잘 모셨습니다……."

"이 무슨 청천벽력 같은 소식인가? 이 소식을 지금에야 받다니."

진구는 한없이 쏟아지는 눈물을 흘렸다. 어머니 별세소식을 전해주지 않은 형님이 원망스러웠지만 근무지를 옮기면서 가족들에게 연락을 하지 못한 사정도 있어 불평만 할 수도 없었다.

진구는 지난 7월 말쯤 밤에 자다가 선명하게 꾼 꿈이 떠올랐다. 아침에 일어나 생각해 보니 진구의 아랫니 네 개가 빠져버려 당황한 것이다. 진구는 옛날 어릴 적에 어머니가 "자고로 바깥어른이 죽으면 위쪽 이가 빠지고 어머니가 죽으면 아랫니가 빠진다고 한다. 너도 알아두거라."라며 일러준 적이 있는데 갑자기 그 생각이 불현듯 떠올랐다. 그 생각이 떠오르며 왜 그때 어머니께 바로 연락을 못 드렸을까 하고 후회가 막심했다.

그때 편지로라도 어머니 안부를 물어보려고 했는데 바쁜 일에 몰두하느라 하루 이틀 미루다가 그만 잊어버린 것이다. 근무 공관을 옮기고 새 주소지를 알리는 편지를 보내지도 못한 처지라 부산에서는 국제전화로 연락할 수도 없었을 것이다. 슬픈 소식을 전해 받은 후 진구는 국제전화로 어머니 별세와 장례 소식을 자세히 물어본 후 이윽고 사정이 허락되는 대로 빨리 귀국하겠다는 내용의 통화를 했다.

진구는 총영사에게 모친상 소식을 별세하신 후 편지로 연락받았음을 보고하고 문상을 위한 일시귀국 허가를 요청하였다.

"부모 같은 직계 존비속의 상을 당하는 경우에는 외무부 본부로 연락을 하면 긴급히 공전으로 본인에게 알려주는데, 어찌 연락이 안 되었지? 이런 절차를 몰랐던 모양이구먼. 성 영사 모친은 장례 후 벌써 한 달이 지난 셈인데, 이왕 늦었으니 다가오는 추석 때에 맞추어 일시 귀국하는 것이 좋지 않을까 하네."

이 제의에 따라 추석기간에 맞추어 일시 귀국해 이미 고인이 되어 누워계신 어머니 묘소를 참배했다. 진구는 묘소 앞에 엎드려 눈물을 흘리며 작년 8월 말경 김포공항에서 떠날 때 본 어머니의 모습을 떠올렸다. 그것이 마지막으로 본 어머니의 모습이었고, 지난 2월 국제전화 통화 때 들은 것이 어머니의 마지막 목소리였다. 진구는 어머니의 목소리가 생생하게 들리는 것 같아 더욱 설움이 복받쳐 목메어 울었다.

후기

진구는 1967년 외무부 공무원으로 임용되어 6대주를 다니며 직업 외교관으로 근무하였고, 우리나라 우방 3개국의 대사를 역임한 후 2001년 6월 말 34년 동안 직업 외교관으로서 근무를 마감하고 정년퇴직 하였다.

1980년 중반에 합천댐(대병댐이라고도 함)이 준공되고 북 덕유산에서 발원하여 거창을 거쳐 대병면을 굽이쳐 흐르는 황강의 물줄기가 댐을 가득 채우자 대병면 소재지 창리와 역평은 깊은 물속으로 잠겨버렸고, 병목골 평야의 대부분은 수몰되었다. 합천읍에서 대병댐 주변의 경관 좋은 잘 포장된 도로를 달리면 병목골 입구에 <성씨 마을>이라는 팻말이 서 있는 조그만 동구 터가 호수 언저리에 잡초로 덮여 있다. 여기가 장실댁이 시집살이를 한 유전 2구 '도구터'이다.

할머니가 별세한 후 용환이는 대구 고모 댁으로 가서 고등학교를 마쳤다. 직장을 다니기도 하고 배달업을 열심히 한 후 건축업을 시작하였고 지금 대구에 살고 있다. 부산에서 행상을 하던 어머니를 찾아 집으로 모셔왔고 아들, 딸을 잘 키우며 넓은 아파트에서 잘 살고 있다.